THE AGE OF EM

Work, Love, and Life when Robots Rule the Earth

ロビン・ハンソン Robin Hanson 小坂恵理 訳

# 全脳エミュレーションの時代 上

人工超知能EMが支配する世界の全貌

NTT出版

# 全脳エミュレーションの時代
## 人工超知能EMが支配する世界の全貌
上巻　目次

## 下巻　目次

# 全脳エミュレーションの時代——人工超知能EMが支配する世界の全貌　上巻

# はじめに

本書は何年もの歳月をかけて作られた。

一九八〇年代のある夜、まだ二〇代で駆け出しのソフトウェア・エンジニアだった私は、眠っているあいだに鮮明な夢を見た。ちょうどコンピュータの画像テクスチャに関する記事を『サイエンス・ニュース』誌で読んだばかりで、そこに掲載されている画像は実にリアルだった。このときの夢には巨大な未来都市が登場し、そこでは誰もがバーチャル・リアリティの世界に暮らしていた。そして、そんな都市のなかにひっそりと建つ小さなアパートに、ひとりの男性の姿が見えた。夢のなかで特別な出来事を目撃したわけではないが、私はこの男性のことがやけに気になり、そこはどんな世界なのだろうと興味をそそられた。

一九九三年に私は大学院に戻り、今回は経済学を専攻した（すでに物理学と哲学は学んでいた）。最初のクリスマス休暇が始まると大学でのプレッシャーからの解放感で、経済の基本原理をSFでお馴染みのシナリオに応用してみたくなった。人間の頭脳がコンピュータに「アップロード」されるシナリオである（Hanson 1994b）。

科学技術の進歩を礼賛する未来主義に傾倒してSFを愛好するテッキー（ハイテク技術者）からは、しばしばつぎのように指摘される。慎重な分析から未来のテクノロジーの概要を予測できるときはあっても、社会におよぼす結果までは予測できないと。しかし私は、シンプルな経済分析が多くを物語っていることを発見した。かつては私もSFを愛好していたが、学べば学ぶほど、SFはほとんど意味を成さないという現実を見過ごせなくなった。物理学に関してはおおむね正しいストーリーでも、経済学に関しては呆れるほど間違っているケースがほとんどである。

一五年ほど前に小さな学際会議に出席したとき、私はオープニング・レセプションで座を和ませるため、「なぜ皆さんは経済学者を嫌うのですか」と英語学の教授に尋ねた。すると、「そんなの、わかりきっているだろう」という素っ気ない答えが返ってきた。そんな言われ方をすると、心は傷ついた。いまでは私も幅広いジャンルの本を読み、多くの学問分野から学ぶだけでなく自分も貢献し、単なる経済学者ではなく、学問全般に精通した学者であることを自認している。

一一年前、ジョージ・メイソン大学で終身在職権を得た私は、この自由な立場を利用して毎週のように、興味をそそられたあらゆるテーマの研究に没頭し始めた。そして最終的に、後世に形あるものを残したければ、本を執筆しなければならないという結論に達した。面白いトピックはごまんとあるが、何を優先的に選べばよいのだろうかと考えたすえ、私は本書のテーマを選んだのである。

私たちは未来に影響をおよぼすことができるのだから、未来は過去よりも重要なはずだ。それなのになぜ、未来学者よりも歴史学者のほうが圧倒的に多いのだろう。未来は何が起きるかわからないからだと言う人は多い。社会のトレンドを予想することはできても、既存の価値基準を打ち砕く技術が登場すれば予想は覆され、そうなれば将来の行く末は見当がつかないことが根拠として指摘される。本書では、そんな通説の間違いを証明したい。そのため、頭脳のコンピュータへの「アップロード」、すなわち「全脳エミュレーション」略して「エム（EM）」について、前例のないほど広く細かく分析作業を行なった。エムが確実に登場すると断言できるわけではないが、その可能性はかなり高く、十分な分析に見合うだけの価値はある。

　関連分野でコンセンサスが確立された標準的な理論を応用するだけで、未来について妥当な予測をいくつも立てられるものだ。本書の予測でも一貫してそれを優先してきたが、その結果として残念ながら、物語のような手軽さと読みやすさは期待できない。しかし、中身は百科事典のように充実している。

　いまの私は、遠くの土地をスパイしてきた旅人のような気分だ。身の安全のために近くの丘に隠れ、誰とも顔を合わせず、言葉をいっさい耳にせず、こっそり偵察して故郷に戻ってきた。話したいことは山ほどあるが、私は何よりも人間的な交流を渇望している。本書の執筆中ほど、自分が学問的に孤立しているように感じられ、危機的状況に陥ったことはなかった。しかしそんな孤独の日々も、ようやく終わりを迎えそうだ。これからは読者の皆さんが、エムの時代について一緒に論じてくれるよう願ってやまない。

# 謝辞

コメントを寄せてくれた以下の方たちに、この場をかりて感謝申し上げたい。ポール・クリスチアーノ、ピーター・トゥウィーグ、カーチャ・グレース、カール・シャルマン、タイラー・コーウェン、ファビオ・ロジャス、ボニー・ハンソン、ルーク・ミュエルハウザー、ニコラ・ダナイロフ、ブライアン・キャプラン、マイケル・アブラモウィッツ、ガヴァリック・マセニー、ポール・クローリー、ピーター・マカルスキー、サム・ウィルソン、クリス・ヒバート、トーマス・ハンソン、ダニエル・ハウザー、カイ・ソタラ、ロン・ロン、デイヴィッド・フリードマン、マイケル・ラトッラ、ベン・ゲーツェル、スティーヴ・オモフンドロ、デイヴィッド・レヴィ、ジム・ミラー、マイク・ハルソール、ペギー・ジャクソン、ジャン＝エリック・ストラッサー、ロバート・レクニク、アンドルー・ハンソン、シャノン・フリードマン、カール・マッティングリー、ケン・キトリッツ、テレサ・ハートネット、ジュリオ・プリスコ、デイヴィッド・ピアス、スティーヴン・ファン・シックル、デイヴィッド・ブリン、クリス・ヨン、アダム・グッリ、マシュー・グレイヴス、デイヴ・リンドバーグ、スコット・アーロンソン、ゲイリー・ドレッシャー、ロバート・コスラヴァー、ドン・ハンソン、マイケル・レイモンディ、ウィリアム・マカスキル、エリ・ドラード、デイヴィッド・マクファーゼン、ブルース・ブルーイントン、マーク・リンゲット、ダニエル・ミースラー、キース・ヘンソン、ギャレット・ジョーンズ、アレックス・タバロック、リー・コービン、ノーマン・ハーディ、チャールズ・ツェン、ステュアート・アームストロング、ヴァーナー・ヴィンジ、テッド・ゲーツェル、マーク・リリブリッジ、マイケル・クウェ、オーレ・ヘグストロム、ヤーン・タリン、ジョシュア・フォックス、クリス・ホルキスト、ジョシュア・フォックス、ケヴィン・シムラー、エリック・ファルケンスタイン、ロッタ・モバーグ、ユート・ショー、マット・フランクリン、ニック・ベックステッド、ロビン・ウィーヴィング、フランソワ・リドー、エロイス・ローゼン、ピーター・ヴォス、スコット・サマー、フィル・ゲッツ、ロバート・ラッシュ、ドナルド・プレル、オリヴィア・ゴンザレス、ブラッドリー・アンドルース、キース・アダムス、アウグスティン・レブロン、カール・ウィバーグ、トーマス・マローン、ウィル・ゴードン、フィリップ・メイミン、ヘンリック・ジョンソン、マーク・バーナー、アダム・ラピダス、トム・マッケンドリー、エヴリン・ミッチェル、ヤツェク・ストーパ、スコット・レイブランド、ポール・ラリー、アンダース・サンドバーグ、エリ・レーラー、マイケル・クライン、ルミファー、ジョイ・ブキャナン、マイルス・ブランデージ、ハリー・ベック、マイケル・プライス、ティム・フリーマン、ウラジーミル・M.、デイヴィッド・ウルフ、ランダル・ピケット、ザック・デイヴィス、トム・ベル、ハリー・ホーク、アダム・コルバー、ディーン・メンク、ランダル・メイズ、カレン・マロニー、ブライアン・トマシク、ラメズ・ナーム、ジョン・クラーク、ロバート・デ・ヌフヴィル、リチャード・ブランズ、キース・マンスフィールド、ゴードン・ワーレイ、ギエドリウス、ピーター・ギャレットソン、クリストファー・バーガー、ニーチャ・サンバシヴァン、ザカリー・ワイナースミス、ルーク・ソマース、バーバラ・ベル、ジェイク・セリンジャー、ジョフリー・ミラー、アーサー・ブレイトマン、マーティン・ウースター、ダニエル・ベーゼ、オゲ・ナンディ、ジョセフ・メラ、ディエゴ・カレイロ、ダニエル・ルミール、エミリー・ペリー、ジェス・リーデル、ジョン・ペリー、エリ・ティレ、ダニエル・エラスムス、エマニュエル・サーディィヤ、エリック・ブリニョルフソン、アナマリア・ベリア、ニコ・ジノヴィ、マシュー・ファレル、ダイアナ・フライシュマン、ダグラス・バレット。

今回私は本書の執筆とそれに関連する研究に対して、いっさいの金銭的援助を受けていない。終身在職権で保証されている自由な身分を十分に活用した。この格別の特権を与えてくれたジョージ・メイソン大学の同僚に、最後に心からの感謝を捧げたい。

# 序章

誰でも自分の生まれた土地の習慣、自分の育った土地の宗教が最善だと信じるものだ。例外はない。
（ヘロドトス　Herodotus 440BC）

未来とは、夢や希望の実現、旧来のやり方への警告、胸弾む冒険、感動的なロマンスなどの象徴ではない。未来とは、時空連続体の一コマにすぎない。現在の私たちと同じく、未来の住民にとって、その世界は平凡で、道徳的基準も曖昧に感じられる。
（Hanson 2008a）

本書の読者の皆さんは特別な存在だ。というのも、人類のほとんどは西暦一七〇〇年以前の生まれだ。しかもそれ以後に誕生した人びとと比べて、おそらく大多数は裕福で、優れた教育を受けている。だからあなたも、知り合いのほぼ全員も、工業時代のエリート層に属する特別な存在である。

そんな人間の例に漏れず、あなたは自分が先祖より優れていると思っているだろう。その根拠は先祖が学んだ事柄ではない。農業を営んでいた遠い昔の先祖の習慣や生活態度の数々がおぞましいのである。衛生、セックス、結婚、ジェンダー、宗教、奴隷、戦争、顔役、不平等、自然、服従、家族の義務などについての考え方は今日とまったく異なる。それよりも古い、狩猟採集民だった先祖たちの習慣や生活態度の多くについても、聞かされたらぞっとするだろう。もちろん、あなたほどの富に恵まれなかった先祖には、今日の習慣の一部を模倣できない点は認めなければいけない。それでも、いまのやり方のほうが優れていることを人類は歴史を通じて学んできたと考えたがる。なぜなら、社会も道徳も時間と共に進歩すると確信しているからだ。

ここで問題なのは、未来に新しい人間が登場する可能性だ。あなたと子孫の習慣や生活態度は、先祖と同じぐらいかけ離れていてもおかしくない。自分と先祖がどれくらい違うのか理解できるならば、子孫をかなり異質な存在と見るべきであることがわかるだろう。歴史小説に登場する先祖は実像よりも現代に近い姿で描かれているので、読者はつい誤解してしまう。同様にSFも、子孫についての誤解を植え付けてしまう。

新しい習慣や生活態度は道徳的進歩の結果として生まれたと思われがちだが、それよりはむしろ、新しい状況への適応に伴って生み出されたものだ。したがって子孫の奇妙な習慣や生活態度の多くが、道徳的進歩についての今日の概念と相容れなくてもおかしくはない。子孫の行動は間違っているように見えることが多いだろう。さらに、未来の習慣や生活態度の多くは簡単に善悪の判断がつかず、風変わりにしか見えないかもしれない。でもここで、遠い先祖が語る訓話は、今日の世界にほとんど通用しないことを思い出してほしい。過去の訓話のなかで語られるあなたは風変わりな存在でしかない。複雑な現実を手短にまとめるのは容易ではなく、単純な訓話の題材としてふさわしくない。

不思議な行動や生活態度で満ち満ちた未来には困惑を禁じ得ないが、本書ではその全体像を誰もが納得できる形で具体的に紹介していく。未来に対する不安を煽るようなシナリオについて、あなたはかつてSFで読んだことがあるかもしれない。しかし実際のところ、そのようなシナリオの大部分は現実離れしたもので、専門知識に通じた人が見ると、細かい内容はほとんど意味をなさない。SFではリアリズムが重視されず、読者を楽しませるための工夫が凝らされている。

未来に関して私たちにできるのはせいぜい、フィクションのシナリオを描くことぐらいだというのはよく言われる。しかし私は、それが間違っていることを本書で明らかにしたい。その方法はいたってシンプルで、未来の予想やSFの題材としてよく取り上げられるような、既存の価値基準を打ち砕くテクノロジーについて紹介してみたい。それは全脳エミュレーションで、脳の中身のいっさいを記録してコピーし、それを材料にして人工的な「ロボット」の頭脳を創造するというものだ。この全脳エミュレーションについて一通り紹介したあとは、物理学や人間科学や社会科学の多くの分野の標準理論を駆使しながら、新しいテクノロジーが普及した未来はどのような世界なのか詳しく解説していく。

全脳エミュレーションがもたらす未来についての予測のなかには、間違っている部分があるかもしれない。科学を誤用している箇所が絶対にないとも言えない。それでも、これから私が描き出す世界が、摩訶不思議な未来についての実像を浮き彫りにすることを願うばかりだ。

それでは、前置きはこのくらいにして始めるとしよう。

# 第1部

# 基礎

# 第1章　はじまり

## 全体のあらまし

私たちが生きているこの時代は過去と大きく異なるが、未来もまた、同じように大きく異なっていると考えるべきだ。この数百万年のあいだに地球上で生じた最大の変化を三つ挙げるとすれば、それは間違いなく、人類の誕生、農業を土台とする文明の誕生、工業を土台とする文明の誕生だろう（Boserup 1981; Morris 2015）。第2章の「かつての時代」の節で詳しく取り上げるが、この三つはいずれも、人間や社会や地球を様変わりさせた。新しい生活様式に適応した人びとは、古い様式にこだわり続ける人びとを瞬く間に主役の座から追い落とし、支配下に置いた。

狩猟採集生活を営みながら移動を繰り返す人類は、ほかの霊長類よりも活動範囲が広かった。そのため、テクノロジー、芸術、言語、規範、政治を大きく進歩させて、多くの捕食動物たちを頂点の座から引きずりおろした。つぎに農業や牧畜を始めた人類は移動生活に終止符を打ち、結婚、戦争、貿易、法律、階級、宗教などの要素を社会に導入し、多くの動物を殺して絶滅に追いやった。最後に今日の工業時代が到来すると、学校や都市や企業が誕生し、個人が富を所有するようになった。以前にもまして自然は破壊され、ほぼすべての捕食動物が住みかを追われ、その一方、狩猟採集社会の価値観の一部が復活する。この時代には一貫して、旅行、対話、組織、専門化が促された。変化は目まぐるしく、イノベーションや経済の成長が加速され、世界の文化は統合されると同時に不平等になった。

今日の私たちは順応性を失いつつある点も指摘しておかなければならない。私たちが生きている「束の間の夢の時代」における行動は、変化の猛烈なスピードに対し、生物的にも文化的にも追いついていけない。農業が引き起こした環境の変化は遺伝子の淘汰のスピードよりも速く、いまや工業化された世界は、文化の淘汰を待たずにどんどん変化していく。今日では、重大な誤りを犯しても豊かな富が緩衝剤として働き、被害を少なく食い止めることができる。しかしその反面、食べもの、ドラッグ、音楽、テレビ、ビデオゲーム、広告など社会に氾濫する強烈な刺激の影響から逃れるのは難しい。そして、私たちの時代の順応不良を何よりも象徴しているのが、今日の先進国での出生率の低下だろう。

工業時代には、かつての制約がもはや当てはまらないと考える人たちが多いが、それはまったくの思い違いだ。第2章の「限界」の節で詳しく取り上げるが、永遠に制約を回避できるわけではない。たとえ私たちの子孫が最終的に宇宙の星々を征服したとしても、物理学についての理解が大きく間違っていないかぎり、遠い昔に誕生した私たちの宇宙は無限の存在ではない。したがって、いつかはイノベーションも成長も制約を受けざるを得ない。そんなときに宇宙全体を支配するほど強力な政府が存在しないかぎり、私たちの世界では劇的な変化が引き起こされず、順応性が高くなり、（まさかと思うかもしれないが）生活は最低生存費水準の近くにまで落ちてしまう。

宇宙空間の気の遠くなるような広大さを考えれば、結局のところ移動や会話は限定され、宇宙はたくさんの地域文化に分裂してしまうだろう。したがって、私たちの遠い子孫の世界では組織の規模が拡大し、専門化が進み、テクノロジーが著しく発達するかもしれないが、ほかの多くの点に関して彼らは、現在の私たちというよりも、狩猟採集生活を営んでいた先祖によく似た存在になるはずだ。このときついに、人類は夢から目覚めることになる。

では、狩猟採集、農業、工業という三つの大きな変化のあとに訪れるのは、どんな時代なのだろう。私たちの子孫は、例外的な夢の時代からいつになったら「脱して」、遠い未来に予測される典型的な結末へと向かうのだろうか。

これから本書では、今日広く支持されているふたつの推測に基づいて、これらの疑問に回答していく。ひとつは、つぎの時代を象徴する大きな変化は「人工知能」の到来だというもので、これには私も同感だ。今後は賢いロボットたちが、人間の労働者の仕事を一手に引き受けていく。そしてもうひとつ、最初のロボットは全脳エミュレーションによって作られた「エム」で、今後ほぼ一世紀以内に登場するだろう。

---

定義：エムは、特定の人間の脳をスキャンしてから、脳細胞の特徴や結合をそっくり模倣して構築されるコンピュータモデルで、人間の脳細胞と同じ特徴や結合に基づいて信号処理を行なう。優れたエムは、信号の入出力をオリジナルの人間とほぼ変わらぬ性能で処理できる。会話を交わし、役

に立つ仕事を実行することも可能だ。

何十年ものあいだ、エムはサイエンス・フィクションの中心的なテーマであり続け(Clarke 1956; Egan 1994; Brin 2002; Vinge 2003; Stross 2006)、いまでは未来学者によって論じられる機会が多い(Martin 1971; Moravec 1988; Hanson 1994b, 2008b; Shulman 2010; Alstott 2013, Eth et al. 2013; Bostrom 2014)。しかし、エムの実現可能性やそのタイミングに関して議論する人たちのほとんどは、心やアイデンティティといった価値観への影響について考えるか、ストーリーをドラマチックに展開するための手段として利用する程度だ。そして、通常はつぎのような問いが投げかけられる。エムは意識を持っているのだろうか、人間と同じなのだろうか、そもそも実現可能なのだろうか、だとすればいつ実現するのか。私たちのストーリーをどれだけ豊かにしてくれるのだろう。

しかし本書では現実的な視点から、エムが社会におよぼす影響について探求していく。いったいエムは、どんな新しい社会に暮らすのだろうか(もしも読者の皆さんが子孫の生活を思い描くのは意味がないと思われるなら、この時点で読むのをやめていただくのが賢明だ。本書はそのためにほとんどのページを費やしている)。

自分が生きている社会のトレンドを予想したり、将来はどんなテクノロジーが登場するか予測したりすることは何とかできても、そういったトレンドを打ち破る将来のテクノロジーが、社会にどんな影響をおよぼすかまでは予測できないと語る人は多い。その理由として、人間には自由意思があることや、社会制度は本質的に予測不能だという点を指摘する人たちもいる。あるいは、SFを読んで漠然とした未来を垣間見るのがせいぜいで、一般の科学にはそれ以上のことはできないという指摘もある。しかし、このような見解が広く支持されているとしても、社会科学者である私には、こうした見方はまったく間違っているとしか思えない。私が本書を執筆したのは、間違いを証明するためでもある。

　エムがもたらす社会的影響を考えようとする一握りの人たちは、おおよそふたつのグループのいずれかに分類される。天国か地獄かといったシナリオを描き出すグループと、新しい社会が到来した時代を説明するためには新しい社会科学が必要だと考え、何とか考案しようとするグループだ。対照的に私は、今日では総じて学者たちが標準と認めている科学をそのまま土台として利用しながら、未来に関する斬新な予測を立てていく。本書ではこの従来とは異なる問いに、従来よりも広い範囲を網羅して事細かく取り組んでいくが、独創的な姿勢や常識に反する手法はそこまでにとどめたい。どうあるべきかではなく、どうなるかについての予測を中心に据え、そこから政策を洞察していきたい。そしてさまざまなバリエーションを思い描きやすいように、本書ではシンプルな「ベースライン」シナリオを提供する。実際の未来は、私が描くシナリオよりもさらに摩訶不思議なものになるかもしれない。

　本書には、私の仮の結論がまとめられている。ここではできるかぎりシンプルで率直な言葉による表現を心がけているが、必要な専門用語は無理に省いていない。冒頭で結論を簡潔に要約してから、つぎに私が採用した方法、参考となる先例、エミュレーションのコンセプトについて復習する。そのあとは本書の大半を費やし、エムの時代の草創期を詳細に推測していく。このような形で紹介する仮の結論は複数の学問分野、すなわち最初は理論重視型の「ハードな」学問分野、つぎはデータ重視型の「ソフトな」学問分野から成り立っている。したがって、まずは物理学や電子工学、つぎに経済学やビジネス、最後に社会学や心理学に基づいた結論が紹介される。そして締めくくりとして、この新しい世界では私たち人間がどんな場所に追いやられるのか、新しい時代にはどうやって移行するのか、そのシナリオにはどんなバリエーションが考えられ、政策にはどんな影響がおよぶのかについて論じていく。

本書はすべてを読み通さず、興味をそそられた節だけを拾い読みしてもかまわない。各節の記述があとに続く部分に影響している箇所はほとんど存在しない。

## 要約

本節では主な結論の一部を要約して紹介するが、ひとつ忠告しておきたい。裏付けとなる論拠よりも先に結論を聞かされることを我慢できない読者には、とりあえず、本節を読み飛ばすことをおすすめする。それ以外の読者は、後の章で論拠が紹介されるまで評価を控えてもらいたい。

本書では、エムが支配する未来の姿を描いていく。この未来はおよそ一〇〇年後に、地球上に誕生する少数の過密した大都市で実現する。その時代が続くのは一、二年程度で、そのあとにはさらに不思議な世界が登場するだろう。ただし、めまぐるしいスピードで進化する未来の住人にとって、その一、二年は一〇〇〇年続くようにも感じられるだろう。したがって、この時代の出来事はすべて地球を舞台にしている。エムの主観的なスピードを基準にすると、ほかの惑星への旅はあまりにも時間がかかりすぎてしまう。

工業化の進む世界で狩猟採集民や最低水準の生活をおくる農民がすみに追いやられたように、エムの時代に世界の中心で暮らすのは人間ではない。人間はエムの住む都会から遠く離れた場所で、エムの経済活動への投資で築いた資産を運用しながら、快適なリタイア生活を営むケースがほとんどだ。人間についてて本書はわずかに触れる程度にとどめ、人間とよく似た生活を経験するエムに焦点を当てていく。

なかにはロボットのボディをまとって働くエムもいるが、大体のエムは働くのも遊ぶのもバーチャル・リアリティの世界だ。ここは想像を絶する場所で、激しい空腹、寒さ、暑さ、よごれ、体の病気、痛みはいっさい存在しない。体を清潔に保ち、食事をとり、薬を服用し、セックスをすることはエムにとって必要ではない。ただし、望めば選択することはできる。その一方、コンピュータ・ハードウェア、エネルギー、冷却装置、不動産、構造用支持材、通信回線といったサポートにかかる費用を誰かが支払わなければ、バーチャル・リアリティの世界のエムと言えども生き残ることはできない。誰かが働いて資金を提供しなければならない。

ロボットの形をとるにせよ、バーチャルな存在にせよ、エムは人間と同じように考えたり感じたりする。目に映る世界や感情に訴える世界は、私たち人間の世界と変わらない。人間と同様に過去を記憶し、現在を認識し、未来を予想する。幸せや悲しみ、情熱や疲れを感じ、不安や希望を抱き、誇りや恥ずかしさに満たされ、独創性を発揮したりしなかったり、情け深くも冷淡にもなる。さらに学習することができるし、友人、恋人、上司、同僚に囲まれて暮らす。そして、エムの心理的特徴は一般の人間の平均とはやや異なるかもしれないが、おおむね人間の心理的特徴の変動範囲から大きく外れていない。

エムの時代には何十億（ひょっとすると何兆）ものエムのほとんどが、高層ビルが密集して気温が高い少数の大都市を活動拠点として暮らす。これらの大都市は世界に数カ所しか存在しないが、都市のいたるところにコンピュータ・ハードウェアの収納ラックが設置され、冷却用と移動用のパイプが張り巡らされている。冷却用パイプからは冷たい水が大量に引き込まれる一方、都市で発生する熱は上昇して厚い雲を形成する。そう聞かされると、エムの都市は物理的実体としての機能が極限まで追求されている印象を受ける。しかしバーチャル・リアリティの世界では、そびえる尖塔が太陽に照らされ光り輝き、広い街路は緑豊かで、都市の景観は壮観で息を呑むほど美しい。

エムにとっては、自らの正確なコピーを作ることが生殖活動に当たる。コピーは親のエムとまったく同じ過去を記憶して、まったく同じスキルと個性を持っているが、誕生したあとは次第に親の姿から離れ、異なった経験を積み重ねていく。チームのメンバー全員が同時にコピーされ、仕事や社会的交流を共にして、一緒にリタイアするのが典型的なパターンだ。そして、ほとんどのエムは何らかの目的のために作られ、その目的に同意するよう予め記憶に刻み込まれている。したがって、エムはこの世に存在していることへの感謝の気持ちが私たち人間よりも強く、自分の置かれた立場を素直に受け入れる。

エムの仕事のほとんどがオフィス業務なのは良い面で、壮大なバーチャル・リアリティのなかで余暇を楽しみながら仕事をこなし、エムの文明が続くかぎり好きなだけ生き続けられる。悪い面としては、賃金の低さが挙げられる。最低限の生活を維持するため、起きている時間の半分以上を仕事に費やさなければならない。職種による賃金格差は大きくない。ブルーカラーの仕事でもホワイトカラーの仕事でも、最終的に支払われる金額はほぼ同じだ。

エムは「クラン」と呼ばれるグループに分かれ、ひとりの同じ人間からコピーされた子孫は全員が同じクランに所属する。エムの世界では激しい競争に打ち勝たなければならないため、人間の候補者からエムの仕事に最もふさわしい多彩なスキルを持つ一〇〇〇人あまりが選ばれ、彼らのコピーが作られるケースがほとんどだ。したがって当然ながら、ワーカホリックと言えるほど仕事に打ち込むエム、オリンピックのメダリストと同レベルの運動能力に恵まれたエム、億万長者や国家元首にふさわしいエムなどが誕生し、誰もが与えられた仕事を愛する。

こうしたトップレベルのクランに属するエムは、しばしば「スパー」と呼ばれるコピーを自ら作り出し、数時間程度の仕事を任せることに抵抗感を持たない。任務が終了したスパーは命を絶つか、あるいはリタイアして活動スピードを大きく減速させる。用済みになって命を絶つスパーは、「自分は死ななければいけないのか」とは悩まず、「いつまでもこの記憶を残しておきたいか」と自問する。実際、エムのほとんどはスパーとして活動する。スパーは侵害的な監視活動を行なっても監視対象のプライバシーを守り、秘密のいっさいを共有しても決して洩らさない。

クランはメンバーを助けるために組織されており、ほかの集団よりもメンバーの忠誠心が厚い。何百万もの似通ったコピーたちの経験に基づいて、クランはメンバーの人生を指南する。さらにクランはメンバーの行動に法的責任を持ち、クランの評判を守るためにメンバーの行動を規制するので、エムはかなり信用できる存在だと言ってもよい。

エムの活動スピードはさまざまで、普通の人間の少なくとも一〇〇万分の一から一〇〇万倍までと、実に幅広い。エムを動かすためのコストはスピードに比例する。したがって、最も速いエムのスピードが最も遅いエムの一兆倍だとすれば、動かすためのコストも最低で一兆倍はかかることになる。では、ロボットのボディを持つ少数派のエムはどうか。活動スピードが人間と同じであればロボットの大きさは人間と同じだが、速くなればそれに比例して体は小さくなっていく。たとえば典型的なエムのスピードは人間の一〇〇〇倍近くに達し、そんなエムがコントロールしやすいロボットの大きさは二ミリ程度になるだろう。

スピードは階級に反映される。速いほうが地位は高く、スピードが異なれば文化も異なる。たとえば、上司やソフトウェア・エンジニアは、ほかの労働者よりも高速で活動する。このようにスピードが異なるので、投票制度に関してはエムそれぞれに一票を与えるのではなく、スピードに応じて票を配分するほうがうまく機能するだろう。

エムの経済はほぼ毎月ごとに、二倍かそれ以上に成長する。イノベーションよりもむしろ、エムの人口の増加が成長の原動力である。人間にはずいぶん急成長しているように見えるが、高速で活動する典型的なエムにとっては、これでも遅く感じられる。実際、エムの世界は私たち人間の世界よりも安定していると言える。本書が焦点を当てるエムの時代の草創期は、人間にとっては一、二年にすぎないかもしれないが、標準的なエムにとっては数千年にも感じられる。標準的なスピードのエムは、主観的な時間にして一世紀にわたるキャリアのあいだに再教育を受ける必要がない。そして、都市のあらゆる場所に短時間で移動できるので、約束の時間に大きく遅れることもない。

エムの労働需要には男女差があるので、エムはアセクシュアル（性的な関心を持たない）、トランセクシュアル（性同一障害のひとつ）、ホモセクシュアルの傾向を強める可能性が考えられる。あるいは、需要の少ないジェンダーはスピードを遅く設定され、高速で活動する配偶者と一緒にいるときだけ定期的にスピードアップするかもしれない。エムのセックスは気晴らしが唯一の目的だが、ほとんどのエムは見事なバーチャル・ボディを持ち、心は十分に成熟している。同じグループに属するエム同士は一定の年齢に達すると、恋愛感情を伴うつがいの絆を長続きさせる可能性がある。

死に対してエムが抱く不安は、人間よりもはるかに小さい。むしろエムが恐れるのは「心泥棒」、すなわち頭の中身がコピーされ盗まれることだ。心泥棒は経済の秩序を乱すだけでなく、被害者は貧困に陥り責め苦を味わう。なかには自らをオープンソースとして開放し、コピーを自由に許可するエムもいるが、大体のエムは心泥棒に万全の対策で臨む。エムの時代、物理的な長距離の移動手段は電子機器を使った「転送」になるが、頭の中身を盗み取られないよう細心の注意を払わなければならない。

今日の人間は、四〇歳から五〇歳あたりで生産性がピークに達する。大体のエムは、主観的な年齢［訳注：実年齢とは別に、個人が知覚している年齢］が五〇歳から数百歳のあいだのどこかで生産年齢がピークに達するだろう。まだ若いエムは、生産性の向上や飛躍を目指して一生懸命働いた経験を記憶にとどめる。対照的に、生産性がピーク年齢に達したエムにはさらなる飛躍が不要なので、生産性の向上を促すような記憶は最小限にとどめ、楽しい余暇の記憶に専念する。

エムの頭脳は年齢を重ねるにつれて新しい経験への柔軟性を失い、最終的に活動を終了して（死ぬか）、リタイアして活動のスピードを減速し、半永久的に生き続ける。リタイアしたエムや人間の主観的な寿命は、エムの文明の安定性に左右される。文明が崩壊したり大きな革命が勃発したりすれば、命を奪われてしまう。リタイアしたエムも人間も窃盗の格好の標的になりそうだが、今日と同じく弱者は、強者が自分たちの平和を維持するための制度によって守られる。そして人間と同様、エムも自然を訪れて楽しむが、安くて危険の少ないバーチャルな自然を訪れるほうが好まれる。

エムのコピーで構成されるクランには、クランとして共通の特徴が備わっている。しかし、どのエムもクランとは別のチームに所属しており、チームに合わせたアイデンティティや能力や忠誠心を発揮しようと努める。メンバーはチームのなかで交流するほうを好み、チームのなかでは生産性のばらつきが縮小される。落ち込んでいるエムや恋に悩むエムには何らかの処置を施すのではなく、問題が発生する以前のバージョンに逆戻りさせる。

エムはチームの仲間に心の表面を読み取ること（マインドリーディング）を許すが、部外者には感情を隠したがり、そのためにソフトウェアを使う。普段とは違う経験をしたときには、それは忠誠心を試すため、あるいは秘密を引き出すためのシミュレーションではないかと疑う。エムにとって、タスクを実行するための準備や調整作業は難しくない。ひとりのエムが計画を立てて訓練を受けたら、そのエムから大量のコピーを作り出し、コピーたちが計画を実行に移せばよいのだ。同様に、子どもへの教育や職場での訓練もエムの世界ではそれほど費用がかからない。ひとりのエムに経験させれば、たくさんのコピーにそれがそっくりそのまま受け継がれる。

エムは大きなプロジェクトを手がける際に予算をオーバーするときもあるが、遅れの生じたセクションのスピードアップを図り、時間通りに完成させることが多い。概してエムのファーム（企業）は、人間の企業よりも規模が大きいけれども上手に調整されている。高速で活動する上司は調整能力に優れているからでもあり、クランはメンバーが働くファームの台所事情や評判に大きな関心を持っているからでもある。そしてエムはキャリアや配偶者や成功など人生の節目に関して、人間よりも容易に予測することができる。

エムと人間は、識別可能な多くの点で異なっている。人間と比べてエムは、神経過敏な傾向やセックスへの関心や死に対する拒絶感が弱く、自然との結びつきが希薄だ。外向的で実直、愛想が良く賢く、頭の回転が速くて有能で、正直で楽観的、幸せでポジティブ、穏やかで美しく清潔で、気配り上手で冷静かつ協力的で和を乱さず、我慢強く合理的で集中力がある。懐古趣味で落ち着きがあり、もの静かで感謝の気持ちを忘れず、さまざまな試練を耐え抜いてきた。さらにエムは、記録や測定や価格付けの対象になる。周囲から信用され、宗教心があり、結婚し、年を取り、仕事中心の生活をおくり、猛烈に働き、自尊心や自己認識力を持ち、法を守り、政治を理解し、社会とのつながりを維持する。健全な感情を抱き、感情の波がなく、貴重なアドバイスに耳を傾け、生活が朝型で、永遠の命を与えられている。

賃金や仕事の生産性に関してエムのあいだにはそれほど格差がないが、富、体のサイズ、スピード、信頼性、心の透明性はさまざまだ。エムは人間よりも強くて印象的な個性の持ち主であり、流動的知性よりも結晶的知性に優れ、若いときはルールや権力に反抗的で、アイデンティティが多くの面で安定しており、事故や攻撃から十分に守られ、職場の同僚と仲良く付き合い、自己顕示に多くを投資しない。

エムの生活は人間の生活よりもたくみに準備・計画され、スケジュールが立てられているが、その一方、必要に応じて未完成のまま終わらせてしまうこともある。エムは人間よりもたくさん働きミーティングをこなし、余暇を集中的に楽しむが、子どもとの触れ合いは少ない。エムの世界もそこで使われるツールも、人間と比べて安定感がある。エムが眺める世界は人間の世界よりも心地よく変化に富み、アノテーション［訳注：あるデータに対して情報を付加すること］やオーセンティケーション［訳注：正当性を検証する作業］が徹底し、そして漫画的である。

エムの社会は人間の社会ほど民主的でなく男女の比率が偏り、階級ごとに厳密に分類されているが、その一方、リーダーには親しみやすさと信頼感が備わっている。エムの法律は効率がよく、人間の法律よりも多くの紛争に適用され、多くの選択肢がある。そしてエムの世界は人間の世界よりも豊かで成長が速く、専門化や都市化が進み、適応性に優れ、人口が多く、創意に富んでいる。個性や役割に関しては男女差が少なく、スケールが大きく一貫性のある計画やデザインが考案される。

ほとんどのエムは大部分の時間をがむしゃらに働いて過ごし、その役割を終えるとほどなく命を絶つかリタイアするが、記憶に残るのはリタイアしてから楽しむ余暇や、長いキャリアのなかで予想外に成功を収めた思い出ばかりだ。ほとんどのエムは、エムとして生まれたことを感謝するだろう。

# 第2章 スタイル

## 先例

　これから一世紀ほどで到来する新しい時代に、世界はどのように変化を遂げる可能性があるだろうか。たとえば過去に生じた最大級の変化を見直せば、将来どのようなタイプの変化がどれだけの規模で引き起こされるか、確実とは言えないまでもある程度予想することはできる。

　どこまでも遡っていけば、宇宙が始まって生命が誕生した時点にたどり着く。ただし、これは何十億年も前の出来事で、私たちの理解の域を超えている。しかし、最近の数百万年に限定すれば、最も大きな変化は三つの画期的な出来事に集約されるだろう。人類の誕生、農業のはじまり、そして工業のはじまりの三つだ。いまから数百万年前から一万年ほど前にかけて、人類は狩猟採集の生活を営んでいた。一万年前から数百年前にかけては、農業と牧畜中心の生活が営まれ、そのあとは工業が発達して人類の進化に貢献してきた。

このような形で歴史が進行するにつれて、社会集団の規模は着実に大きくなっていった。ほとんどの哺乳類は二頭ないし一五頭程度の個体でグループを形成して暮らすが（Kamilar et al. 2010）、狩猟採集民のほとんどは、およそ二〇人から五〇人で構成されるバンド（血縁集団）で暮らした。つぎに農民は、およそ五〇〇人から二〇〇〇人で構成されるコミュニティを村のなかに作って暮らした。この時代には大きな帝国がたびたび出現したが、人びとの生活に直接的な影響はさほどおよばなかった。そして今日、ほとんどの人たちは人口がおよそ一〇〇万から一〇〇〇万の規模の大都市圏で暮らし（Gisen et al. 2010）、国家はおよそ一〇〇万から一億の人口を擁する。

不思議なことにこれらの集団の規模は、単純なパターンを繰り返している。各時代の集団の規模は、直前の時代の集団規模の二乗にほぼ相当する。グループを二乗すればバンド、バンドを二乗すれば村、村を二乗すれば都市の構成メンバーの人数といった具合だ。

狩猟採集、農業、工業という三つの時代の人口はほぼ変わらない。西暦一七五〇年以降には約二〇〇億、一万年前から一七五〇年のあいだにはおよそ五〇〇億から一〇〇〇億の人類が誕生し、一〇〇万年前から一万年前のあいだには、それとほぼ同じ数の類人猿が誕生している（Haub 2011）。そうなると、これまで地球上に存在した人類のなかで、今日生きている人たちが占める割合はおよそ三パーセントから八パーセントにすぎない。

さらに、三つの時代は変化の量もほぼ等しい。というのも、経済全体の成長が似たような要因に促されているのだ。どの時代においても、人間の経済（すなわち、価値あるものを生産する総合的な経済能力）は（指数関数的成長を通じて）ほぼ着実に倍増し、それが七回から一〇回にわたって繰り返されている。

平均すると、狩猟採集時代の人口はおよそ五〇万年ごと、農業時代の人口は一〇〇〇年ごと、工業時代の人口は一五年ごとに倍増している。狩猟採集時代と農業時代は収入が最低生存費水準に近かったため、経済的な能力は人口に大きく左右された。一方、古い時代から新しい時代への移行期に関しても、別のふたつの方法で比較可能だ。どの移行期も直前の倍増期よりもはるかに短期間だが、そのなかで成長率の倍増が六回から八回にわたって繰り返されている（Hanson 2000）。

イノベーションの普及は急成長の鍵である。従来の社会が最低限の規模の経済に達すると、イノベーションを従来よりも猛スピードで普及させる方法が実行可能になり、そのおかげで社会は急成長を繰り返してきた。歴史を通じ、このような形で成長が加速されていくモードは道理にかなっている。たとえば、霊長類が遺伝子ではなく、文化を通じてイノベーションを少しずつ蓄積するパターンに移行するためには、認識能力を十分に発達させることが必要だった。あるいは狩猟採集の生活を営んでいた人類は、増えた人口を支える食糧源を十分に確保するようになってはじめて、食べものを探し回るのをやめて一カ所に落ち着いた。そこから農業を始めると物的資本が増加して、それを支えるイノベーションが誕生し、貿易ネットワークが広い範囲で構築され、文化が急速に普及していった。そして最後に、必要に迫られて細かい分業体制が農業で確立されると、専門家で構成されるネットワークが誕生し、そのなかでの会話を通じてイノベーションは急速に普及していったと考えられる。ちょうど、科学者の集団が発達するプロセスとよく似ている。

では、現在のテクノロジーのレベルや経済の規模では実現不可能な、新しいモードの成長や情報が普及し始めたらどうか。そうなればテクノロジーのレベルも経済の規模も十分に発達したとき、狩猟採集、農業、工業に続く新しい成長の時代が幕を開けるだろう。

そんな新しい時代の特徴について推測するためには、過去の時代のパターンに注目してみるとよい。たとえば以前の移行期においては、古い時代の主流だった生産方法や生活様式にこだわり続ける人たちは、新しい方法を採用した人たちからやがて取り残され、支配される立場に転落した。したがって、これから始まる時代の新しい方法やスタイルを十分に取り入れる人たちも、時代の流れに抵抗する人たちを瞬く間に置いてけぼりにしていくだろう。過去のいかなる時代の人たちも、自分たちのやり方は以前の時代のやり方よりも優れていると感じてきた。だからつぎの時代の人たちも同様に、自分たちのやり方は現在の私たちよりも優れていると感じるだろう。

あるいは、過去の時代の傾向に注目し、次の時代について何らかの予測を行なうこともできる。たとえば、コミュニティの規模は直前の時代のおよそ二乗に膨らむパターンが繰り返されるなら、次の時代のコミュニティの人口はおよそ一兆になるだろう。そして過去の成長率の変化のパターンが継続するなら、新たな成長の時代は今後一〇〇年間のどこかで訪れると考えられる。そして新しい時代が始まった時点からほぼ五年以内に、世界経済の成長率には変化がもたらされ、数週間または数カ月ごとに倍増していく。そのあと、この新しい成長率が始まってから一、二年のうちに、新しい時代の経済はさらに一〇回にわたって倍増し、つぎの新しい時代へと移行するための準備を整えることだろう。この新しい時代には、ひょっとしたら成長率は数時間ごとに倍増するかもしれない。

これらの予測はわずかなデータを手がかりにしたもので、経験的規則性が十分に理解されているわけではなく、たしかに奇抜な予測ではある。しかも、このあと本章の「限界」の節で論じるが、こうした傾向がそのまま永久に続くことはできない。しかしそれでも、経済の大きな移行期がつぎに訪れたときにどれだけの規模の変化が引き起こされるのか、予測するための何らかの手がかりになることだけは間違いない。

## かつての時代

未来にどんなタイプの変化が訪れるのか推測するための手がかりを見つけるために、過去の各時代の質的な大きな違いについて振り返ってみよう。

何百万年も昔には、人類誕生以前の霊長類（類人猿）が暮らしていた。類人猿の暮らしは今日のチンパンジーやボノボと大差なく、大きな集団を構成する男女のあいだでは不特定多数との性行為が当たり前だった。複雑できわめて権謀術数的な駆け引きが駆使され、そんな駆け引きを異常に大きく発達した脳が支えた。類人猿の環境にとって重要なのは捕食動物でも獲物でも自然でもなく、類人猿同士の関係である。近くに住む集団は敵対しているのが普通で、しばしばそれは熾烈を極めた。類人猿は多くの種に分裂し、最終的にそのなかのひとつが高度な文化的能力を発達させ、仲間の行動を詳細かつ忠実に模倣する方法を手に入れたのである。

いまからおよそ二〇〇万年前、人類はこの強力な文化を後ろ盾にして、遺伝子のレベルとは釣り合わないほど高度な道具をつぎつぎ発明し、新しい生活様式を急速に取り入れ続けた。この猛烈な進歩に後押しされる形で、文化や遺伝子には多くの変化が引き起こされた。かつての類人猿と比べ、狩猟採集を始めた人類は寿命が長く、脳も体も大きく、配偶者間の絆が強く、社会集団の規模が大きく、近隣の集団との関係が良好で、分業体制が確立され、移動性に優れていた。そして一カ所にとどまらず広い範囲を歩き回り、まだ誰も訪れていない場所に足跡を残していった (Youngberg and Hanson 2010)。

狩猟採集生活を営む人類は道具と言語能力のおかげで、支配者はどう振る舞うべきか、暴力行為や自己顕示はどの程度まで許されるか、大型動物は食糧としてどのように貯蔵すればよいか、一般的な基準を確立できるようになった。そのうえ、集団特有のさまざまな基準も定めた (Boehm 1999)。個人間で暴力沙汰が起きるときもあったが、集団同士が戦うことはなかった (Kelly 2000)。しかも狩猟採集民は遊び好きで、音楽、踊り、芸術、物語、ゴシップなどを楽しんだ。なかでも音楽と踊りは、集団で屍肉をあさったり、捕食動物に抵抗したりする際、役に立ったと考えられる (Jordania 2011)。このようなさまざまな変化に後押しされ、人類は集団の規模や行動範囲を大きく広げ、人口を増加させ、競合種を絶滅に追いやったのである。

およそ一万年前、人類は十分な人口と安定した食糧源を確保すると、「農業」を始めた。獲物を求めて荒野を歩き回る代わりに、植物や動物の生息場所の近くに定住したのである。その結果、土を耕し、安全に囲われた牧草地で動物を放牧するようになった。こうして人類が農業をきっかけに定住して人口が増加すると、貿易や戦争を始めるだけの余裕が生まれ、その結果、品物、土地、妻、奴隷といった財産が不足すると貿易や戦争で補われた。人口密度の高さも一因となり、農民は狩猟採集民よりも戦争で有利な立場を確保することができたため、狩猟採集は農業の陰で廃れていった。

農民はさかんに取引を行なったが、貨幣は滅多に使われず、物々交換や貸し借りが中心だった。狩猟採集民と比べて農民は物質的に豊かになったが、余暇の時間は減少した。さらに食糧が安定して確保されるようになると、何事も共有する習慣は衰え、所有権が幅を利かせるようになった。その影響が男女関係にまでおよんだとは思えないが、富の格差は確実に広がった。

農民のあいだに格差が広がると、それをきっかけにさまざまな身分がしばしば創造された。実際のところ農業時代には、習慣的な行為に関して明確な身分格差が存在していた。祭礼での役割から、道で会ったときの挨拶の仕方まで、身分によって厳密に定められていたのである。そして農民の儀式は、狩猟採集民の儀式ほど情熱的ではなかった（Atkinson and Whitehouse 2011）。

狩猟採集民と比べると、農民は音楽や芸術などの娯楽に熱心ではなかった。それよりは競技スポーツを始めるなど、競い合う遊びに多くの時間を費やした。居住地の人口密度が高く、運動や食事のバリエーションに乏しい農民は、狩猟採集民よりも病気にかかりやすかった。さらに農民の仕事のほうがきつく、高度に専門化し、単調でやりがいに乏しかった。その証拠に、狩猟採集の時代に拡大した人類の脳のサイズは、農業時代になると縮んでしまった（Hawks 2011）。

農業時代になると、強力な指導者に率いられた集団が一カ所に定住してほかの集団と戦い、芸術にはそれほど関心を示さず、食べものの多様性や物事を共有する習慣が衰え、単調な仕事をこなすなど、多くの変化が引き起こされた。農民の生活様式が類人猿の時代に部分的に逆戻りしたと思えば、このような変化も十分納得できる。

狩猟採集民にとって、農民の行動は違和感があったかもしれないが、数々の強力な社会規範を制定していく能力は、農作業に必要な行動上の変化を促すために役立った。規範に従わせようとする傾向が強まり、しかも神について道徳的に論じる厳密な宗教が導入されると、農民は農民らしく振る舞うべきだという圧力が一層強化された。さらに、農民は向精神効果のあるアルコール飲料を入手しやすかった。そして後に文字が発明されると、説得力のあるプロパガンダや物語が記録され共有された。農民はロマンチックなキスも交わし合ったようだ。

狩猟採集の時代には血縁関係で結ばれた親族から成るバンドが形成されたが、それと同様、近隣の農村同士は結婚を通じ、近親者から成る集団を形成した。農民は狩猟採集民ほど長距離を移動せず、簡単に集団を離れることができなかった。その一方、よく知らない人たちと交流する機会は多く、一族のアイデンティティを確認する手段として名字を用いた。

農民は争いごとが発生した際には非公式な同盟を結ぶよりも、正式な法律を解決手段として選んだ。そして礼儀正しさ、自制心、自己犠牲、戦場での勇ましさを重んじた。ほかには事前に計画を立て、子どもをしっかり教育し、安定した時代に子どもを増やし、婚前や婚外の性行為に厳しい姿勢も目立った。およそ一万年前に農業の時代が始まって以来、戦争すなわち組織的な紛争による死亡率は一貫して低かった(Pinker 2011)。さらに計画が長期的に立てられるようになった傾向を反映し、金利も一貫して低かった。ただし金利のデータは、いちばん古くて五〇〇〇年前のものしか手に入らない(Clark 2008)。

都市の出現は農業よりも早く、農業の誕生を促したと考えられる。最初の都市は主に、大きな儀式のための巨大建造物を提供した。当初、都市で多くの時間を過ごすのは一部の農民に限られたが、農業時代が進むにつれて、都市の密集地で暮らす人の数は増えていった。

農民のなかでも豊かなエリート層は都市の近くに定住する傾向が強く、彼らが形成する大集団は狩猟採集時代の習慣に逆戻りして、余暇や芸術やセックスや繁殖活動を楽しんだ（Longman 2006）。農業時代の都市は専門化が進み、農村工業（プロト工業）を象徴する文化や働き方が数多く発展した。特にローマではそれが顕著で、結局は失敗に終わったものの、多くの点で産業革命に匹敵する進歩が見られた。大都市は農村部よりも識字率がはるかに高く、工業時代の一夫一婦制、イデオロギー的政治、衣類の流行サイクルなどの萌芽が見られた（Kaestle and Damon-Moore 1991）。

## 私たちの時代

工業時代はいまから数百年前に開花した。実現に不可欠な複数の因子が望ましい環境で十分な規模に膨らんだイギリスでまず始まった。これらの因子のなかにはテクノロジーのレベル、コミュニケーションや移動のコスト、分業、商取引の活動範囲、組織の規模、貯蓄率、専門家のネットワークなどが含まれる。

黒死病の大流行からほどなく最初にヨーロッパで顕著になった工業時代の特徴は、衣類の流行に急速な変化を引き起こし（かつてはローマでも一定の流行があったが（DeBohum 2001））、その後は地域ごとに独特の衣類が発達した。ほかには、探検や科学やイノベーションに対する一般社会の関心が高まった（Braudel 1979）。工業時代を通じ、文化は地域、職業、年齢層によって多様化が促され、たとえば一〇代の若者特有の文化などが発達した。

農業時代には地理的条件が繁栄を大きく後押ししたが、工業時代には社会制度が大きな影響力を発揮した（Luo and Wen 2015）。そして物々交換に代わって貨幣が商取引の手段となる一方、債務は一般的な習慣として継続された。

狩猟採集民の睡眠パターンは今日の私たちと似ているが（Yetish et al. 2015）、寒冷地に暮らす農民は冬のあいだ、四時間眠ったあと真夜中に二時間目をさまし、ふたたび四時間眠る傾向が見られた（Strand 2015）。工業化が進んで安価な人工光が普及すると夜間の活動が増えて、睡眠パターンは短縮された。ガラスが低価格で普及すると視界は鮮明になり、今日では曇り止め機能付きのガラスを通して遠くの景色まできれいに見渡すことができる。鏡が普及したため、いまでは自分の姿を他人と同じようにはっきり見ることができる。手頃な時計のおかげで生活のスケジュールを立てやすくなり、安価な石鹸、下着、食器類、下水道のおかげで身の回りは清潔になった。低価格の冷蔵庫が普及すると入手可能な食べものの種類が増え、さらには、安い地図、エンジン、車輪（いまでは以前ほど使われなくなったが）のおかげで多くの場所を頻繁に訪問できるようになった。そして、家から離れて働くパターンが定着した。

農民にもビールやワインは手に入ったが、工業時代になると嗜好品はさらに広く普及した（Braudel 1979）。工業の発達によって蒸留酒、コーヒー、お茶、チョコレート、アヘンが入手しやすくなり、嗜好品を推奨する宣伝はたくみになり、商品の流通がスムーズになったのである。印刷や映画にかかるコストが下がったため、文字をたくさん並べた広告が掲載され始めた。音声の記録や伝達も安上がりになったおかげで、録音した会話や音楽がさかんに放送された。最近では、知りたいことがあればどこからでも好きなときに、膨大な情報を共有するライブラリを検索することも、遠くにいる誰とでも瞬時に会話を交わすことも可能だ。

農業時代の物語やジョークや歌は、大勢の人たちがさまざまな状況で楽しむものだったが、工業時代の芸術作品は特定の芸術家の個性を忠実に反映する傾向を強めた。知識人は事実をそのまま伝える傾向を強め（Melzer 2007）、政治連合は強化され、所在地や血縁関係や人種ではなく、しばしばイデオロギーに基づいて結成された。

工業時代には組織の規模が著しく拡大し、集約化も進んだ。当初は全人口の数パーセント程度が暮らしていた都市には、人口の大半が集まるようになった。少人数で構成されていた企業は、何十万人もの社員を擁する大所帯に発展した。法律は弁護士や警察など専門家の領域になった（Allen and Barzel 2011）。身分の低い農民には縁遠い存在だった帝国の代わりに登場した国民国家は、国民との一体感を強めて生活に影響をおよぼした。企業、都市、国民国家は、かつて血縁関係で結ばれた集団に備わっていた機能の多くを受け継ぎ、その傾向は特に西洋で顕著だった。ほとんどの労働者は組織の従業員として働き、雇用主から賃金を支払われ、戦争や天候やイノベーションがもたらすリスクから守られた。

農業時代に比べ、工業時代の法律には規則が多く、しかもはっきりと明記された。これらの規則は組織の内部だけでなく、都市や国家全体でも制定された。工業時代、強力な支配者を基盤とする統治体制は狩猟採集時代よりもはるかに強力だったが、それでも着実に衰えていった。さらに工業時代には出生率が着実に低下する一方、寿命、一人当たりの収入、抽象的な知性、余暇の時間、平和、乱交、ロマンス、礼儀正しさ、精神的にやりがいのある仕事などが尊ばれ、医療や芸術への支出は一貫して上昇を続けた（Flynn 2007; Pinker 2011）。

そして工業時代には、個人消費が未曾有の勢いで上昇した。実際、工業時代に生きる私たちは裕福だと言ってもよい。なかには狩猟採集民や農民たちの普通の暮らしは恐ろしい地獄で、人類は工業時代になってようやく生きるに値する生活を実現したと指摘する人たちもいるほどだ。これは決して正しい発言ではなく、事実が誇張されているが、それでも工業時代の快適な暮らしに大きな価値があることは間違いない。貧しい境遇は地獄ではないとしても、豊かな境遇の素晴らしさは疑いようがない。

さらに工業時代は農業時代と比べて平等主義が徹底し、階級間の歴然とした格差が減少し、個人の自立が強調され始めた。たとえばこの二〇〇年のうちに、出版された書物のなかでは「私は～しなければならない」「義務」「慈善」といった記述が減る一方、「私は～したい」「権利」「市場」といった表現が頻繁に使われるようになった（Barker 2015a）。こうして個人主義が普及すると、流通する製品も人びとの行動も多様化が進み、同じパターンの繰り返しは明らかに顧みられなくなった。さらに工業時代には一夫多妻制から一夫一婦制への移行が実現し、最近では不特定多数を相手にした性行為が減少傾向にある。

工業時代に豊かさを手に入れた人びとは、農業時代のような強い社会的圧力を受けなくなった。したがって工業時代を象徴する傾向の多くは、狩猟採集時代の価値への回帰と解釈すればわかりやすい。これは確かに上手な説明かもしれないが、それだけが進行していたわけではない。たとえば工業時代の職場では、人びとは農民よりもさらに猛烈に働いている。学校では学生が抽象的思考を身に付けて、農民以上に職場の規律に忠実に従うよう訓練を施す。職場では、事細かいけれども曖昧な命令に従い、厳密にランク付けされた社会的地位を受け入れなければならない（Bowles and Gintis 1976）。さらに、工業時代の仕事はストレスや心理的安心感の度合いが職種によってさまざまに異なり、それが原因で仕事の種類ごとに死亡率が大きく異なっているようだ（Lee 2011）。

工業時代には一貫して都市化と専門化が進み、地域ごとの格差が広がった。そして変化のスピードが速いため、計画期間はしばしば短縮される。いまや人間同士や人間と世界との関わり合いは、市場や物質や個人のアイデンティティを介して成り立っている。対照的に、かつての農民や狩猟採集民は、自分たちを霊的な世界の住人と見なし、あらゆるものともっと深いレベルで結びついていた（Potter 2010）。

狩猟採集から農業、工業へと時代が進むにつれ、人間の社会は大きく成長し、そのスピードを速めてきた。組織の規模は拡大し、専門化が進み、利用する道具の種類は充実し、人工的な環境が整備され、効果的なプロパガンダや薬の種類が増え、人口密度が高くなり、社会の格差が広がり、狩猟採集民にとっては自然に感じられた労働習慣から遠ざかっていった。これらの傾向は予想通り、本書で探求するシナリオにおいても継続している。

そして工業時代には、健康、出産、移動、休息、計画といった領域、仕事のやりがい、セックスへの態度などが思いがけない形で大きく変化した。この傾向は今後も続くだろう。本書で探求するシナリオにおいても、健康、出産、移動、仕事、セックス、計画などの領域で大きな変化が引き起こされるはずだ。

過去の移行期では、いずれの場合も勝者と敗者が登場した。類人猿のなかから人類が誕生したときには、勝者と敗者に大きく分かたれた。ひとつの亜種を除き、すべてが絶滅したのである。人類のＤＮＡに最も貢献している亜種、すなわちネアンデルタール人でさえ、貢献度は数パーセントにすぎない。これと比べれば、狩猟採集から農業への移行は穏やかだった。新しい農民の多くはかつての狩猟採集民で、農業に転向した彼らは侵入してきた農民と異種交配を行なった（Curry 2013）。農業から工業への移行はそれよりもさらに穏やかである。工業が始まったイギリスの各都市は平均以上の成長を遂げたが、工業から得られた利益は大陸ヨーロッパと広く共有されただけでなく、（ヨーロッパほどではないが）世界のほかの地域にも多くが分け与えられた。

移行に伴う利益を分かち合う傾向が時代と共に拡大していったのは、変化に消極的な人たちが先発組を模倣する能力を向上させた一方、世界経済で生産の専門化と相補性が進んだ結果のように思える。しかし本書で紹介する未来のシナリオでは、移行に伴う利益が今日ほど平等には行き渡らない。エムの世界への移行は多くの人類に物質的な利益をもたらす可能性があるが、新しい社会を支配できるのは、ごく一握りの人類の子孫に限られる。それ以外の一般庶民は、過去の移行期ほどの影響力を世界におよぼすことができない。

過去の三つの時代が、多くの点でかなり異なっていることがおわかりいただけただろうか。つぎの新しい時代も、同様に大きく異なっているはずだ。

## 時代の価値観

未来の価値観がどのように変化するのかを理解するためには、過去の価値観がどのように変化してきたか、今日の価値観にはどれだけの多様性が備わっているのか、確認してみるとよい。

今日では、重要な価値基準は個人の場合（Schwartz et al. 2012）も国家の場合（Inglehart and Welzel 2010）も、

同じ二種類の主要因子すなわち変動軸に基づいておおむね変動している。まず、ひとつの軸を中心に、一方はアメリカなどの国で尊ばれる小さな家族中心の価値観、もう一方はロシアなどの国で尊ばれる大きなコミュニティ中心の価値観が展開されている。小さな家族中心の価値観では資源、権力、成果が、大きなコミュニティ中心の価値観では謙遜、思いやり、信頼性が重視される。

コミュニティの価値観は、歴史的な交易路の近くに多く見られる。ほかの地域よりも多くの米が栽培され、病気が頻繁に発生し、早くに農業が始まった地域だ。コミュニティ中心と家族中心という価値観の違いは、こうした相関関係によって説明できるとも考えられる。たとえば、米を栽培するためにはコミュニティによるサポートが欠かせず、そのため農業時代には集団を重視する規範が発達したのかもしれない。あるいは、農業時代の人びとは感染症や外部からの侵入に頻繁に苦しめられたので、それに対する適応反応としてコミュニティ重視の価値観が発達したのかもしれない（Fincher et al. 2008; Talhelm et al. 2014; Ola and Paik 2015）。これらの理論からは、おおむねコミュニティ重視の価値観は人口密集地域で発達する可能性が高いことがわかる。食糧の供給が不安定で、その確保のために人々が協力しなければならない状況では、農民にかぎらず狩猟採集民も、そしてほかの多くの動物も向社会的な傾向を強めていくものだ。

一方、もうひとつの軸を中心に（先程の軸とは無関係に）、貧しい国と富める国という価値観が展開されている。貧しい国では服従、安全、結婚、異性愛、宗教、愛国主義、勤勉、権力に対する信頼など、伝統的な価値観が重視される。対照的に富める国では、個人主義、個人の自立、忍耐、喜び、自然、余暇、信頼といった価値観が重視される。この軸上で個人の価値観が一国のなかで異なるときには、「左翼／リベラル（富める側）」と「右翼／保守（貧しい側）」という形で対比が行なわれる。

狩猟採集民の価値観は今日の「豊かで／リベラルな」人たちの価値観に近く、最低水準の農民の価値観は「貧しく／保守的な」人たちのものに近い。工業が発達して豊かになると、保守的な農民の価値観からリベラルな狩猟採集民の価値観へと移行していくのが平均的なパターンだ（Hofstede et al. 2010; Hanson 2010a）。農民が直面する社会的圧力を利用して服従や宗教などの文化が進化を遂げた結果、本来は狩猟採集民として行動するはずの人類が農民としてふるまっていたと考えれば、このような変化も納得できる。豊かになるにつれて、社会的圧力の背景に潜む脅威への恐怖感は少なくなっていくのだ。

富裕層はほかの階層に比べ、自分に合った形で自然にふるまう余裕があることを理解しており、そうした行動は狩猟採集民のものに近い。たとえば、豊かな人たちは単に生き残るだけでなく、周囲の人間に良い印象を与えるために努力することができる。その点に注目すれば、工業時代に始まった傾向の多くは十分に説明可能だ。

今日の私たちは余暇に多くの時間を費やし、製品やサービスやライフプランの量よりも多様性を重んじる。アメリカでは、教育への支出が一九〇〇年には国内総生産（ＧＤＰ）の二パーセントを占める程度だったが、いまではその割合が八パーセントに上昇した。ファイナンシャル・スペシャリストへの支出は、一八八〇年にはＧＤＰの二パーセントで、それがいまでは八パーセントにまで上昇した（Philippon 2015）。医療への支出は、一九三〇年にＧＤＰの四パーセントだったが、今日では一八パーセントにまで増えた。そして、一件当たり一〇億ドル以上のコストがかかる大型プロジェクトへの支出は、いまでは世界のＧＤＰの八パーセントを占めている（Flyvbjerg 2015）。機能性だけに注目すれば、これらの支出のレベルはどれも高すぎるという指摘にも説得力があるが、こうした積極的な支出は自己顕示欲を満たしてくれる。

富が一定レベルに据え置かれると、なかには農民と同じような社会的圧力を強く感じる人たちもいて、彼らは「保守主義者」と呼ばれることが多い。しかし、豊かになれば自由な生き方を選ぶわけではないし、自由に生きれば豊かになれるわけでもない。むしろ、農民と狩猟採集民のどちらと似た生き方を選ぶか決定するうえで、富は唯一の要因ではない。

実際、富める国の工業時代の価値観は、狩猟採集民の価値観と重要な点で異なっている。たとえば都市への人口集中や匿名性が受け入れられ、職場では仲間意識が希薄で、上からの締め付けのレベルが高い。工業時代に生きる人びとがこのような職場の価値観を手放さないのは、さもないと収入を得る能力が損なわれる恐れがあるからだ。

本書で紹介する未来のシナリオのなかでは、狩猟採集民にとって馴染みのない多くの行動が求められ、一人当たり（すなわちエム一人当たり）の平均収入は、最低生存費水準にまで落ち込む。つまり、狩猟採集民のように自由を求める最近の傾向が、エムの時代には逆転して減じる可能性が考えられる。おそらくエムは農民のような保守的な価値観の持ち主になるだろう。

## 束の間の夢の時代

これまでに誕生したすべての人類のなかで、工業時代に暮らしている比率は数パーセントにすぎない。

そのなかでも、工業時代の生活態度や行動を十分に身に付けるだけの富に恵まれたのは、ほんのわずかである。第1章の「全体のあらまし」の節ですでに述べたが、今日の裕福な人たちが取り入れた新しいスタイルの生活態度や行動は、ごく短期間における「束の間の夢の時代」が生み出した異例の産物だが、その中身は濃くて影響力は途方もなく大きい（初期宇宙に均衡とは程遠いインフレーション（急膨張）が、ごく短期間に途方もない影響力を発揮した現象に似ている）。

これから説明していくように、工業時代の裕福な人たちの行動は、生物としての適応性に欠けている。その証拠に、子孫をたくさん残すことさえ誰もが実現できているわけではない。たしかに、狩猟採集時代の先祖もあやしげな信念の数々にとらわれ、それに匹敵するような行動をとっている。しかし当時の環境では、そのような妄想がほとんどの場合、生物としての適応行動を引き出した。ところが最近では、遺伝子や文化の選別能力を上回る猛スピードで社会の変化が進んでおり、新しい環境に行動をうまく適応させることができない。ここまで適応に失敗した時代は過去にも例がないが、それには以下のような理由が考えられる。

まず、基礎的な心理学理論である「解釈レベル理論」によれば、動物は精神形態を抽象的にも具体的にも進化させてきたが、人間の場合、抽象的な形態は良い決断を下すよりも、良い印象を与えるために変化してきたという（Liberman and Trope 2008; Hanson 2009; Torelli and Kaikati 2009）。今日の私たちは抽象的な思考スタイルに頼る機会が多いが、解釈レベル理論に従うならば、いかにも良さそうな妄想を素直に受け入れてしまうことになる。抽象的な思考に走るのは、住んでいる社会が大きいからであり、抽象的な思考のほうが高尚に見られるからでもある。

第二に、進化の圧力に促された狩猟採集民は、仲間同士で自己顕示欲を満足させるために多くの行動を無意識のうちに実践した。豊かな富に恵まれた今日ではこの傾向にさらに拍車がかかっているが、それに私たちは気づかないため、現代の状況に行動をうまく適応させることができない。たとえば、狩猟採集民が芸術、音楽、衣服、会話といった習慣を発達させたのは、これらに関連した能力を見せびらかすためでもあった。政治を論じ、地元の子どもたちに教育を施し、病気になった仲間を助け、物語を語るようになったのは、集団や仲間や理想について気にかけている姿勢を見せるためでもあった。狩猟採集民は進化のプロセスを通じ、豊かな時代に自己顕示欲を強化させ、つぎにトラブルに見舞われたら役に立ちそうな仲間に投資するようになったのである。

ただし、自慢行為や小グループ同士でつるむことは狩猟採集民の規範に反するので、それをわざわざ回避するため、自慢行為への言い訳の数々が進化のプロセスで考案され、実際に受け入れられてきた。たとえば芸術を愛するのは純粋な気持ちによるもので、他人に強い印象を与えられるかどうかは重要ではないという主張などだ。

これらの習慣を受け継いだ今日の私たちは、狩猟採集民とほぼ同じように自己顕示欲を満たすばかりか、豊かになった分だけその傾向を強めている。ところが、私たちは自己顕示欲など持たないと否定する一方、狩猟採集民と同じような言動が今日では機能しなくなった現実をほとんど理解せず、関心も示さない。芸術、おしゃべり、政治、物語などを通じて自己顕示欲を満たし続け、それらの機能や効果が大きく変化している点には気づこうとしない。

第三に、狩猟採集民は良いセックス、食べもの、場所、物体といった要素を連想させる光景や音や臭いや味に惹きつけられる習慣を進化させた。さらに、レトリック、雄弁さ、困難、ドラマ、繰り返しといった要素に心を動かされ、とりかわす議論の論理ではなく、議論する相手の地位に影響されるように進化を遂げたようだ。そのため、狩猟採集民は地位の高い仲間と同盟する傾向を強めたとも考えられる。しかし今日では、このような習慣が仇となり、大量生産される食品、薬、音楽、テレビ、ビデオゲーム、広告、プロパガンダなどが引き起こす強烈な刺激への防御が弱くなってしまった。そのため、どれも価値があるものだと必要以上に信じ込み、新しい環境への適応に役立つ範囲を超えて際限なく消費し続けているのだ。

ところで「人口転換理論」によれば、主に教育やマスメディアを通じて伝えられる新たな規範を介し、社会は豊かになるにつれて少子化の傾向を強めるという (Jensen and Oster 2009; La Ferrara et al. 2012; Cummins 2013)。農業社会では裕福な人ほど子だくさんの傾向が強く、多くの遺伝子のなかから富の増加を促す遺伝子が選別されたものだが、今日の裕福な人は子だくさんではない (Clark 2008, 2014)。人口の転換が始まった当初は、子どもの数が減ったあとに孫の数が増える傾向があることを裏付けるような証拠も存在するが、子どもの減少がおおむね孫の減少につながるのは間違いないと考えてよいだろう (Mulder 1998; Lawson and Mace 2011)。

この生殖能力の落ち込みは、私たちの行動に生物としての適応力が欠如している現実を何よりもはっきり表している。定義のうえでは、ある環境のなかで実践される行動が長期的に子孫の減少を招く場合、そのような行動は進化によって淘汰される傾向が強くなるものだ。結局のところ、環境に適応できない行動は持続可能ではない。

ところが今日では個人の生殖能力だけでなく、文化にも適応力は欠如しているようだ。戦争、貿易、教育、改宗などを通じ、文化が十分に正しく選択されているとは思えない。私たちの文化では個人の生殖能力さえも上手に適応していないことは、犯罪者に対する非常に寛容な姿勢からも明らかだ。とかく犯罪者は性的パートナーの人数が多いので、社会復帰を許された犯罪者が子供をもうける率は世間一般よりも高くなってしまう（Yao et al. 2014）。

もちろん、適応行動が世界や宇宙全体にとって役に立つという保証はない。適応行動によって、生活全般が損なわれる可能性もある。幸いにも現在は社会が非常に豊かなおかげで、適応の失敗が引き起こす悪影響のいっさいが和らげられている。ただし、長い目で見れば適応に失敗する頻度は減少し、最後は消滅するはずだ。これに関しては、本章の「限界」の節で詳しく取り上げる。

最近では、一部の人たちが不適切な行動を賞賛している（Stanovich 2004）。彼らから見れば不適切な行動は、人間を遺伝子プログラムに隷属させてきた束縛から私たちが解放された証拠に他ならない。私たちは反逆を続けるうちに、進化的淘汰によって未来を選別される状態を抜け出し、みんなで共有される未来を意識的かつ意図的に選ぶようになると彼らは期待している。

しかし、進化がもはや結果を決定しない世界を創造するためには、人びとが適応圧力を無視する行動を選択するだけでは十分ではない。変異や差別的選択だけでも進化は引き起こされ、それが結果に影響をおよぼす。これを阻止するには、すべての繁殖行動をコントロールする態勢が十分に整備され、世界中で強制的に採用されなければならない。

ここまで徹底できなければ部分的な解決策にならないどころか、解決にまったく結びつかない可能性もある。たとえば、繁殖行動に制限を設ければ、そのような制限を回避できるタイプが選別されてしまう。政治力に比例して繁殖行動を認めれば、強い政治力を獲得・維持しているタイプが選別されるだろう。

ただし、繁殖行動をグローバルにコントロールする態勢は、すぐには十分に実現しない可能性が大きい。当面、いやしばらくのあいだは、こうした高レベルの調整作業は能力の乏しい私たちの手に負えない。調整作業は概して困難であり危険を伴う。その能力が時間と共に大きく改善されたのは事実だが、それでもグローバルなコントロールを実現するために必要なレベルにはまだ届かない。そんな中途半端な状態で調整作業を行なおうとすれば、コントロールを回避する離反者が現れ、彼らが選別されてしまうだけだ。

一部の人たちは進化が集合的に制御されることを望まず、現代のような生物的に不適切な行動を賞賛する。自分の嗜好と合わない未来が進化のプロセスで選別される可能性を受け入れるが、長いあいだ好んできた行動を継続させたいと願う。歴史の大きなパターンのなかで一時的に出現した夢のような時代において、例外的な役割を引き受けていることを楽しんでいる。

しかしそれを認めるか否かにかかわらず、実際に私たちの時代は束の間の夢の時代であり、おそらく長続きはしないだろう。

それほど大昔ではない過去と現代を比較すれば、つぎに訪れる大きな時代がどんなものか大局的な予想を立てられるだろう。それははるか遠い未来の時代を推測するためにも役立つ。

物理法則の性質を著しく誤解していないかぎり、きわめて有益なイノベーションも経済の成長も「まもなく」終わると考えて間違いない。少なくとも、何十億年以上にもわたる宇宙の時間の尺度から見れば、長続きするとは考えられない。たとえば、過去一〇〇年間の経済成長率が今後も続くとすれば、その数字はおよそ一〇〇万年後に、現在の一〇倍の三〇〇〇乗になる。少なくとも私たちと同じような宇宙で暮らし、似たような心理状態を持つ人たちには、物理的に達成することはできない（実際私たちの遠い子孫が、現代人と同じ心理状態を持っていると考えているわけではない。成長の最終的な限界について論じるための一例として、引き合いに出しているだけだ）。

有用な物質のすべてが非常に高度な人工物に転換されてしまえば、物理的資源の急速な増産をこれ以上続ける余地はほぼなくなるだろう。仮に新しい宇宙とうまくつながることができるとしても、私たちの宇宙に残された利用可能な資源の量に大した変化は生じない。物理的に有用な装置やアルゴリズムなどが活用される余地を捜し続けたとしても、結局のところある時点で見返りは大きく減少してしまう。デザインの可能性を探す余地はほぼ無限に残されるが、物理的に役立つ形で改善が実現するスピードは大きく低下してしまう。

同様に、社会、芸術、娯楽のために役立つ計画や装置やアルゴリズムなどに関しても、もう少し時間が経過してから限界に達するはずだ。たしかにVR（バーチャル・リアリティ）は際限なく拡張し細分化していくだろうが、人間と同じような生き物がそこから得られる利益は著しく限定される（たとえば、膨大な計算能力を備えたコンピュータを使って何十億年も探索しなければ発見できないほど細かい設計にこだわる生物を創造するのは可能かもしれない。しかし、人類はそのような生物とまったくかけ離れた存在であり、新しい生物の誕生を期待すべき理由もほとんどない。もちろん、人間と同じような知能を持つ生物が、難しい問題の解決や難しい事柄の発見を遠い未来に成し遂げることもあるだろう。結局のところ、人間は自分の優秀な知能を見せびらかしたいと願う。しかし、そんな功名心ゆえの行動から、純粋な社会的価値が大して生み出されるわけではない）。

したがって、何兆年もあとの未来には、正味の経済成長はきわめて低い平均成長率に落ち着くはずだ。今日の私たちと比べると活動のスピードがそれほど遅くない子孫たちにとっては、主観的に認識される経済成長率は今日よりもかなり低いとみて間違いない。実際、未来の歴史の大半において、成長やイノベーションはほとんど認知できない程度にとどまり、実際的な目的にはほとんど役立たないだろう。

ひょっとしたら、私たちの子孫は調整作業を経て宇宙全体を支配するひとつの政府を創造し、繁殖活動を厳しく規制するかもしれない。あるいは、宇宙の各地に点在する複数の政府が、それぞれ同様の規制を行なうかもしれない。しかし、どちらも実現せずにイノベーションが途絶えれば、私たちの子孫は環境を構成する安定的な要素に対し、生物として上手に適応していくと考えられる。少なくとも、類似する行動を確実に継続させるために、子孫の行動は地域ごとにほぼ最適化されるだろう。そうなればほとんどの場所で、人口は進化的競争均衡と一致するレベルにまで増加する一方、生活水準はほぼ最低水準に落ち着く。このような消費水準は実際、地球の歴史に登場したほぼすべての動物、二〇〇年前のほぼすべての人類、そして今日の世界人口のうち一〇億の人たちの特徴でもある。

今日、人間の脳の設計は、原子、エネルギー、容量などの物理的資源をほぼ限界まで有効活用している状態から程遠い。では子孫がきわめて高い適応力を備え、物理的限界に大きく近づいたとしたらどうか。今日よりもはるかに少ない資源を利用するだけで成り立つ設計を考案したうえで、私たちとよく似た頭脳を働かせるか、あるいは私たちと同レベルの資源を利用した設計パッケージに、いまよりはるかにたくさんの知的能力を詰め込むか、あるいはふたつの変化がミックスされる可能性もある。そうなると（一〇〇万年あるいは一〇億年単位の）長い目で見た場合、今日の私たちに匹敵する知能を備えた生物が、今日よりもはるかに少ない材料とエネルギー源を使って活動する可能性が考えられる。未来の世界の密集度が今日と同じだと仮定すれば、私たちの子孫の体はいまよりずっと小さくなるだろう。利用する資源の全体量が今日と同じだと仮定すれば、子孫の数はいまよりもずっと多くなるだろう。

光の速度の限界によって未来のコミュニケーションのスピードが制約され、各地域の文化が変化するペースが極端に遅くなく、宇宙全体を統一しようとする強い力が働かないと仮定しよう。宇宙の物理的規模の大きさを考えれば、未来の世界の文化は多数の地域に分割されると考えられる。たとえば、遠くの銀河に送った信号が戻ってくるまでには一〇億年を要するが、限られた地域内であれば、音楽の流行はわずか一〇年で変化する。したがって音楽の流行は分割化され、地域ごとに異なった音楽が流行するだろう。同様に、移動に莫大なコストと時間がかかることを考えれば、大がかりな軍事活動に関しては攻撃よりも防御のほうがずっと安上がりで、その結果、軍事的にも細分化の傾向を強めるだろう。

遠い昔、狩猟採集生活を営んでいた私たちの先祖は、変化がごくゆっくり進行する世界にうまく適応し、文化的にも軍事的にも地球のあちこちに分かれて独自の進化を遂げた。私たちの遠い子孫も、こうした先祖と同じように進化していくだろう。現在のような「束の間の夢の時代」は、宇宙的観点から見てきわめてめずらしい。グローバルに統合された文化が短期間のうちに急成長し、数多くの重要な行動が生まれたが、いずれも生物としての適応には役立っていない。

未来のどの段階で歴史のパターンが「転換期を迎え」、遠い過去や遠い未来のパターンに戻るのかはわからない。しかし、強い確信はないが、地球全体を協調させようとする強い力が働かないかぎり、つぎに世界が大きく変化する時代には今日と比べて体の小さな生き物が数多く暮らし、エネルギーの消費量は少なく、生活水準は低くなる。行動は周囲の環境にうまく適応し、主観的に認識されるイノベーションや成長の速度は遅く、文化も社会も地域ごとに細かく分割されるだろう。

これらの傾向は、これから本書で紹介する未来のシナリオの重要な構成要素になっている。エムは今日の私たちよりも余暇や収入が少なく、行動は順応性に優れ、文化はさらに細分化していくだろう。「客観的な」成長すなわち時計の変化に対応した成長は、いまよりも速くなる。しかし、典型的なエムが個人的に出来事を経験する「主観的な」スピードと比べれば、成長は遅く感じられるはずだ。

# 第3章　フレーミング

## モチベーション

なぜ未来のエミュレーションについて研究しなければならないのだろう。

本書の草稿に目を通した読者の一部からは、自分が生きているわけでもない未来の世界についてなど、子どもや孫、あるいは特別魅力的なフィクションの登場人物が関わっていないかぎり、大して興味は持てないと指摘された。たしかに本書で紹介するシナリオが、ドラマチックで感動的なストーリーにふさわしくないことは認めよう。しかし同じ基準を当てはめるならば、歴史の大半は退屈きわまりないことも事実だ。ところが未来への関心が低い人たちの多くが、歴史を詳細に研究する作業には大きな興味を抱く。

過去を変えることなど不可能なのに、今日では未来よりも過去の研究に多くのエネルギーが費やされる。その理由としては、未来よりも過去のほうが学べるものがはるかに多い点がしばしば指摘される。

しかしほんの少し努力すれば、未来について貴重な洞察を得ることはできるし、研究を掘り下げていけば、未来についても多くを学べるようになるものだ。そもそも過去について研究したところで、未来を研究するときほどの見返りは期待できない。容易に得られる洞察のほとんどは、すでに発見されている。

政策を考えるうえでも未来は重要である。なぜなら、政策の影響がおよぶ範囲は未来に限られるからだ。そしてきわめて悲観的になるか、自分がいまいる時代を中心に考えないかぎり、最も重要なのは遠い未来である。成長がこのまま継続すれば、未来には大勢の人たちが暮らしていることになるのだ。

つぎに、政策論争から得られる恩恵の大半は、かなり時間が経過してはじめて実現する点を指摘しておきたい。知識人が政策について新しいアイデアを考案し、それに関して論文を発表し、誰かがその論文を読み、その誰かが政策への影響力を手に入れ、新しいアイデアを試す機会がようやく訪れ、最終的にその政策が何らかの結果をもたらすまでには何十年もかかるときもある。こうして何十年という時間をかけて大きな変化は起きるもので、それを考慮しない政策分析は不適切であるばかりか、方向性が大きくずれてしまう。これからどんな大きな変化が実現し、それがどんな結果をもたらすのかについては、大局的な見地から考えていかなければならない。

外国の土地を訪れると、自分の国の優れた特徴についての理解が深まるものだが、それと同様、異なった時代に思いを巡らせば、自分の生きている時代の優れた特徴を理解しやすい。子孫について理解すれば、自分はどんな人間で歴史的にどう位置づけられるのか、的確に把握できるようになるだろう。現在に生きる私たちは、先祖たちのあとの時代の人間であり、子孫たちの前の時代の人間でもある。自分を定義する際には、空間的にも時間的にも周囲の人間とどのように異なっているのかを判断基準のひとつとして考える。たとえ本書で描く未来が実現しないとしても、未来が現在とどれほど異なるか、本書の分析作業を通じて学ぶものがあれば努力は無駄にならない。

未来の出来事に最近のトレンドが投影されている印象を受けると、しばしば興味を惹かれるものだ。なぜなら未来の出来事について論じることによって、現在のトレンドを賞賛したり嘆いたりする間接的な手段が提供されるからだ。たとえば、一週間の労働時間がきわめて少ない未来を取り上げたストーリーが好まれるのは、労働時間に関して現在進行中の変化について間接的にコメントできるからだ。ただし、本書で紹介する出来事のほとんどには現在のトレンドが投影されておらず、このような目的のためには役に立たない。

一方、今日の最高の理論が未来の社会について何を示唆しているか考えてみれば、これらの理論を客観的に評価する機会が提供される。今日、我々社会科学者は後知恵バイアスにいとも簡単にとらわれてしまう。そのため身の回りで観察されるパターンは、社会の仕組みについて研究した理論が暗示している通りに確実に進行していると決めつけてしまう。しかし、未来の社会について考えるときはパターンが具体的に見えないので、世の中の仕組みについて理論は何を示唆しているのか、慎重に考えざるを得ない。このような思考実験を行なえば、各理論にどの程度の信頼性があるか評価するだけでなく、矛盾点を見つけて解消に努めることもできる。未来には実際のところ何が待ち受けているのかという点に注目するようになれば、本書のような書籍によって今日の標準的な理論の予測能力を客観的に評価することも可能だ。

本書は従来とは少々異なったアプローチを採用し、常識やトレンド予想のほかに、基本的な社会理論を利用して未来の社会を予測していく。かりに本書の分析内容が間違っているように思えても、本書の事例を参考にして、ほかの基本的な社会理論を土台にした予測を立てることができる。

これらの理由の少なくともひとつでも、読者の皆さんの共感を得られれば幸いだ。

## 予測

直近ではない未来など予測してもほとんど意味がないと一部では指摘されるが、実際のところ、遠い未来の予測は成功例が多い。

たとえば、乾電池や太陽電池といった発明品のコストの将来的変化は、確実な予測が可能だ。これらのコストはべき乗則にしたがい、累積生産量に対して指数関数的に減少する傾向を持っているからだ(Nagy et al. 2013)。もうひとつ、最近の事例を紹介しよう。世間に公表された技術的な予測を全部で一〇〇〇件集め、節目の予測時期と実現した時期をそれぞれ比較したうえで、予測の正確さを評価した。その結果、予測は当て推量よりもずっと正確で、一〇年から二五年先の未来も例外ではなかった。予測する方法は異なるが、どれも一様に正確だった。平均すると、節目は予測時期の数年前に実現しており、すでに実現していることを予測した当人が気づかないときもあった(Charbonneau et al. 2013)。

未来についての予測の正確さが特に際立っている本が、ハーマン・カーンとアンソニー・ウィーナーの共著で一九六七年に刊行された『紀元2000年——33年後の世界』(井上勇訳、時事通信社、一九六八年)だ(Kahn and Wiener 1967)。人口の予測はいたって正確で、コンピュータやコミュニケーション技術についての予測の精度は八〇パーセント、それ以外の技術に関しては五〇パーセントだった（Albright 2002）。もっと期間の長い事例もある。アメリカの土木技師ジョン・ワトキンスは一九〇〇年の時点で、一〇〇年後の社会の基本的な特徴の多くを正確に予測している（Watkins 1900）。

具体的な技術についての予測でも、注目すべき事例は見られる。一九一一年にはコンスタンティン・ツィオルコフスキーが、宇宙旅行に関する基本的な問題と可能性について予測を行なった（Tsiolkovsky 1903）。もっと最近ではK・エリック・ドレクスラーが基礎物理学を応用し、原子精密製造（APM）の概要を描いた（Drexler 1992, 2013）。ほかには物理学を応用して、宇宙船の概要を描いた事例もある（Benford and Benford 2013）。

多くの予測が外れている点を考慮しても、現時点においては、これらの成功事例は当て推量よりも優れているようだ。少なくとも一部の人たちは、当て推量よりも上手に未来の変化を予測できると言ってもよい。実際の宇宙船や原子精密製造工場が多くの点で予測と異なるのは間違いないが、当て推量や映画で描写される多くの場面に比べれば、未来の工場について理解するための優れた手がかりになり得る。

物理的な可能性は予測できても、社会的な結果については予測できないとしばしば指摘される。このような指摘をする人たちの大半は物理学の訓練を受けており、社会科学者が多くの有益な事柄についての知識を持っているという事実を理解していない。たとえば今日の社会科学者は、私たちの生活様式がかつての農民となぜ異なるのか、農民の生活様式は狩猟採集民となぜ異なるのか、事細かく理解している。私たちの遠い先祖が現代の社会科学にアクセスできたならば、社会科学を応用して今日の工業時代の多くの側面について予測していたかもしれない。同様に私たちも基礎的な社会科学を応用すれば、つぎの時代の多くの側面について予測できるはずだ。本書では、その正しさを証明していく。

ワールドワイドウェブの登場とそれがもたらした結果に伴う大きな変化について、誰も予想していなかったと一部では指摘される。しかし、私が一九八四年から一九九三年まで関わったザナドゥ・ハイパーテキストプロジェクトの参加者は、ウェブの基本的な側面の多くを正確に予想していた。さらに一九九九年には、インターネット・ビジネスの基本的な問題の多くを正確に予測しているビジネス書が刊行された（Shapiro and Varian 1999）〔訳注：邦訳『「ネットワーク経済」の法則――アトム型産業からビット型産業へ…変革期を生き抜く72の指針』カール・シャピロ、ハル・R・バリアン著、千本倖生監訳、宮本喜一訳、IDGコミュニケーションズ、一九九九年〕。これらの事例からは、基礎的な理論を上手に使えば、遠い未来の環境の基本的な要素について物理的にも社会的にも予想できる一方、せっかくの予想は概して文化的にも物質的にも大して報われないことがわかる。これでは、予測に本気で取り組む人たちが少ないのも無理はない。

しかし、未来を予測することは確実に可能だ。

## シナリオ

たとえ漠然とではあっても、エムの世界についてどのようにすれば思い描けるだろうか。

本書では、希望や不安といった要素を排除して予想することを大前提にしている。エムの世界の到来を回避するために特別の努力をしなければ、何が起こり得るかについて注目していく。何かが起きてほしいと願ったり、何かを避けるように警告したりすることは考えない。未来を後押ししなければどうなるか見当もつかないのに、未来をどの方向に後押しすべきか論じても良い成果は得られない。そもそも私たちは、未来を後押しする能力を過大評価すべきではない。

本書では、大前提となる複数の仮説を設定したうえで、これらの仮説から予想される因果関係に関し、信憑性があると思われる主張の数々を集める。それから因果関係についての多くの手がかりを結びつけ、さまざまな変数を含みながらも自己矛盾のないシナリオを作り上げていく。すなわち、もしも私のシナリオにファクターAが含まれ、それにはファクターBと調和する傾向があると考えられる十分な理由があれば、それほどの確信がなくてもBをシナリオに加える。Aについての確信が強く、AとBのあいだに相関関係が存在すると考えられる理由が強固で、ほかにもBの関連性を示唆する理由がある場合ほど、強い確信を持ってBをシナリオに加える。

矛盾のないシナリオをこのような形で構築していくやり方は、ジグソーパズルや数独パズル、建設プロジェクトの計画など、複雑な状況を分析する際にはごく一般的なもので、国家機関の情報分析の予測にさえ使われる。さらに今日では、宇宙船やナノコンピュータ、地球温暖化がもたらす結果などの研究を進めていくプロセスとしても利用されている（Pindyck 2013）。

歴史家も同様に、矛盾のないシナリオを構築するアプローチを採用している。たとえば、ローマ帝国の銅貿易について歴史家が推定する際には、周辺の人口、銅山の所在地、貿易ルート、貿易の所要時間、犯罪率、寿命、気候、賃金、装身具に使われる銅の量など関連する要因について、他の歴史家が割り出した最良推定値を頼りにするのが典型的なやり方だ。たしかに歴史家は一定の不確実性を認めるもので、一部の変数に関しては、筋の通った複数の可能値が確認されるときもある。それでも概して最良推定値を割り出し、それをほかの歴史家の最良推定値と照らし合わせていく。

ところが今日、未来の研究を専門とする多くの学者のあいだでは、このように明快な形でのシナリオ構築がタブーになっているようだ。彼らは「未来論者」というレッテルを嫌い、代わりに「シナリオ考案者」と呼ばれたがる。そして「シナリオの計画」を好み、少数のシナリオを創造しては、広範囲におよぶ不確実性や矛盾の可能性を解消しようと努める。それぞれのシナリオは物語風で、いくつもの原動力がまとめて紹介されるのが典型的なパターンで、変化する状況よりも均衡状態について取り上げる(Schoemaker 1995)。しかし残念ながらこれまでのところ、私は彼ら未来主義者のタブーについて理解できない。そこで従来のやり方とは一線を画し、矛盾のないシナリオを構築していく決心をしたのである。

本書で詳しく述べるシナリオがそのまま実現する確率は、一〇〇〇分の一よりもはるかに低い。しかし、本当のシナリオとまったく同じではなく、類似性を備えるだけのシナリオであっても、行動を起こして推論するための適切な指針として役に立つ。現実と異なる一方で類似点を備えた多くのシナリオに対し、私はこれから適切な分析を行なっていく。私の大前提にしたがえば、未来の状況の少なくとも三〇パーセントが分析によって把握できるはずだ。この条件がなければ、確率は一〇パーセント程度になるだろう。

未来は過去よりも重要だというのに、過去を取り上げた有益な本は少なくとも一〇〇〇冊は出版されていることを考えてほしい。実現の可能性が一〇〇〇分の一の未来のシナリオであっても、それを細かく研究している本書は役に立つはずだ。

特定のシナリオについて考える際には、何らかの「ベースライン」シナリオに基づいてバリエーション・シナリオを集めると効果的だ。基準となるシナリオは実現可能性の高さだけでなく、シンプルさも考慮して設定するとよい。そのうえでバリエーションもシンプルであれば、分析作業は容易に進む。

たとえば、今後一〇〇年間のどこかで大きな戦争が勃発する可能性について研究するなら、特定の戦争について取り上げないベースライン・シナリオを設定すべきだ。シンプルな基準設定ならば、インドとパキスタンの戦争や中国と台湾の戦争など、バリエーションの結果について分析しやすい。かりに大きな戦争が勃発する可能性が五〇パーセント以上だとしても、具体的な戦争を基準にするとバリエーションを展開しづらく、定義するのも解説するのも難しくなってしまう。

成功の鍵を探すときには、街灯の下から始めるのが賢明だ。実際にそこで鍵を見つけられなくても、広い領域におよぶメンタルマップの起点として定めれば、暗闇を探し回る作業は計画しやすい。

これから本書では、廉価な全脳エミュレーションの登場を中心に据えたベースライン・シナリオをひとつだけ紹介していく。この大前提には曖昧さがなく、厄介なシナリオ「もどき」に悩まされる必要がない点が便利だ。廉価なエミュレーションが十分に機能して広く採用されるか、あるいはどんな形にせよ大した経済的価値を伴わないか、いずれかである。そのあいだに興味深いシナリオがいくつも存在するわけではない。

本書で紹介するベースライン・シナリオは、シナリオと呼ぶにふさわしく詳細で筋が通っている。さらに実現可能性も備わっているが、それは選択肢として際立ち、採用される可能性が最も高いものを選んでいるからだ。ただし、複数の選択肢に同じような実現可能性があり、どれが最善か特定しにくいときには、分析しやすそうな「シンプルな」ものを選ぶ方針で臨んだ。

このようにシンプルかつ実現可能性を備えたシナリオを根底に据える戦略ならば、ベースラインにせよバリエーションにせよシナリオを解説しやすい。ただしそれだと、未来は理解しやすいものだという先入観が簡単に植え付けられてしまう可能性は認めなければならない。エムが登場する現実の未来は、本書で紹介するベースライン・シナリオよりも不思議な世界だろう。本当の過去が、歴史家が紹介する歴史とおそらくかけ離れているのと同じだ。

つぎの点は強調しておかなければならない。未来について信憑性のあるオプションの数々のなかで、現在起きている諸事態は最もシンプルかつ実現可能性が高い。そのため、本書がシンプルかつ実現可能性の高い価値を採用する際には、それに近い形でベースライン・シナリオを設定し、未来を不思議な世界として描くことは控えた。実際のところ未来がどのような方面で不思議なのか、具体的に多くを語れるわけではない。したがって未来を詳しく描き出すためには、結局のところ本書が紹介するような形のベースライン・シナリオが最も参考になると言ってもよい。一般通念でも、何も知恵がないよりはましなものだ。

## コンセンサス

シンプルなベースライン・シナリオを考案するための主な方法として、本書では常識とトレンド予測のほかに、関連分野で標準として認められている理論にも注目する。関連分野には物理学、工学、社会科学、人間科学、さらには商慣行や社会的慣習も含まれる。もちろん、少なくとも未来の科学の基準からすれば、今日の科学は多くの点で間違っている可能性がある。しかし、今日の科学のほとんどはおそらく将来も生き残るだろう。したがって本書が取り組むユニークな問題に対し、今日の標準として合意が形成されている科学を応用すれば、何らかの洞察を得られるはずだ。

経済学の教授である私は、学問的に標準として認められている経済学を応用していくつもりだ。私の結論の一部は、すでに十分に分析され実証的検証がなされた経済学から直接引き出されている。しかし手元に抱えた問題に対しては、経済学の確かな情報に基づいて直観を働かせ、もっと柔軟に対処していく姿勢で臨んだ。プロの経済学者は私が経済学を応用する姿勢を認め、大体は賛成してくれるだろうが、門外漢にとっては本書の問題との結びつきが見えにくいだろう（経済の素人は、つぎのように指摘する。経済理論においては協調の失敗が発生するので、ほとんどの人たちが賛成する結果とはべつのものが予測されてしまう）。

たとえば、可能であればまず私は、ほとんどの経済政策分析においてベースライン・シナリオと同様、規制がかなり少ない競争均衡のシナリオを想定する。すなわち、世界は多くのトピックに関してさまざまな規模と方法で協調し続けていくものの、全脳エミュレーションにかかるコストや規模に変化を引き起こすほどの協調が、各国間で実現することはまずあり得ないと考える。

しかしそうは言っても、私は規制がゼロになることを予測したり提言したりするわけではないし、需要と供給が戦略的に制約される可能性や、予期せぬ変化が起きる可能性を否定するわけでもない。私たち経済学者は規制や介入について評価する際、いま述べたような形の「需給の均衡」のシナリオに言及することが基準になっている。そこから得られる結果についてのロバスト推定［訳注：誤差があるデータに対し、その誤差の影響を最小にすることを目的にした理論］は、経済学者がとりわけ得意とするところだ。法律や政治は経済効率を徐々に向上させていくが、本書で規制について取り上げる際も、実質的に顕著な経済効率が期待できるものを主に想定している（Cooter and Ulen 2011; Weingast and Wittman 2008）。

したがって私は、全脳エミュレーションがかなり競争的な環境で実現し、競合する多くの組織が全脳エミュレーションの応用から利益を得られる状態を想定する。さらに私がこれから紹介する世界は、破壊的な過渡期、すなわち想定外の大きな変化が多大な影響をおよぼす時期を過ぎているとも想定する。この時点では、新しいテクノロジーの導入に対する大がかりで組織的な抵抗はほとんど失敗に終わっている。私が取り上げる未来にも、過渡期の影響の一部が残っているかもしれない。しかしそれでも本書では、予想と現実の行動が社会のなかでおおよそ均衡している時期が到来したことを前提としている。

競争均衡のシナリオに注目する代わりに、特定の規制がもたらす結果について徹底的に分析するとしたらどうなるだろう。そのときは、さまざまな規制がどのような組み合わせで実施される可能性があり、それはどのような典型的な効果をもたらすのか評価しなければいけない。しかし、こうした事柄は予測するのが難しい。なぜなら、どんな政治連合が結成され、規制に対して賛成や反対を表明していくのか予測するのは困難だからだ。しかも、規制の組み合わせやそれがもたらす効果について評価を行なえば、それが政治的に利用される可能性がきわめて高い。つまり私が分析作業を行なえば、何らかの政治路線を支持しているとすぐさま非難される恐れがあるのだ。もちろん、特定の規制についていっさい考えなければ、今度は規制に反対する姿勢を非難されることになるだろう。政治的偏向を非難される展開を回避したくても、社会科学には絶対的な安全策など存在しない。

予測が難しいどころか、なかには描写や説明さえ難しい事柄もある。たとえば、私たちは自分が暮らす世界について多くを知っているが、今日の典型的な人間がどれだけ「自由」なのか、あるいはどんな「権利」を持っているのか、なかなかうまく説明できない。こうした事柄は場所や環境によって大きな違いがあるだけでなく、言葉そのものが的確に定義されていない。未来のシナリオについて質問されたら、答えるのはさらに難しいはずだ。

今日学問の世界で人気の高い経済理論は、今日の経済学者に共通するパーソナリティや精神構造に合わせて微調整されており、経済学者と異なるパーソナリティやスタイルの持ち主からは選択されないだろうと一部では指摘される。しかし実際のところ私たちの経済理論は、今日の富裕国のなかのほかの階級や地域だけでなく、私たちとはまったく異なるほかの国にも、さらには何千年も昔の人びとや場所にさえも当てはまるものだ。あるいは、人間とは異質の生物にデータとして取り込んでも、正式な経済モデルは広く機能する。異質の生物とは利己的かつ合理的に戦略を実行するエージェントのことで、吸収した情報を絶対に忘れないし間違いを犯さない。こうしたエージェントを使って構築された経済理論が今日の私たちに当てはまるならば、未来のエムにも当てはまると考えてよいだろう。

なかには私の分析について、「科学」たるに必要な高レベルの確実性の域に達していない点を厳しく指摘する人たちもいるだろう。私の予測が「単に憶測する」レベルにとどまっているため、ほかのあらゆる憶測と同様に当てにならないものだと見なすのはむろん、大抵の憶測より面白みに欠ける点にも注目し、ほとんど価値がないと結論づけるかもしれない。しかし実際のところ、私の分析においては一定の信頼度が継続的に保たれている。本書の推測は十分な根拠に基づいたもので、単なる憶測レベルとはかけ離れている。

## スコープ

本書で下される数々の結論は、説得力の強さが一様ではない。なかには十分に確立された強力な理論に基づいた結論もあるが、類似性やトレンド予測などの弱い手がかりに基づいた結論もある。強力な証拠を裏付けとする結論についてのみ論じるべきだと主張する学者もいるが、それでは役に立つ情報が必要以上に取り除かれてしまう。社会にはさまざまな領域があって、それぞれの特徴のあいだには色々な形で相互依存性が存在している。つまり、ある領域では単なる当て推量にすぎない結論に注目すれば、別の領域で起こり得る結果に関して予測の精度が向上する可能性も考えられる。

したがって本書では、エムの未来のできるかぎり多くの側面について暫定的な評価を下していく方針で臨む。たとえば統計学においては、ベイジアンネットワーク［訳注：原因と結果の関係を複数組み合わせることにより、原因と結果がお互いに影響をおよぼしながら発生する現象をネットワーク図と確率で可視化したもの］の確率モデルに注目し、最も実現可能性の高い変数値の組み合わせを調べていくのが標準的な習慣になっているが、それに類似していると言ってもよい。要するに、高い確率で実現しそうな組み合わせを何かひとつ取り上げるのではなく、変数間の関係を最大限活用しながら、あらゆる変数推定を行なっていく。

社会活動のなかに存在するパターンは、なぜそんなことが行なわれているのか十分に理解されていなくても、役に立っていると解釈するのが標準的な習慣になっているが、本書もこの習慣に倣い、社会的なパターンを弱い手がかりのひとつとして採用していく。すなわち、べつの可能性を検討すべき特別な理由がないかぎり、社会の馴染み深いパターンは将来も継続していくものだと仮定する。そして、時間や空間やサブカルチャーのなかでパターンが広く深く定着しているほど、エムの世界でもそのパターンが継続する可能性は高くなるものと見なす。

この場合にはもちろん、地域の限定された偶発的な社会習慣が安定した機能的パターンと誤解され、その一時的な習慣をエムが継続していくはずだと思い込むリスクが発生しかねない。しかしそれとは逆に、エムの世界は多くの点で私たちの世界の延長だということが理解されないリスクも考えられる。エムの世界はおそらく現代と同様の問題に直面し、私たちの世界から多くの習慣をそのまま受け継いでいる。

現代からエムの時代への移行期のあいだに大きな社会的変化が発生しないほうが、いま述べたアプローチは効果を発揮する。したがって本書では、エムの時代に先立つ時代の変化は影響力が小さいことを暗黙の前提として話を進めていく。エムへの移行を、農業のはじまりや産業革命のつぎにやって来る大きな変化としてとらえる。人間と同レベルの人工知能、人間の脳遺伝子の全面的な組み換え、エイリアンや悪魔による侵略、全地球の乗っ取り、文明の完全な崩壊などはすべて、エムの時代のあとの出来事として考える。

馴染み深い社会的パターンは将来も継続するものだと想定する習慣は、エムの時代の末期よりも初期を評価するうえで役に立つ。したがって本書では、エムの時代の初期に焦点を当てていく。宇宙の時間的尺度から見れば、これは確実にごく短い期間にすぎないが、この時期についての理解を深めれば、そのあとに続く時代を理解するための良い準備が整う。かつての狩猟採集民が農業の時代について最初に理解していれば、そのあとに続く工業の時代の実像を予測しやすくなったはずだ。それと同様、今日の私たちがエムの時代の初期について十分理解しておけば、そのあとにどんな時代がやって来るのか予測しやすくなるだろう。

要するに本書では、評価の定着した理論を幅広い分野から集めてきて、そこから遠大な筋の通ったシナリオを構築していく。このシナリオはエムの世界の多くの側面を網羅しており、「単なる憶測」よりもはるかに確実な未来を描くことができる。ただし、私はエミュレーションの社会を研究するために特にこの方法を選んだが、だからと言って、それが唯一の方法だとか最善の方法だとは考えていない。今回の私の取り組みに刺激され、エムの世界というトピックにべつの方法で取り組んでもよいし、これと同じ方法をべつのトピックに応用してもよいだろう。

## 偏見

本書は標準的な社会科学を応用するメソッドのほかに、重大な偏見を回避するメソッドも並行利用している。

たとえば、私たちは未来を予測するとき「内部」情報に頼りすぎる傾向があり、それに基づいて出来事や物事の実態を具体的に想像しようとする。関連性のある出来事が頻繁に発生していても、「外部」の見解にはほとんど注目しない（Kahneman and Lovallo 1993）。証拠によって正当化される以上に内部情報の正しさを確信し、新しい情報を提供されても最初の意見をほとんど変えようとしない。あるいは、変化を評価するときには範囲の広さを考慮に入れず（たとえば二〇羽の鳥を救う場合と一万羽の鳥を救う場合を区別しない）、大きな利益をもたらす変化はコスト（あるいはリスク）が小さく、逆に利益が小さな変化はコスト（あるいはリスク）が大きいと推測しがちだ（Yudkoswky 2008）。賢い人たちも例外ではなく、こうした偏見の多くに屈してしまうケースがめずらしくない（Stanovich et al. 2013）。

さらに、私たちはしばしば未来についてフィクションのような状況を想定する。そうなると、未来という遠い場所は奇抜で風変わりな生き物や装置や出来事で満ち満ちており、しかもそれが決して実現不可能ではなさそうに感じられ、結果として大衆小説の標準的な偏見が幅を利かせてしまう。現実の出来事に比べ、架空の出来事は予測不能で複雑な動機に左右されず、価値観を巡って露骨に争う人たちが原動力になっている。フィクションの登場人物は性格が極端で、過去の経歴から生きざまを予測しやすい。おまけに自分が行動する理由をよく理解しており、目標を達成するためには周囲と衝突するリスクを厭わず、置かれた状況から言動を予測しやすい。そして未来を舞台にしたフィクションでは、今日の世界についての訓話がしばしば間接的に語られる。馴染み深い問題のなかから未来にも重要だと思われる部分を取り上げ、未来の集団が未来にもたらす結果を賞賛または非難すれば、今日の集団を間接的に賞賛または非難することが可能だ（Bickham 1997）。

本書はかなりユニークなトピックに専念しているが、概してユニークなトピックについて論じる際には、通常とは異なる方法や前提やソースを利用して、ユニークな結論を引き出す傾向が強くなりがちだ（Swami and Coles 2010）。しかし、このような形の相関関係は偏っている。広範なメソッドやソースや前提に基づいて奇抜なトピックを論じても、奇抜さばかりが目立って統一感に欠けてしまう。

今日では「既存の文化的価値観に反抗する未来論者」の集団がサブカルチャーの一翼を担っている。彼らの多くが好んで語る「未来についてのショッキングな」シナリオにおいては、今日の世界で優勢な文化的前提が未来の行動によって厳しく糾弾される。たしかに、時間の経過と共に文化が大きく変貌するのは事実だが、通常はそのとき変化を最小限にとどめ、従来の延長線上で実現させるための方法を見つけようと努力する動きが見られる。つまり、文化は変化を吸収・正常化する努力を決して怠らない。だからこそ人びとが暮らす世界では、文化に関する従来の前提の多くが大きく覆されるような事態は滅多に発生しないのである（Rao 2012）。実際に最近でも、文化の変化は穏やかなレベルにとどまっている。

私たちは遠い未来について詳しい情報を持たないため、未来を「近くの出来事」として具体的に考えるよりも、「遠い出来事」として抽象的に思い描く傾向を持っている（Liberman and Trope 2008）。そのため心理学の解釈理論［訳注：距離的に近く感じられる物事ほど具体的かつ文字通りの意味で思考され、距離的に遠く感じられる物事ほど抽象的に思考することを前提にしている］に基づき、確信できる理由があろうとなかろうと、遠い未来について抱いている信念の特徴の多くを未来の予測に当てはめてしまう。

たとえば私たちは未来の人や場所や事柄について、それらのカテゴリーが多くの要素から成り立つとは考えず、各カテゴリーを構成するアイテムの均一性に注目したがる。未来の事柄は空間的にも社会的にも距離が隔たっており、奇抜であやふやで現実離れしているようにも感じられる。そのため、数学による分析よりもたとえ話のほうが適切だと見なし、理論やたとえ話がほぼ例外なく確実に当てはまると過信してしまう。属性に基づいた反論よりも事例に基づいた擁護論に耳を傾け、最善の行動はリスクを伴うものだと考える。

一方、未来を抽象的に解釈すると、抽象的な事柄に備わった基本的価値観が、現実的な制約を受けないものだという点が強調されるようになってしまう。抽象的な目標は自己矛盾がなく、調整を通じて着実に追求できるものだと見なされる。そして未来の集合体について評価するときには、構成メンバー全員の価値を合計するのではなく、代表メンバーの価値に注目する。将来は幸せや権力や地位が拡大すると予測しておきながら、いずれに対しても比較的弱い感情しか抱かない。具体的なセックスよりも抽象的な愛情のほうを期待する。

こうして未来を抽象的に解釈すると、未来の情景はどこかクールで青く光り輝き、広々とした空間は表に見える部分が少なく、柔らかな質感に包まれているように感じられる。不平を漏らしたり毒づいたりする声は聞こえず、誰もが礼儀正しく会話を交わすところを思い描く。実際にこれはすべて、古典的な「未来論者の」スタイルに他ならない。

概して私たちは、自分自身の現在の行動を評価するときに比べ、べつの時点での行動や他人の行動を評価するときのほうが抽象的になりやすい。そうなると無意識のうちに偽善的な傾向を強め、普段の行動では理想を優先するわけではないのに高い社会的理想を掲げてしまう。

読者や私自身のなかのあらゆる偏見に対抗するため、私は未来の予測をつぎのような方向に進めていきたい。未来についてあまり強い確信を持たず、典型的な結果はいたって平凡だと見なす一方、典型的な結果から逸脱するケースがいくつか発生するとも考える。そして普通のメソッドやソースや前提、さらには関連する制度や出来事についての統計を手がかりにしていく。

ただし、未来についての従来のイメージから大きく逸脱する展開は考えられるものの、憶測に基づく奇抜で現実離れした可能性には注目しない。未来の子孫は過去を振り返り、世界は私たちが期待したほどには過去と大差ないことに気づくはずだ。未来は大体において、ほとんどの場所と似通っているだろう。平凡で刺激に乏しく、道徳的な曖昧さが目立つ。そして静かなる絶望の生活を覆い隠すかのように、人びとは大きな希望を抱き、しきりに弁明を行なう。もちろん、静かなる絶望の生活にも生きる価値はあるだろう。

ほかのケースに比べ、私の思い描く未来では人びとや物事のカテゴリーが適切で、どれもさまざまな要素から成り立っている。これらの集団は今日の集団とぴったり同じというわけではないが、その一方、今日の私たちと社会的にも空間的にも時間的にもそれほどかけ離れていない。人びとが移動する距離は、社会的にも空間的にも時間的にも大きく延長されるわけではない。SFのストーリーとは対照的に、未来の人びとはそれほど上手に協調できないし、現実の制約にとらわれず基本的な価値観に基づいて行動を起こすこともできず、自分が行動する理由をはっきり認識していない。自分の置かれた状況を観察し、その結果から行動を予測するのは難しいだろう。さらに、未来の出来事を今日の標準的なファクション［訳注：事実と虚構を織り交ぜた作品。フィクションとノンフィクションの中間］の内容と比べ、簡単に評価したり非難したりすることができるとも思えない。空間も視界も複雑で、いまより多くの物体が存在し、そのひとつひとつが複雑ではっきりした質感を備えている。未来は「未来論者」が思い描く典型的なスタイルとは異なる。人やモノがまばらで、青く光り輝き、礼儀正しい言葉が交わされるような場所にはならないだろう。

私は未来を抽象的に解釈しすぎる誘惑に抵抗するため、複雑な未来を事細かく想像していく。もしも私のシナリオの描写が典型的なコミック本やSF映画と異なり、典型的な歴史の教科書やビジネス判例集と似ている印象を読者に与えれば、私の努力は成功したと評価してよいだろう。

本書は典型的なタブーを打ち破っていく。そのため社会制度は、多くの人にとって嘆かわしい結果を防ぐことがほぼ不可能だという前提に立っている。ロボットが支配する世界では、普通の人間は脇に追いやられ、賃金を稼ぐ能力を奪われるものと見なす。通常はトピックが選択され、解決すべき問題として社会制度の枠組みに組み込まれると、問題解決に失敗したときの結果について論じるのはタブー視されてしまう。人びとに恐怖心を植え付け、問題解決になお一層の努力をつぎ込むよう追いたてるときだけ、唯一の例外として許される。結果について詳しく分析し、失敗と共存していく方法を学ぼうとすれば、社会制度への忠誠心を疑われ、結果に苦しむ人たちへの思いやりが欠如していると思われてしまう。

私が本書で従来のタブーを破っても、どうか大目に見ていただきたい。私たちが手をこまねいていれば何が起こり得るか最初にじっくり考えておけば、それを基準として、そのような結果を変えるために何ができるか分析することも可能だ。ただし本書が紹介するのは、こうした政策分析の導入部分にすぎない。

最後にもうひとつ、人間には共通するバイアスがあって、規範的な（〜すべき）事柄と肯定的な（〜できる）事柄について同時に論じるときには、規範的な事柄が肯定的な事柄を圧倒し、締め出してしまう傾向が強くなる。その結果、私たちは価値について語ることで頭がいっぱいになり、事実の本質に細かい目配りができなくなってしまうが、事実に基づいた適切な状況が提供されないかぎり、価値についていくら論じても役には立たない。このバイアスを回避するために本書での私の作業は、大前提に基づいて未来を語るまでにとどめた。自分はもちろん読者の皆さんに、この未来を好きになってもらおうとは考えていない。長所も短所も含め、未来のすべてを曇りのない目で見ることにまずは専念してもらいたい。

このように私はバイアスを回避しようと努めているが、それは失敗に終わっているかもしれない。たとえば新しい風変わりな世界を訪問した結果、私がその魅力に誘惑されて「溶け込んで」しまった可能性は考えられる。私が語る調子や全体的な評価にはバイアスがかかっている恐れがあるので、具体的な結果にどのような評価を下しているかという点に注目していただければ幸いだ。

# 第4章　前提

## 脳

「全脳エミュレーション」というコンセプトは、未来論者の議論においても（Martin 1971; Moravec 1988; Hanson 1994b, 2008b; Shulman 2010; Alstott 2013; Eth et al. 2013; Bostrom 2014）、ＳＦにおいても（Clarke 1956; Egan 1994; Brin 2002; Vinge 2003; Stross 2006）、何十年にもわたって広く取り上げられてきた。エミュレーションは「アップロード」と呼ばれるときもある。ここでは、私が将来の結果を探ろうとしているテクノロジーの前提について明確にしておきたい。

本書で言及される「脳」は、頭のなかのニューロンまたはニューロンを構成する細胞だけが対象ではない。人体のほかの部分のニューロン、さらにはホルモンを分泌する器官など、脳と密接な関わりを持つ重要な器官も含まれる。本書で脳を専門用語として使うときには、認知科学や脳科学の分野で定着しているコンセンサスに倣い、「心は脳にある」という前提に立っている（Bermudez 2010）。つまり、脳の基本的な活動は目や耳や皮膚などから送られる信号を入力し、わずかな時間を置いてから脳の状態を変化させるだけでなく、筋肉やホルモン濃度など、人体のほかの部分に変化を引き起こすための信号を送ることである。

　脳に入力された信号を介して状態の変化を引き起こしてから信号を出力するのは決して偶然の産物ではない。このような形の変換は私たち人間にとっても、脳を設計した進化のプロセスにとっても、脳のまさに基本的な機能に他ならない。信号の処理作業が効率よく安定した状態で進むよう、脳は設計されている。そのため、脳のなかでも信号の符号化や状態変化を司る部分、すなわち信号や状態を変換させてほかの器官に送り出す作業に取り組む部分は、脳のほかの部分よりも物理的変数（専門用語では「自由度」）の値が大きい。無関係なプロセスを司る多くの場所からは孤立しており、束縛されることがない。つまり、脳のほかの部分に変化が引き起こされても、精神状態や信号の符号化という大事な作業を任された部分はほとんど影響を受けないのである。

　脳と同じく耳や目も、このような形で機能が分離している。そのため性能の良い人工の耳や目を取り付ければ、聞こえなかった人は聞こえるように、見えなかった人は見えるようになるのだ。人工の脳ならば、この傾向はさらに加速されるだろう。ちなみに、脳が発するシグナルのほとんどはスパイクと呼ばれる自然発火信号で、ほかの物理的変数との結びつきがなく、はっきりと識別しやすい。

　技術的・知的進歩が過去数世紀と同様のペースで続けば、どんなに遅くても一〇〇〇年以内には、脳の細胞が信号を符号化し、変換させたうえで伝達する仕組みについて詳しく理解できるようになるだろう。こうして理解が進めば、脳細胞が信号を発するとどんな状態が創造されるのか、関連部分を詳しくスキャンしながら直接読み取ることもできるはずだ。結局のところ脳は、ごく普通の細胞で構成されており、これらの細胞は普通の化学反応を通じて相互作用を繰り返している。しかも脳細胞は小さいのでそれほど複雑ではなく、信号処理を司るサブシステム内の細胞は特にその傾向が強い。だから最終的に、これらのサブシステムの仕組みを理解して読み取るのは決して不可能ではないのだ。

信号処理プロセスを模倣する方法についての理解が深まっていけば、脳細胞が信号を処理するプロセスを模倣できるか否かではなく、それがいつ実現するのかが問題になる。そして、脳が処理する信号の量は脳細胞が処理する信号の量の合計に等しいのだから、脳細胞が信号を処理する能力を模倣すれば、脳全体が信号を処理する能力を手に入れたことになる。ただし、模倣する量が増えるほど、コストが膨らむ点は指摘しておかなければならない。

「全脳エミュレーション」は三つのテクノロジーによって支えられている。ブレーンスキャナー（脳走査装置）、脳細胞モデル化、信号処理ハードウェア（すなわちコンピュータ）である。この三つのテクノロジーすべての信頼性が高く、しかも廉価で提供されるようになってはじめて、脳のスキャンは実行可能になるだろう。スキャナーや信号処理ハードウェアの分野における最近の進歩から判断するかぎり、このふたつのテクノロジーは早ければ一世紀以内に、ひょっとしたらわずか数十年で準備が整う可能性が考えられる（Sandberg and Bostrom 2008; Eth et al. 2013; Sandberg 2014）。一方、脳細胞のモデル化に関してもかなりの進歩が見られるが、この分野での進歩は評価しにくい。モデル化に関しては、実現してはじめて進歩していた事実に気づくときが多い。

それでも、およそ一世紀以内にモデル化がかなり進歩している可能性はあり得る（違う意見も一部で聞かれるが（Jones 2016)）。そうなればエミュレーションは実現するだろうが、そのとき世界は具体的にどうなるのだろうか。

## エミュレーション

本書では、エミュレーションに関して具体的につぎのような前提を立てている。まず、高レベルの空間的・化学的解像度で人間の脳をスキャンしたら、つぎにそのスキャンを、個々の脳細胞の信号処理機能を忠実に再現したモデルと組み合わせる。それからすべての細胞の機能を人工的なハードウェアのなかで再現し、力学的に実行可能であり脳として十分に機能するモデルを構築していく。完成したモデルは、オリジナルの脳とよく似た形で信号の入出力を行なう。この技術は、今後一〇〇年間のどこかの時点で実現するだろう。

このモデルでは脳の高度な信号処理能力に注目し、この能力と無関係な複雑な部分はほとんど無視される。生物学ではシステム全体を機能させるために、わざわざ複雑な方法が使われる可能性があるが、エミュレーションはずっとシンプルなメソッドを採用することができる。

全脳エミュレーションロードマップ（Sandberg and Bostrom 2008）では、このシナリオの技術的な実現可能性について詳しく検討している。すなわち、「人間の脳の機能を逐一モデル化する可能性」について取り上げ、以下のように結論している。

ニューロン／シナプスレベルでの「全脳エミュレーション」が実現するためには、顕微鏡の解像度がほどほどに向上し、スキャニングや画像処理の自動化が少なからず進み、ニューロンやシナプスの機能特性を推論するための研究が前進し、計算論的神経科学［訳注：脳を情報処理機械に見立ててその機能を調べる研究分野］のモデルやコンピュータのハードウェアがBAUで（普段通りに）進歩しなければならない。これらの条件が満たされれば脳は適切なレベルで再現され、このレベルで発生するサブシステムを正確にシミュレーションする方法も発見されるだろう。

脳が具体的にどのレベルまでエミュレーションされるのかという点に、私は特にこだわっていない。いずれにせよ、このようなタイプのテクノロジーは実行可能かつ廉価になることを想定している。「廉価」とは、人間並みのスピードのエムのレンタル料が、二〇一五年のアメリカの週給の平均である八〇〇ドルよりもかなり安い状況を指している。この価格ならば、ほとんどの仕事に関してエムは人間と競合できる。

スキャンの対象になる普通の人間と同様、模倣されたエムとも会話を交わすことは可能で、説得に応じて有益な仕事を実行してくれるときも多い。エムが十分機能していれば、会話、思考、態度、感情、カリスマ性、メンタルスキルのすべてにおいて、オリジナルの人間の脳と同じ能力を発揮できる。さらにチェリーパイの味や運動による高揚感、セックスに伴うエクスタシーなど、人間と同じ経験も味わえる。人間に自然に備わっている意識や自由意思は、エムの前提になっている。

これは決して付加的な前提ではなく、エムの定義に最初から含まれる。人間の特定の脳の行動を正確に模倣して作られたエムは、精神的なパターンもひと通り正確に模倣していなければならない。結局のところ同じ状況に置かれたら、エムはオリジナルの人間と同じように行動しなければならないのだ。たしかに、エムは内面的な経験に対して外面的に同じ反応を示しているだけで、見たところの反応は人間とまったく同じでも、チェリーパイを同じように味わっているわけではないと言えるかもしれない。しかし人間にしても、同じチェリーパイから得られる経験はさまざまである。

人間の脳に近い有益なモデルでは、大人の脳に普通に生じる変化が再現されるので、訓練によって長期的な記憶やスキルを獲得することができる。さらにエムは、脳幹やホルモン系など、脳と関連する体の部分も模倣されなければならない。脳が適切に機能するために睡眠が必要ならば、睡眠時間も模倣する。ただし初期のエムは、幼児の脳が成長するプロセスを模倣することが難しければ、わざわざ取り組む必要はない。大人の脳を模倣すれば十分である。

すでに述べたように、脳や脳細胞のなかには信号の入出力に対して貢献しない部分も多いが、これらをエムのモデルで再現する必要はない。「意識」がかりに存在するとしても、その再現については考えなくてもよい。定義上エムは、人間と同じように音を聞き、感じ、考え、言葉を発し、行動しているように見えれば十分である。たしかにこれでは、エムは「本当の意識を持っている」とは言えないし、実際のところ、聞いたりする行動を見せかけているだけだと指摘されても強く反論できない。しかし、目で確認できる行動パターンは人間とまったく変わらないし、いずれにしてもエムの世界は人間の世界とまったく同じように見える。

さらに私は、脳の信号のエミュレーションを適切なアンドロイドやバーチャルリアリティのボディと廉価で組み合わせ、人間にとって馴染み深い感覚入力を十分に提供してやれば、通常の訓練を行なった後、ほぼすべての仕事に関してほぼすべての普通の人間の労働者に代わる存在として効果を発揮するものと仮定している。肉体労働ではロボットの物理的なボディをコントロールしなければならないが、ほとんどのオフィス業務に関してはバーチャルなボディで十分である。ちなみに本書では、エミュレーションが存在しなければ大半の仕事で人間の労働者に支払われていた賃金よりも、はるかに低コストでこのような状況が実現する時代に焦点を当てている。

全脳エミュレーションの可能性、採算性、アイデンティティ、意識に関しては、良し悪しはともかく、これまでたくさんのことが書かれてきた。しかし、これらの多くで盛んに論じられている「アイデンティティ」や「意識」といったコンセプトは、私が本書の拠りどころとしている物理、工学、社会科学、人間科学の分野ではほとんど役に立たない。そのため、本書ではこれらのテーマについてほとんど語らない。その代わり、エムが登場するならば、彼らがどんな社会に暮らすのかという点に注目し、これまでほとんど顧みられなかったテーマを集中的に取り上げていく。

## 複雑さ

エミュレーションはどれくらい修正可能なのだろうか。

たとえば、大きくて複雑なソフトウェアシステムが人間にとって理解可能な形で設計されても、いったんシステムが構築されると、開発者が予想もサポートもしていない方向に大きく変化させるのは通常きわめて困難になる。大きくて複雑な生物システムともなれば、人間が理解できるように設計されていないので、大きな変更を加えるのはさらに難しい。基本的な機能や作動メカニズムをよく理解しても役に立つわけではない。

脳のシステムは特に複雑な生物システムである。既存のソフトウェアシステムよりもはるかに複雑で、人間が理解できるようには設計されていない。きわめて低レベルの構造を理解するのが限界で、大体においてそれ以上には、基本的な機能や作動メカニズムの多くを理解できるわけではない。したがって、神経科学者が脳の情報処理能力の解明に関して目覚ましい進歩を遂げても、脳全体の仕組みを理解する作業の難しさが軽減されないのは意外ではない。新しい脳をゼロから設計したり、人間の脳を大幅に設計し直したり、モジュールの機能ユニットを脳から取り出して役に立つタスクを任せられるほど、脳を十分に理解するまでの道のりはまだまだ遠い。

今日、非常に複雑な生物システムに関しては、いまだに理解されていない事柄が多い。特定の場所を覗き込み、任意の時点にどの分子がどこに存在するか確認することはできるし、時には分子を交換させることも可能だ。それでも普通は、分子のさまざまな処理作業のいっさいが結びついた結果、役に立つ機能が実現するまでのプロセスは十分に理解できない。そのため、有益な形で生物システムに修正を加える能力は大きく限定されてしまう。しかも人間の脳は、とてつもない複雑さが解明されていない生物システムのひとつなのだ。

したがって本書で焦点を当てるエムの時代の初期には、エムの技術が幅広く応用される程度にまで成熟してはいるが、初歩的な段階にとどまり理解も乏しいと考える。そのため、脳の設計図はほとんどの部分が曖昧で、具体的に描けるのは最低レベルの組織までだ。この初期段階が終わると、つぎに新しいエムの経済規模は一〇回以上も倍増を繰り返し、一、二年という短期間で大事な節目に到達するかもしれない。

つまり私が対象にしている時点では、全脳エミュレーションのごく一部でさえ、経済的に十分活用することは不可能である。さまざまに異なるエミュレーションを有効に組み合わせたり、新しい脳をゼロから設計したり、人間の脳を大々的に設計し直す段階には達していない。

しかし、このシナリオでも脳の小さな構造を観察し、理解を深めることはできる。たとえば、今日でも少なくともひとりの人間は四色型色覚の持ち主であることが確認されており、四次元で世界を見ることができるが、脳の設計にわずかな変更を加えれば、誰にでもこの能力が手に入ると考えられる（Jordan et al. 2010）。このような改善が行なわれるためには脳の一部を変化させれば十分で、脳全体の設計を理解する能力は必要とされない。さらに、改善の結果としてエムのＩＱが二倍に増加したとしても（ＩＱの数字が重視されると仮定して）、それによって本書のシナリオに大きな変化が引き起こされるかどうかは定かではない。知能の向上という問題に関しては、第27章の「知能」の節で詳しく取り上げる。

エミュレーションされた脳の意外な場所に信号を送ったり、意外な場所のセンサーを外部の装置とつなげたりすれば、エムにたくさんの新しい「感覚」や「作動装置《アクチュエータ》」を持たせることは原則として不可能ではない。ただし、これだけでは実際のところ大した効果は期待できない。脳をサポートするシステムが存在しないかぎり、入力された信号を解釈することも、装置を制御することもできないのだ。解釈や制御に関わる複雑で高度なサポートシステムのすべては、従来人間に備わっている感覚や、制御の対象となる部位のまわりに構築されている。エムにとっても、この部分に注目して制御することが役に立つ。

エミュレーションにはいくつものパラメータが存在するだろう。これらは多岐にわたり、多くの組み合わせから実用的なエムが生み出される。広い範囲を丹念に探索すれば、有益な形で「トゥウィーク」すなわち微調整をいくつも施すことができる。パラメータを上手に組み合わせれば、きわめて用心深いエム、直観の優れたエム、エネルギッシュなエム、不機嫌なエム、貧しいエムなどが微調整を通じて創造されていく。このような組み合わせ作業は向精神薬を投与するようなものだが、こちらのほうが有害な副作用は少なく、エムのモチベーションが変化する程度だろう。ただし、探索が思わぬ成功につながったとしても、ほどなく収穫逓減が発生する可能性がある。そうなると、エムの時代が始まったばかりの不透明な時期には、パラメータの組み合わせからわずかな改善が見られる程度だと考えるのが妥当かもしれない。

したがって、エムの時代の初期には有益なトゥウィークがいくつも行なわれるが、その範囲は限定される。エムの心に大きな手直しを加え、有効活用するまでにはいたらない。そのためエムの心の特徴は、人間にとって馴染み深い範囲内のバリエーションにとどまると考えられる。エムの時代の初期には、エムのパーソナリティやスタイルは大体において人間と似ているものとして認識されるはずだ。

まとめ：エムは経験、コピー、トゥウィークの三つの方法を通じて変化していくと考えられる。コピーはいかなるエミュレーションのいかなる時点でも可能だが、そのあとふたつのバージョンは、それぞれ異なった信号を入力し、ランダムな変動を繰り返しながら互いに分岐していく。わずかな時間が経過した後（おそらく何秒間、場合によっては何時間）、これらのコピーを再びひとつに結合することはできない。ただし、さかんな交流が途絶えるわけではない。そしていかなるエムも、限られた範囲内でのトゥウィークが可能だ。

## 人工知能

人間のほぼすべての仕事を実行できる機械を作るためには、全脳エミュレーションが唯一の方法というわけではない。

「人工知能（ＡＩ）」の研究者は半世紀にわたり、人間の脳の素晴らしい機能の多くを実行できるソフトウェアの設計と開発に積極的かつ一心に取り組んできた。このようにＡＩを通じてインテリジェントマシンを創造するアプローチは、本書のテーマである脳を直接エミュレーションするアプローチとは大きく異なる。

全脳エミュレーションは、ソフトウェアをひとつのマシンからべつのマシンに移し換えるようなものだ。ソフトウェアを移し変えるためには、新しいマシンが古い機械言語を模倣できなければならず、そのためのソフトウェアを開発しなければならないが、必要なのはそこまで。移し換えたソフトウェアがどのように機能するか、理解するところまでは求められない。つまり、ソフトウェアは中身のわからないブラックボックスのようなものだ。これとは対照的に標準的なＡＩのソフトウェアは、古いマシンでソフトウェアがどのように機能しているか観察した結果に基づいて、新しいソフトウェアシステムを新しいマシンのために開発すると言ってもよい。

一九八四年、大学院で物理学を学んでいた二四歳の私は、AIの分野での目覚しい進化について文献で読み、人間と同レベルのAIがすぐにでも実現可能な印象を受けた。そこで物理学の研究に打ち込んでいた大学院をやめてシリコンバレーに向かい、ロッキード社でAI関連の仕事に就いた。私はAIの分野で九年間働き、当時の「AIブーム」を当事者として経験した。オートメーションの飛躍的な進歩に関しては、何世紀ものあいだ数十年おきに興奮や不安を伴うブームが発生してきたが、今日も同じようなブームが再現されている（Mokyr et al. 2015）。

一九五〇年代以来、人間と同レベルの能力を達成できるAIを開発者がどのくらいの期間で完成できるか、一部の人たちは自らの予測をわざわざ公表してきた（ここで取り上げるAIは人間の仕事を上手にこなすレベルならば十分で、「チューリングテスト」に合格する必要はない）。ごく初期には、予測される期間は短い傾向にあったが、まもなくおよそ三〇年という数字で落ち着いた。しかし、三〇年という予測もかなり的外れだった。

一方、自らの予測についてわざわざ公表しない研究者は、調査の一環として回答した結果のなかで、予測を公表した研究者よりも一〇年ほど長い期間を考えていることがわかった（Armstrong and Sotala 2012; Grace 2014）。短い期間を予測するのは「汎用人工知能」という、AIのなかでも狭いサブフィールドに属する研究者たちで、彼らは多くの難しいタスクを同時にこなす能力を持つソフトウェアの開発に取り組んでいる。論文を引用される機会が一〇〇位以内にランクされる存命中の研究者を対象に最近行なわれた調査では、二九人から回答が得られ、それによると、人間と同レベルのAIが実現するチャンスが五〇パーセントになるまでの期間は平均すると三七年だった（Mullar and Bostrom 2014）。一方、人間と同レベルのＡＩの実現に全脳エミュレーションが「最も貢献する可能性」を考えている研究者は、二九人のなかにひとりもいなかった。

一般的なＡＩ研究者は自分が誰よりも詳しく知っているはずのトピック、すなわち専門分野とするＡＩのサブフィールドの過去の進行速度について尋ねられると、楽観的な傾向を失ってしまう。私は経験豊かなほかのＡＩ専門家と非公式な場で会うとき、自分が専門とするＡＩのサブフィールドで過去二〇年間にどれだけの進歩が達成されたと思うか尋ねることを習慣にしている。なかには、人間と同レベルを達成するまでにはあと一パーセントも残されていないとか、すでに人間の能力を超えているという指摘もあるが、（これまでに得られた十数人の）回答を平均すると、あと五パーセントから一〇パーセント程度の進歩が必要だという結果になった。このような研究者は、過去二〇年間に目覚ましい進歩は見られなかったと考えている点も共通している（Hanson 2012）。

さらに、ＡＩソフトウェアを専門としない一般的なソフトウェア専門家に尋ねてみると、ＡＩ以外のソフトウェアシステムの知能はわずかに進歩した程度だと考えていることがわかる。ソフトウェアのデザインで何十年もの経験を持つ専門家のほとんどは、自分たちの専門分野での進歩は微々たるものだと見なしている。

これまでＡＩの進歩の割合に関しては、過去の進行速度から推測した数字のほうが、関係者に推測してもらった数字よりも未来を正確に評価しているようだ。専門分野に関する質問について誰でも正確に評価できるというのは思い込みにすぎない。さらに、自分がタスクにどう取り組むか考えることから得られる「内部情報」よりは、関連性のある過去のタスクとの比較から得られる「外部情報」のほうが、未来のタスクに要する期間について正確に評価できるようだ（Kahneman and Lovallo 1993）。これらの理由からは、ＡＩの進歩を予測するためには過去の進歩の割合に注目するほうが良い結果が得られることがわかる。

ＡＩ研究者が自らの専門のサブフィールドの過去二〇年間の進行速度について下した評価から判断するかぎり、ＡＩのサブフィールドの半分で人間と同レベルの能力が達成されるまでには二世紀から四世紀かかると考えられる。人間レベルのＡＩが実現するためには、ＡＩのサブフィールドのほとんどで人間レベルの能力が達成されなければならない。そうなると、人間にほぼ匹敵するレベルのＡＩが実現するまでには、それよりもさらに長い時間が必要とされる。

ＡＩの進歩が遅いのは、研究者が数千人程度だからにすぎないと一部では指摘されている。もしもその通りならば、ＡＩがとてつもなく大きな経済的価値をもたらす鍵になることが認識された途端、従来の一〇〇倍の研究者がつぎ込まれ、それに比例したスピードでＡＩが進歩していくという展開も考えられる。しかし普通に考えると、研究資金を増やしたからといって、その分だけ研究の進歩が加速されるわけではない（Alston et al. 2011）。さらに、この何十年間というもののコンピュータ関連の多くの分野では、コンピュータのアルゴリズムの効率が向上する割合は、ハードウェアのコストが低下する割合と驚くほど似通っている。そうなると、ハードウェアの進化がアルゴリズムの進化を可能にしていることになり、ソフトウェア研究者の雇用を増やすだけでは十分ではない（Grace 2013）。

一部の人たちはＡＩソフトウェアのアーキテクチャによって大きなイノベーションが実現する可能性を予測している。そうなれば、従来のトレンドを覆す急速な進歩が可能になり、人間レベルのＡＩは思いのほか早く実現するのだという（Yudkowsky 2013; Bostrom 2014）。しかし本書では、このようなシナリオに注目しない。アーキテクチャのレベルが高くても、ＡＩシステムのパフォーマンスで占める重要性は結局のところわずかなものにすぎない。そもそもアーキテクチャで大きなイノベーションがこれまでに実現しているわけではないし、高レベルのアーキテクチャが人間の脳の設計に大きく関わると考えられる理由も見当たらない。この問題については、第27章の「知能」の節で論じる。

第6章の「エントロピー」の節で詳しく論じるが、アクティブなコンピュータ・ハードウェアの性能がいわゆる「ムーアの法則」にしたがって向上するスピードは、今後数十年のうちにスローダウンする可能性が大きい。ソフトウェアの進歩がハードウェアの進歩のあとを追いかけることを考えれば、ソフトウェアの進歩も今後数十年で確実に減速するだろう。たとえば、ハードウェアのコストが低下するスピードが半分に減速したとしよう。ソフトウェアとハードウェアは進歩のスピードが似通っていることを考えれば、おおよそ人間レベルのＡＩ誕生までには四〇〇年から八〇〇年の時間が必要になってしまう。実際、人間レベルのＡＩの実現には何世紀もかかるという発言も、一部の著名なＡＩ研究者から飛び出している（Brooks 2014; Madrigal 2015）。

つまり、エムを開発するまでには一世紀を要するかもしれないが、その時点では、エムを基盤としない人間レベルのＡＩを完成させる作業は目標の半分、いや四分の一にも到達していないことになってしまう。エムの時代が到来すれば進歩が大幅にスピードアップするのは事実だが（装置のコストの低下は量産を伴う（Nagy et al. 2013））、エムを基盤としない人間レベルのＡＩソフトウェアが実現するまでには、エムの時代がかなり継続する可能性が考えられる。これから本書で解説していくが、エムの時代は客観的な時間としては一、二年程度でも、典型的なエムの主観的な時間としては何千年も続く。人間レベルのAIソフトウェアが実現する前のエムの時代の継続期間については、第27章の「知能爆発」の節で詳しく論じたい。

全脳エミュレーションを直接試す能力が獲得されれば、人間レベルのAIをはじめ、ほかの技術の開発はスピードアップするかもしれない。たとえそうだとしても、エムは複雑なシステムで曖昧な要素が多いことを考えれば、進歩は限定されるはずだ。

したがって、エムの時代がエムの主観的時間にしてかなりの期間継続した段階でようやく、人間レベルのAIがエムによって開発されると考えられる。本書では、人間レベルのAIが誕生する前の、エムの時代の初期に焦点を当てていく。もちろんAIの能力の一部は、エムの経済にとって多くの用途があるだろう。しかし、今日では経済全般の規模が大きく、コンピュータ・ツールの市場はその一部にすぎないことを思い出してほしい。それと同じくエムの時代の初期には労働によって総収入の規模が大きく膨らむが、AIベースのソフトウェア・ツールが占める割合はほんの一部にすぎないはずだ。

# 第5章　実行

## マインドリーディング、心を読み取る

普通の人間と比べ、エムの心の状態を読み取るのはずっとやさしい。そのため、複数のタイプの「マインドリーディング」が可能になるはずだ。

たとえば、ひとりのエムの特定の部分をべつのエムの特定の部分と調和させ、「同じ状態にする」としよう。すべてがまだ不透明な初期の時代には、両者を完全にマッチさせるのは大体において不可能だが、目や耳から最初に入力された情報を受け取る部分など、一部については完全に調和させることができる。そして調和している部分に関しては、ふたりのエムの脳は同じ状態で活性化されるはずだ。そうなれば、一方のエムが見たり聞いたりした経験は、もう一方のエムのなかで忠実に再現される。さらに、オリジナルの人間から分岐して以降の主観的時間が短いほど、エム同士の共通点は多くなる。このように厳密に調和されたエム同士では、相手の心を十分に「読み取る」ことも可能だ。

穏やかなマインドリーディングがエムのあいだで行なわれれば、特定のトピックや人間にどう反応すべきか、直観を働かせて共有する作業がスムーズに進みやすい。たとえば、「ジョージ」という特定の人物に関して、あるグループのメンバーであるエムの全員が同時に考える。すると、各メンバーの脳のなかではこの思考に関わる部分の状態が、グループの平均に近いものになる。そのため、ジョージについて平均的にどのような感情を抱くべきなのか、グループとして直観的に理解することができる。もちろんこの作業は、良く似ているコピー同士のほうがスムーズに進行する。マインドリーディングが終わったあとは、ジョージに関するそれぞれのエムの個人的な意見は、以前と同じものに逆戻りするかもしれない。

エムのあいだで特定の部分を同じに調和させることができなければ、マインドリーディングは不可能というわけではない。さまざまな部分がさまざまな状況で活性化されたとき、それに関連してどんな行動や感情が引き起こされるか統計的分析を行なえば、少なくともエムの心の「表面の」浅い部分に関しては、高いコストをかけなくても部分的なマインドリーディングが可能だ。

どちらのタイプのマインドリーディングでも、エミュレーションのプロセスの内側にアクセスしなければならない。さもないと、心を読み取る能力は今日の人間よりも弱くなってしまう。今日の人間は、声、目、顔の表情、筋肉の動きなどを通じ、脳の状態に関して多くの特徴を定期的にリークしている。対照的にエムは、これらの手段をコントロールできる補助的なソフトウェアを利用して情報を覆い隠し、外部に簡単に漏れないように努力するか、逆に情報の伝達を促そうとする。

協力的なエムは、親しい仲間が表面的なマインドリーディングや補助的なソフトウェアに頼りながら、目や声の調子や顔の表情などについて解釈するのを厭わない。そうなれば、今日の一般的な人間よりも深いレベルで相手の感情や思考を読み取ることも可能だ。ただし、社会の混乱を避けるため、公然とは認められないかもしれない。たとえば、誰かの気分や意図について読み取った結果が、実際の発言と矛盾していることを指摘するのはちょっとしたタブーと見なされるかもしれない。

このため、エムはお互いの心を読み取ることができても、できないふりをする可能性が考えられる。

## ハードウェア

エムを創造するには、どんな物理的装置が必要だろうか。

全脳エミュレーションには、人工的な信号を処理するハードウェアが使われる。したがってエンジニアリングに関する長年の経験、そこで使われたハードウェアの特徴、それを実現するためにかかった費用などを確認すれば、未来のエムを創造するために必要なハードウェアはどんな特徴を備え、どれだけの費用がかかるのか予測する手がかりになるだろう。実際に今日でも、脳の信号処理を模倣することに特化した、数多くの人工的なハードウェアが設計されている。

エムのハードウェアは普遍性のレベルをさまざまに変えて設計できる。エムを汎用コンピュータで動かすこともできるし、対照的に、特別にスキャンされた脳の模倣に特化したハードウェアを設計することもできる。これらの両極端の中間としては、エムのハードウェアの設計は人間の大人の脳を模倣するタスクに特化しているが、特定の脳を対象にはしない可能性が考えられる。これはちょうど今日の画像処理装置に似ている。画像処理装置は三次元の物体が満載の場面を二次元のスクリーンに投影するタスクに特化しているが、特定の種類の物体や場面を投影するタスクは対象外である。

今日では、専用プロセッサがわずか数種類の処理タスクによって支えられている。将来的にプロセッサを十分に支えるためには、タスクがごく一般的に行なわれ、継続性を備え、専用のハードウェアを使って性能を大幅に向上しなければならない。画像処理や無線通信のタスクは今日でも一定の基準を満たしているが、コンピュータ関連のそれ以外のタスクは適切な基準に達していない。数が非常に少なく断続的で、専用のハードウェアから得られる利益はわずかにすぎない。

全脳エミュレーションはほぼ継続的に行なわれるので、専用のハードウェアが導入されれば効率は大きく向上するだろう。全脳エミュレーションがコンピューティングのタスクとしてごく一般的になるためには、エムを模倣するタスクに特化したハードウェアが欠かせない。ただし、特定の脳（あるいは関連した複数の脳）を動かすタスクに特化したハードウェアが実現する可能性は小さく、簡単に仮定することはできない。このようなハードウェアは設計が特殊で製造量が限られ、効率はわずかしか向上しないので、共有しても規模の経済が働かない。

もしも人間の子どもの脳に大人の脳とは大きく異なる発達プロセスが含まれているとすれば、発達途上の若い脳を模倣するタスクに特化したハードウェアを導入するのも有意義だろう。

原則として、信号処理ハードウェアはアナログでもデジタルでもかまわない。アナログ・バージョンのほうが素材やエネルギーを効率的に活用できるが、デジタルに比べてタスクに特化した設計が求められる。対照的にデジタルの設計は、規模の経済や範囲の経済の恩恵を受けやすい。たとえば汎用デジタル信号プロセッサは、種類の異なるさまざまな信号処理に応用可能だ。実際にこれまでのところ、こうした規模の経済がもたらすメリットは圧倒的で、ほぼすべての信号処理でデジタル・バージョンがアナログと入れ替わっている。

これまでの研究成果に基づいて単純に考えるかぎり、エムのハードウェアの重要な部分の多くは今日と同様にデジタルだと推定される。しかし、ハードウェアがアナログかデジタルかという問題は実際のところ大して重要ではない。それよりはむしろ、今日のデジタルハードウェアが持つ馴染み深い特徴の多くを、将来のハードウェアが廉価でサポートできるかどうかが問題だろう。たとえば、ハードウェアがほぼすべての脳を模倣できるようになるには、エムの脳の状態のコピーを長期保存用記憶装置に保存しておき、必要なときに引き出して継続使用すれば安上がりだ。コピーをほぼエラーなしで保存するために、エラー修正機能を利用してもコストダウンにつながる。

こうして標準的なデジタル記憶装置やコミュニケーション技術に近いものを上手に活用すれば、エムの精神状態を長期保存することも、遠い場所に伝えることも可能だ。そうすればエムの心は事実上、永遠の命を与えられる。なぜなら分散して使われていないコピーを保存して、新しいハードウェアを定期的に購入し、事故や消耗によって破壊されたハードウェアを新しいものに交換できるからだ（もちろん、エムの心が何十年も昔の前身と「同じ」だと考える必要はない。さらに本書では「コピー」と「エム」という言葉が、エミュレーションが符号化されたうえで凍結されたデジタルな状態と、エミュレーションが思考を持って行動する動的プロセスに言及するために区別なく使われていることも指摘しておく。なかには、それぞれのケースで言葉を使い分けるほうを好む人たちもいる（Wiley 2014））。

エミュレーションのハードウェアにデジタルが選ばれるとすれば、それは決定性〔訳注：同じ入力で複数回実行した際、どの実行でもプログラムが同じ動作をすること〕を備えているからで、どのようなタイミングで出力が行なわれ、その状態にどんな価値が備わっているか、常に正確に予測することができる。さらに、デジタルは大きな論理エラーやタイミングのゆらぎが頻繁に発生する状態を許容するので、バグが含まれていそうなモジュールを予測するだけでなく（以下フォールト・プローン）、起こり得る障害に対処する態勢を整えている（以下フォールト・トレランス）。今日のデジタルハードウェアのほとんどは決定性を備えているが、フォールト・トレランスを徹底させるためには並列システムがしばしば効果を発揮する。

フォールト・トレラントなハードウェアやソフトウェアの設計は今日、研究がさかんに行なわれている分野だ（Bogdan et al. 2007）。人間の脳は大きな並列システムで、フォールト・トレラントな設計が本質的に備わっている。そのため脳をエミュレーションしたソフトウェアは、システムの一部が故障しても処理が正常に続行されるような機能を備えたハードウェアを特に必要としない。そうしたハードウェアならば、設計にも構築にも高い費用がかからず、大きな体積を占めず、動かすためのエネルギーをそれほど必要としない。エムのハードウェアは、フォールト・プローンとフォールト・トレランスのふたつの機能を兼ね備えている可能性が大きい。

宇宙からやって来る宇宙線は高エネルギー粒子で、電子機器の誤動作を引き起こす。宇宙線に起因するハードウェアのエラーは、ほかの条件が同じならば動作が遅いハードウェアに関してオペレーション当たりのエラー率を増加させてしまう。そのためエムがゆっくり活動し、各オペレーションにじっくり時間をかけるときには、ほかのエラーを許容する余裕が少なくなったり、エラー修正にかける費用が増加したりする。これから解説していくが、エムの時代にはエネルギーコストを低下させるため、オペレーション当たりに要するこのような時間が最終的に増加していく。

エムの心の状態を保存・送信することが記憶やコミュニケーションのタスクとしてごく一般的になれば、そのタスクをサポートするため、記憶やコミュニケーション専門のハードウェアが開発されるだろう。ほかの事柄のコンピュータ処理に関わる部分のタスクが構成し直され、全脳エミュレーションのタスクに似せられるときもある。ちょうど今日、一部のコンピューティングタスクが構成し直され、画像処理のタスクに似せられるのと同じだ。

オペレーション当たりのコストやオペレーション当たりのエネルギーと同じく、信号処理ハードウェアのコストはこの半世紀のあいだに急速かつ着実に低下した。なかには一、二年ごとに半減するケースもあり、これは「ムーアの法則」として知られる。もしも脳のエミュレーションでどの程度まで記述するか予めわかっていれば、いま述べた傾向を手がかりにして、エムをサポートするハードウェアのレンタルコストが典型的な人間の賃金よりも安くなる時期を予測することができる。

具体的には、脳の情報処理プロセスは五段階で説明できる（以下、専門用語を使う）。（1）ニューロンのネットワークが離散信号をほかの細胞に向かって「発火」する。（2）ニューロン内のコンパートメントのなかでイオン密度が変化する。（3）さらに細かいレベルで、代謝物や神経伝達物質の密度が変化する。（4）同様のレベルで、たんぱく質ならびに発現されたDNAの密度が変化する。（5）大きなたんぱく質集合のなかで、サブユニットたんぱく質の配列が変化する。これらの段階をていねいに模倣して全脳エミュレーションを機能させるのは細かい作業だが、ムーアの法則によれば、全脳エミュレーションの装置のコストは半世紀ほどで五〇万ドル程度にまで下がると考えられる（Sandberg and Bostrom 2008）。そのあとは、エミュレーションのコストは二年ごとにほぼ半減していくだろう。

しかし実際のところ、第6章の「エントロピー」の節で詳しく論じるように、成長率はムーアの法則と比べてすでにスローダウンし始めている（Esmaeilzadeh et al. 2012）。コンピュータを使用するたびに使われるエネルギー平均量の落ち込みはスローダウンしていないが（Koomey and Naffziger 2015）、プロセッサの速度が増加するペースは近年鈍り始めている。しかも、今後は複層構造のチップが計画されており、これから一〇年ほどはさらなる困難に直面する可能性が考えられる。

それだけではない。二〇三五年ごろには、成長率はさらに一段とスローダウンするかもしれない。可逆計算を可能にするため、コンピュータチップを設計し直さなければならないからだ（可逆計算については、第6章の「エントロピー」の節で論じる）。可逆計算が実現すれば、より小さく迅速かつ低コストのパーツを製造することで得られた恩恵は、以前よりも多くのオペレーションをサポートすることと、各オペレーションの作動速度をスローダウンさせてエネルギー消費を抑えることのふたつに使わなければならない。そのため、オペレーション当たりのコストが下がるスピードは、本来の半分程度にとどまることもあり得る。ハードウェアの恩恵拡大を阻む限界は、ほかにも発見されるかもしれない。

しかし、ハードウェアの改善率がお馴染みのムーアの法則の半分に落ち込んだとしても、莫大な費用をかけずに脳を細かくエミュレーションする技術は一世紀以内に実現できるはずだ。対照的に、第4章の「人工知能」の節で述べたように、専門家によって符号化されたＡＩが開発されるまでには二世紀から四世紀がゆうに必要とされる。さらに、本章で触れているように、ＡＩソフトウェア研究の進歩は、演算能力の進歩がスローダウンするにつれてペースが鈍っていくだろう。

エミュレーションの信号処理を行なうハードウェアを購入またはレンタルするための費用に加え、このようなハードウェアを動かすためにはほかにもコストがかかる。エムを動かすためのハードウェアの「フル」コストを確認するためには、以下のコストを合計しなければならない。（１）脳と脳に関連する体の部位、ならびに適度な機能を備えた快適なバーチャルリアリティを模倣するためのハードウェアをレンタルするためのコスト。（２）ハードウェアの故障に対処するための冗長性やバックアップにかかるコスト。（３）ハードウェアを作動させる電力や冷却装置にかかるコスト。（４）ハードウェアを収納するための不動産のレンタルコスト。（５）帯域幅同士の接続を十分に確保し、相互作用を円滑に進めるためのコスト。（６）税金ならびに以上のすべてを実現するために必要な「保護措置」にかかるコスト。

さらに、エムの労働者を動かすハードウェアのフルコストについて考えるときには、エムの労働者が十分な休息と睡眠をとり、元気を回復するためのコストも加えなければならない。経済的に最も重要なのは、エムの労働者を動かすハードウェアにかかるフルコストである。このコストが高すぎれば、エムはほとんど創造されず利用されない。

まとめ：エミュレーションを可能にする物理的装置に関しては、いまでも多くの有益な事柄がわかっていると言ってもよい。

## セキュリティ

エムの心の状態を廉価でコピーできるようになると、エムは大きなリスクにさらされる可能性が考えられる。現在、世界には合わせて二〇〇〇万人の奴隷労働者が存在すると推定されるが、この人数は世界の全人口の〇・三パーセントに満たない（International Labor Organization 2012）。一方ローマ帝国の時代には、奴隷は全人口のおよそ一〇パーセントを占めていた（Joshel 2010）。エムが奴隷労働を強制される可能性については、今日の私たちよりも懸念されるかもしれないが、ローマ帝国の周辺住民ほど深刻ではないだろう。

エムの心の状態のコピーが盗まれると、尋問や拷問を受け、奴隷にされた挙げ句に秘密を白状し、投資の一環として受けた訓練の内容を盗み取られ、あとからその罪で罰せられるかもしれない（Eckersley and Sandberg 2014）。泥棒はたくさんのコピーを製造し、コピーごとに異なったアプローチを繰り返せば、多くの事柄をオリジナルから盗み出すことができる。あるいは、特定のタスクを上手にこなす能力が富の源になっているエムに狙いを定め、そのコピーを盗んで労働市場でオリジナルと競わせれば、相手の富の大半を奪い取ることも可能だ。

普通の人間はこのようなリスクに対処するため、エムの創造を目的とした脳のスキャンを拒む可能性がある。エムの一部はこれらの問題に対処するために「オープンソース」となり、コピーを自由に作らせるだろう。この場合、エムを動かすためのハードウェアの料金を支払えば、エムはどんなタスクを与えられても誠意を持って実行するよう努める。オープンソースのエムは技術的に、無料で手に入るコンパイル済みバイナリのようなものだ。このような曖昧な存在のエムは、分解や再配列が可能な「ソース」コードを持っているわけではない。

オープンソースのエムは拷問をしないでほしい、一時間ごとに五分の休みを入れてほしいと懇願し、タスクを経験したコピーを誰かが略奪する可能性に備え、タスクが終了したら戻してほしいと願うかもしれない。しかし、オープンソースのエムがこうした要求を実際にかなえるのは難しいだろう。実地訓練のような形でサービスを提供しても、コストをかけて計画的に訓練を積み重ねたときほどの成果を残せるわけではなく、結局のところほとんどのエムはオープンソースにはならない。訓練への投資は必要だが、それを回収するため、オープンソースのエムよりも高い賃金を請求する。

心が盗み取られる事態を防ぐためには、ほかにも極端な方法がある。手軽なコピーを受け付けないハードウェアをエミュレーションに利用するのだ。あるいは物理的に何かが侵入してきたことを検知したら、自己破壊する機能を備えたハードウェアケースが使われる可能性も考えられる。ちょうど、青酸カリの錠剤が内蔵されているようなもので、物理的なロボットのボディを持つエムには適応しやすい。ただし、ここまで極端な措置は不要で、もっと費用をかけない方法も実行可能だと思われる。

今日、パソコンのシステムのほとんどはセキュリティがおそまつだ。スキルの高い専門家ならばほとんどコストをかけず、大半のファイルを盗むことができるし、大抵のコンピュータのオペレーションをコントロールすることもできる。セキュリティの万全なコンピュータシステムは設計可能だが、それには設計プロセスの初期段階で余分に時間をかけなければならず、滅多に実行されない。

それに実際のところ、コンピュータのセキュリティがおそまつなせいで、個人的に大きな被害をこうむる事例は滅多に見られない。ファイルやコンピュータリソースを盗み出すのは可能だが、他人にとってその中身はほとんど価値がないからだ。今日のほとんどの家屋は多少の費用をかければ侵入可能だが、不法侵入は滅多に発生しないのと同じだ。社会規範や法的処置が徹底しているので、その代償を考えるとほとんどの不法侵入は実行されない。

今日の銀行や軍隊を見ればわかるが、危険な状況に置かれるほど、セキュリティには多くが投資される。そして、これ以上セキュリティのためのコストを増やしても、成果が大して変わらない時点に近づいたところで投資は控えられる。そうなると通常、セキュリティへの事前対策には収入のほんのわずかしか費やされない。このような展開はエムのセキュリティでも実現する可能性がある。

エムの収入のどれだけの割合がセキュリティに費やされるのか推測するためには、ほかのシステムでセキュリティ関連の投資にどれだけの割合が投じられているか確認してみるとよい。今日アメリカでは、犯罪対策のコストにGDPのおよそ五パーセントから一五パーセントの割合が費やされていると推定される（Anderson 1999; Chalfin 2014）。軍事支出に関する世界平均はGDPのおよそ二パーセントで、アメリカの数字はおよそ五パーセントか、それよりも多くなるときもある。あるいは、ウィルスやバクテリアの攻撃から人体を守る免疫系も、犯罪や敵国軍隊の侵略を防ぐ社会制度と似ているが、人間の免疫系には、人体の新陳代謝全体のおよそ一〇パーセントが費やされる。

エムはおそらく安全機能が万全なオペレーティングシステムのカーネル（Klein et al. 2014）や、セキュリティの高いコンピュータシステムなどのテクノロジーを駆使しながら、サブシステムの能力を制限するだろう（Miller et al. 2003）。このようなアプローチを介して、エムがローカル・セキュリティに費やすのは収入全体の二〇パーセント未満、軍事セキュリティに費やすのは全体の五パーセント未満にとどまる可能性は大いにあり得る。

ただし、セキュリティのコストは小さくても、エムはそれをさらに削りたいと願う。たとえば、誰かと会うためにわざわざ物理的に移動するよりは、バーチャルリアリティを介して交流するほうを好む。そうすれば城のように安全な場所で信用できる仲間に囲まれた状態のままで、脳のハードウェアを移動させずにすむ。この要塞のような環境を維持するために、エムは短期間限定で創造した自分のコピーに重要なセキュリティのタスクを任せる傾向が強い。これらのコピーはタスクに精通していないが、忠誠心は問題ないからだ。ただし、第19章の「ファームとクランの関係」の節で詳しく取り上げるが、クランの城にみんなの脳を閉じ込めておくと、企業にとっては雇用者を一カ所に集め、会議を速やかに進行させることが難しくなる。

エムの心を動かすハードウェアは、ほかのほとんどのソフトウェアを動かすハードウェアと厳密に区別されるだろう。遠く離れたハードウェアに移動させるなど、エムの心をコピーするときには、信頼できるエムの立ち会いのもとで厳粛な儀式が行なわれなければならない。一方、遠くに暮らす高速のエムと会うために脳を移動させるときは、厳密に暗号化されたコミュニケーション・チャネルを利用するほうが好まれる。これなら量子暗号が使われるので、物理的にコピーすることはできない。ただし、その価値については意見が分かれている (Stebila et al. 2010)。

ほかには、エムの心に保存されるスキルの再販価値を制限し、「心泥棒」をためらわせる可能性も考えられる。たとえば、小さくてユニークな組織のコンテキストに関わるスキルを取得させれば、そのコンテキストの外ではスキルの価値がない。特定のファームに特有のルールやプロセスを実行する方法が知識の大半を占めるエムを見ても、盗む気持ちにはなれないだろう。あるいは、盗まれた時点で厄介な習慣が作動するような仕組みを搭載することで、エムを盗んだ相手が損害を被るという方法も考えられる。自分が違法なコピーだと確信するエムは、周囲を混乱させる嘘をついたり、簡単には見つからない形で生産性を落としたり、相手に犠牲を与えるようなさまざまな抵抗活動を実行するだろう。信頼できる仲間と暗号による意思疎通を頻繁に行なう習慣を始め、相手が本当に違法なコピーなのか確かめようとするかもしれない。

セキュリティはエムにとっての重要な問題だが、圧倒されるほど重要だというわけではない。とりあえず得られた結果から推定するかぎり、エムの世界は文明的かつ平和的だ。

## 並列処理

エムのハードウェアは信号処理を行なう。デバイスは多くの部分から構成され、それぞれが信号を受け取り、その信号に基づいて内面の状態を変化させてから、信号をほかの部分に送り出すプロセスを繰り返す。電話、ラジオ、テレビ、コンピュータはどれも信号処理を行なうタイプのハードウェアだ。これらのハードウェアのほとんどは、スピードやバージョンを異なった形で提供することが可能で、そうなると、一秒間にこなす基本操作の数も異なる。これはエムにとって多くの意味を持つ。

異なるアーキテクチャを併用するハードウェアよりは、アーキテクチャは同じでもスピードが異なるハードウェアを併用するほうが、設計がずっと簡単で余計なコストも発生しない。ほかのすべての条件が同じならば、ハードウェアのスピードが速いほど、エネルギーや冷却に関するシステムを構築して作動するためのコストはほぼ常に高くなる。

ハードウェアのコストがスピードにどれだけ左右されるかは、信号処理タスクの並列性の程度によって異なる。並列の場合はタスクを複数の部分に分解して同時に処理することができるが、逐次処理でそれは不可能だ。サブタスクの一部は、ほかのサブタスクが完了するまで始められない。

並列処理の度合いが非常に強いタスクの場合には、コストは概してスピードに比例する。メモリのコストを無視できるならば、あるいはメモリのコストが処理コストよりも桁違いに高くなれば、一秒当たりのオペレーションを増やすためには同じ種類のデバイスを追加すればよい。この場合、ハードウェアのコストは処理スピードにほぼ比例して変化することになるので、タスクをすべて達成するためのコストは、タスク完成までの所要時間とほぼ無関係に決定される。

逐次処理システムで達成可能なスピードを敢えて落とし、多くのタスクをゆっくり進行させるためには、タスク同士をスワップイン、スワップアウトして「タイムシェアリング」すればよい［訳注：スワップインは、データを仮想メモリからメインメモリに戻すこと。スワップアウトは、データをメインメモリから仮想メモリに退避させること］。この場合、各タスクを実行するためのプロセッサのコストはスピードに影響されないが、次回のタイムシェアリングまで各タスクの状態を保存しておくための費用と、データの出し入れにかかる費用が追加される。

一方、並列処理の度合いが本質的に強くないタスクにおいて低速でタイムシェアリングする場合には、コストはスピードに左右されるが、スピードを上げればコストはどんどん上昇していく。デバイスの数を追加するだけでは十分にスピードアップすることができないからだ。一部のデバイスに特別な素材や構造を使うなどの工夫が必要で、その結果、基本動作当たりのコストは上昇する。このアプローチでは、コストをかけ続けても最後はスピードの限界に突き当たり、少なくともその時代の技術では、それ以上のスピードは達成不可能になってしまう。

人間の脳が信号処理を行なうプロセスは、並列構造であることが良く知られる。ひとりの人間の脳にはおよそ一〇〇〇億個のニューロンが存在しており、そのすべてが信号の送受信を並列で行なっている。しかも脳にはニューロン以外にも信号処理に関わる細胞が存在しており、その数は最大でニューロンの一〇倍にもおよぶ。したがって、脳を模倣したエムにおいてもデバイスを増やすだけで高速での活動領域は広がり、エムのハードウェアのコストはこの領域の範囲内でスピードにおおよそ比例して変化すると考えられる。こうすれば、客観的には一秒であろうが一日であろうが、エムに主観的な一分を経験させるためのコストはほぼ変わらない。このなかにはハードウェアを製造、保護、サポートするコストだけでなく、電力の供給と冷却のコストも含まれる。

全脳エミュレーションは並列処理の度合いが非常に強いタスクなので、低速のプロセッサを一台使うだけでも、エムはごくゆっくりと安定した状態で効率よく動くだろう。もっと大きなコンピュータシステムのタイムシェアリングは、活動スピードをさらに落としたいエムや、長期間の休止状態から時々目覚め、一時的に高速で活動したいエムにとってのみ意味をなす。低速のエムがこのような形で高速のハードウェアをタイムシェアリングするときには、スワップイン、スワップアウトにかかる付加費用は待ち時間が長いほど低くなる。アクセスの遅いメモリは価格が安いからだ。今日ではメモリのコストは、アクセススピードによって一〇〇万倍近くの差がある。コストを最小化するためには、スワップインとスワップアウトのあいだの時間を許容範囲の限界まで引き延ばさなければならない。

タイムシェアリングしているエム同士は、スピードやスワップの周期、スワップ領域の使用率が異なり、一方はアクティブで、他方は休止している。スワップの状態が長いときには、周期や位相をうまく調整しないかぎり、同じスピードでタイムシェアリングしても直接的な交流が定期的に行なわれず、不都合が生じる。自然で柔軟な交流を実現させるには、エムがお互いにスピードや周期や状態を上手に合わせなければならない。それが不可能なときはテキスト、オーディオ、ビデオ録画を用いれば、若干の遅れを伴うが、コミュニケーションを交わすことができる。

ハードウェアをタイムシェアリングしないエムも、仕事や余暇のライフスタイルに合わせて活動の周期や位相を選ぶことは可能だ。ただしタイムシェアリングを通じてほかのエムと交流しようとしても、活動は制約される。

特定のスピードのエムを動かすことに特化したエムのハードウェアを使うほうが、コストはかからないだろう。この場合には、エムの心の状態をデバイス間で移動すると、ハードウェアのデバイス変更に伴ってエムのスピードは一時的に変更される。十分な数のエムが必要なデバイスを効率よくシェアし、すき間なく置かれたハードウェアがそれぞれ異なったスピードをサポートし、これらのデバイスのあいだで高速かつ廉価に情報が伝えられるならば、一時的なスピードアップのコストは一時的に達成されたスピードにほぼ比例する。この場合には、スピード変更可能なエムを動かすためのハードウェアの総コストは、エムが思考や睡眠などに費やす主観的な時間にほぼ比例する。

高速のエムの心は高速のメモリを使いたがり、そうなるとコストは上昇する。今日のコンピュータでは、DRAMメモリからビットを回収するためにはおよそ四〇〇CPUサイクル、フラッシュメモリから回収するためには五〇〇〇サイクル、ディスクメモリから回収するためには一〇〇万サイクル以上が必要とされる。さらに高速のエムの心は高速のコミュニケーション・ネットワークを好み、長い待ち時間をいやがる。光の速度で動かせば遅れを最小限に食い止められるが、ハードディスクを飛行機や船で送るなどの方法をとれば、時間はかかってもコストの低下につながる。この三〇年間、ビットを遠方に送るためのコストは、ビットの保存や演算にかかるコストに比べて低下するスピードが遅い。そこから判断するかぎりエムの時代には、ネットワークを介した会話や移動にかかるコストは、メモリやデータ処理に要するコストに比べてゆっくり上昇するとも考えられる。

心をさまざまなスピードで動かす能力を備えているエムは、人間に比べて多くの新しいオプションを与えられるだろう。

# 第2部

# 物理

# 第6章　スケール

## スピード

エムが動く具体的なスピードについて何かわかることがあるだろうか。

脳は並列処理を行なうので、エムが動くスピードの範囲は広く、スピードにほぼ比例してコストは変化するはずだ。コストと連動して変化するエムのスピードの上限、すなわちコストとスピードのあいだに比例関係が成り立つ範囲内での最高速度を、本書では「経済的な最高速度」と呼ぶことにする。それがどれだけの速さなのか推測するためには、エムの脳内ではエミュレーションされたニューロンがどの信号を送るべきかをどれだけ速く計算し、その信号をどれだけ速く送るのかという点に注目しなければならない。

人間の脳がニューロンを発火させて信号を送るスピードは、毎秒〇・五メートルから一二〇メートルの範囲にわたる。対照的に、今日の電子回路基板が同じ作業をこなすスピードは、概して光速のおよそ半分に匹敵する。エムの脳の信号がこれと同じスピードで処理されるとすれば、その速さはニューロンの伝達スピードの一〇〇万倍から三億倍の範囲におさまるだろう。信号の遅延がエムの脳のスピードの制限要因になるとして、エムの脳のサイズが人間と同じだと仮定した場合、いま述べた数字からスピードアップの上限を見積もることができる。エムの脳のサイズを小さくできれば、それに比例してさらなるスピードアップが可能だ。

シミュレーションされたニューロンがいつ発火するのか計算する際には、以下の点に注目してほしい。本物のニューロンの反応時間は通常、最低でも二〇ミリ秒を要するが（Tovee 1994）、今日でさえ電子回路はその一〇〇億倍、すなわち一秒の一兆五〇〇〇億分の一のスピードでの切り替えが可能だ（Deal et al. 2010）。この数字に基づいて、ひとつのニューロンの発火を並列型コンピュータプログラムでエミュレーションするために、電子回路がいくつ必要になるのか考えていかなければならない。

たとえば、確認されている最速の回路を一万個使ってニューロンの発火を演算できるアルゴリズムが存在するなら、このアルゴリズムに基づいたエムは人間の脳の一〇〇万倍のスピードで動くことになる。複雑な並列型コンピュータプログラムを一万個の回路で動かせれば、エムのスピードを最低でも人間の一〇〇万倍にアップさせることは可能かもしれない。ただし、そのエネルギーや冷却にかかるコストが低水準にとどまらないと、最速の電子基板を利用することによる利益はもたらされない。エネルギーや冷却が強力な制限要因になれば、経済的な最高速度は落ちてしまう。

コストに比例して変化するスピードの上限が「経済的な最高速度」ならば、スピードの下限は「基底速度」で、この場合はデータ処理とメモリにかかるコストが等しい。すなわち基底速度においては、一定の期間エムの心を動かすためのデータ処理にかかるコストと、同じ期間にエムの心の状態を保管するために要する最低限のコストが変わらない（ここでの「データ処理」には、ローカルインターフェイスで連結されたプロセッサだけでなく、プロセッサ間のコミュニケーションも関わっている）。つまり低速のエムに関しては、データ処理の費用とアーカイブメモリの費用の合計がおおよその総コストになるわけだ。たとえばエムがハードウェアのデータ処理をタイムシェアしているときのコストは、スワップインの状態で心を作動させるためのデータ処理の費用と、スワップアウトの状態で心の中身を保管するためのメモリの費用の合計である。このような状態では、基底速度よりもスピードダウンさせて総コストを半分以上減らすことはできない。

エムの基底速度は、具体的には以下のふたつのハードウェアのコストの割合によって決定される。（1）エムの心の中身を保管するためのメモリの費用。（2）人間に匹敵するスピードで心を動かすためのデータ処理にかかる費用。保管に要するコストがデータ処理のコストよりも速く低下すれば、基底速度は次第に遅くなっていくが、データ処理のコストのほうがメモリのコストよりも速く低下すれば、こちらのほうが注目され、基底速度は次第に速くなっていく。

いまはまだエムが実現可能ではないが、このコスト比に注目すれば、基底速度の見当をつけることができる。この四〇年間、データ処理のコストとディスクメモリのコストはほぼ同じ割合、具体的には一年半ごとにおよそ半分の割合で低下してきた。ただし最近五年間にかぎってはディスクメモリのコスト低下のほうが遅く、それが基底速度のアップにつながっている。高価なメモリの部類に属するＲＡＭ（ランダムアクセスメモリ）の場合、ＲＡＭのコストはこの六〇年間、データ処理のコストと同じ割合で低下してきたが、それ以前の二〇年間はデータ処理のコスト低下のほうが速かった（Dave 2015）。

つまり、基底速度は四〇年間にわたってほぼ一定だったことになり、今日の基底速度を手がかりに、未来の基底速度をある程度正確に推測するのは不可能ではない。たとえば数十年後には、メモリではなくアクティブデバイス（能動素子）のコストが低下するスピードが鈍ると予想される。それについては本章の「エントロピー」の節で取り上げるが、原因はエネルギー問題だ。ほかの条件がすべて同じならば、これだけで基底速度の落ち込みはさらに加速されるはずだ。

評価は大きく異なるが、概して人間の脳の情報記憶容量は一〇ないし一〇〇テラバイトだと言われ、エミュレーションで人間並みのスピードを達成するためには、プロセッサ間のコミュニケーションには二〇兆ないし六〇兆テップス（TEPS）が、ローカル処理にはおよそ一〇億の一〇億倍から一〇兆の一〇兆倍フロップス（FLOPs）の演算能力が必要だと推定される（Grace 2015）。これらの数字は、エミュレーションに関する研究発表会の参加者から実現可能性を最も高く評価された三つのレベルに基づいている（第5章の「ハードウェア」の節で紹介したレベルの（1）から（3）まで）（Sandberg and Bostrom 2008）。

ディスクメモリとスーパーコンピュータ（プロセッサならびにプロセッサ間のコミュニケーションのどちらも含む）の現在の価格を加味したうえで以上の数字を考慮すると、今日の段階ではエムの基底速度は人間のスピードの一〇〇兆分の一から一〇〇万分の一の範囲と推定され、その中間の評価は人間のスピードの一〇〇億分の一となる（Grace 2015）。

エムが自分のコピーを定期的に保管（アーカイブ）するために、ハードウェアで心を作動させる労力の一パーセントを費やすと考えてほしい。これらのコピーは無期限に保管される。この場合にアーカイブ・コピーが作られる主観的頻度は、心を作動させるスピードの影響を受けず、基底速度ならびに投資の客観的倍加時間と反比例して変化する。たとえば投資が客観的なひと月ごとに倍増し、基底速度が人間の一〇〇万分の一すなわち今日推定される範囲の上限だとすれば、アーカイブ・コピーは主観的経験にして五分おきに作られることになる。

基底速度は、最も安い記憶貯蔵技術の価格によって設定される。この技術のビット当たりの価格は長い目で見れば、原子当たりの価格の制約を受けるとは思えない。将来は、原子当たり大量のビットを保管する高度なテクノロジー（たとえば、天文学的に大きな空洞内の光子など）の登場を漠然と思い描けるからだ。

似たようなエムが同じ場所に大量に保管されていると、データは冗長化される。その結果、保管コストは大幅に下がり、基底速度は減速する。アーカイブの複製コピーが少なければ間違って消去されるリスクは高くなるが、エムがそれを厭わない場合も、基底速度は低下する。さらに、エムのアーカイブが安全な環境にあるとか、そもそも盗みたくなるような内容ではないといった理由で、盗難防止のためのセキュリティに費用をかけない場合にも、有効な基底速度は低下するだろう。

たとえば物理的なシステムを管理するスピードに合わせるなど、エムが特定のスピードを選ぶ理由については、第18章の「スピードの選択」の節で詳しく取り上げる。特定の標準スピードで動くエムについては、たとえば「キロ」エム、「ミリ」エムといった単位名で呼ぶことにする。キロ・エムのスピードは普通の人間の脳の一〇〇〇倍、ミリ・エムは一〇〇〇分の一になる。「メガ」エムのスピードは人間の脳の一〇〇万倍、「ミクロ」エムは一〇〇万分の一。「ギガ」エムは一〇億倍、「ナノ」エムは一〇億分の一。私のおおよその推測によれば、コストに比例するエムのスピードはミリ・エムからキロ・エムの範囲に確実におさまり、ひょっとすればナノ・エムからメガ・エムにまで範囲が拡大されるかもしれない。

さまざまなスピードでの活動に支えられたエムの社会には、数多くの新しい可能性が開かれるだろう。しかし、エムの心を作動させる最速または典型的なスピードに比例して、経済成長、イノベーション、知的財産などの分野で社会が発展する割合が高くなると考えるのは間違っている。全体的な変化の割合は経済活動全般と密接に関連しており、エムのすべての心のすべての活動を合計しなければならない。少数の高速のエムに注目し、大勢の低速のエムとトータルでは同じ活動を任せても、社会が発展する割合は大して変化しないはずだ。

ただし、スピードが経済成長の加速に直結するわけではないが、エムがさまざまなスピードで活動すれば、エムの世界にはほかにも多くの成果がもたらされるだろう。

## 体

エムのスピード、サイズ、反応時間、相対的な距離のあいだには、基本的な物理法則にしたがって重要な関係が成立している。

人体のなかで意識的に制御できる部分のほとんどは、固有振動周期が一〇分の一秒を上回る程度だ。

そのため、人間の脳の反応時間はそれに合わせ、およそ一〇分の一秒に設定されている。反応時間を短縮するためにはコストがかかるので、体の部位がポジションを変更するために要する時間よりも、はるかに短い反応時間を実現するための投資にはほとんど意味がない。

物理的な体を制御するエムの場合、複数の部位が振動する長さや周期は、エムの体の部位の大きさ、ならびにそれに合わせた心の反応時間と反比例の関係であることが基本的な物理法則から導かれる。速いエムほど体は小さい。その証拠に、曲げ加工されたカンチレバー、すなわち一端が固定された片持ち梁の最初の共振周期は、厚みが長さに対応して変化するとすれば、長さに比例して変化する。たとえば、梁の長さが二倍になれば、共振が完了するまでの時間も倍増する。今日では、動物の体のサイズと反応時間の関係が予測可能で、体が大きくなるほど反応時間は長くなる。これは物理的な（ロボットの）体を持つエムにも当てはまるはずだ（Healy et al. 2013）。

普通の人間の一六倍のスピードで動くエムの心は、客観的な九〇分で主観的な一日を経験する。振動周期が長さに比例することを考えれば、このエムは形状も材料特性も人間の一六分の一の体で居心地の良さを感じる。具体的には、身長は一〇センチメートル程度になるだろう。この大きさに比例して声帯も小さくなれば、発する声は人間よりも四オクターブ高くなる（望めばどんな声の高さも電子機器で実現できるが）。キロ・エムに必要な体の身長はおよそ一・五ミリメートル。実際のところキロ・エムは、ミリサイズのエムと言ってもよい。

今日の富裕国では、農業、鉱業、建設、製造など厳しい肉体労働が必要とされる仕事は全体の五分の一に満たない（Church et al. 2011; van der Ploeg et al. 2012）。同様にエムの世界でも、仕事のほとんどはオフィスワークで、物理的な体を必要としないと考えられる。物理的な体を要する仕事は、エムの仕事全体の五分の一以下になるだろう。こうしたエムは少数派になるが、少数派と言っても重要な存在だ。

肉体労働をこなすロボットの体には、それぞれの仕事の特徴に最善と思われるサイズや材料や形状が選ばれ、心が動くスピードもそれに合わせて決定される。実際のところ、エムの物理的な体を普通の人間の体に似せる必要はないし、状況に応じて体を頻繁に変化させたり交換したりすることができる。すでに今日でも、人間は蒸気シャベルなどさまざまな機械を精神的には体の延長と見なし、快適な状態に変化させて上手にコントロールしている（Church et al. 2011）。そもそもエムの脳がエムの体に存在する必要はなく、遠くから体を遠隔操作すればよい。

物理的な体が大きくなるにつれ、体を維持するためのコストは上昇するが、エムの心を体の反応時間に合わせるためのコストは低下する点に注目してほしい。つまり、エムの脳を支えるコストと体を支えるコストが釣り合う状態が、エムにとって自然な体だということになる。

体のサイズがさまざまに異なると、心の質と体の質のどちらを重視すべきかも異なってくる。大きなエムにとっては心の質を向上させるほうが安く、体の質を向上させる費用は高い。そうなると、大きなエムは心の質が高く、小さなエムは体の質が高くなるだろう。心の質が高ければ頭の回転は速く、脳の中身が充実する。一方、体の質が高ければ上質の素材から作られ、多くのツールが追加されるだろう。

エムの体がこなす仕事の範囲は、私たち人間の体よりもはるかに広いと考えて間違いない。

## リリパット（小人）

一般的にエムの心は人間よりも速く動くので、概してエムの体は人間よりも小さい。そして、エムの心が動くスピードを身長にできるかぎり釣り合わせたとしても、すべてを人間と同じに経験するわけではない。小人にとっては見るものも感じるものも異なってくる。

たとえば体の小さな生き物にとって重力は弱く感じられるが、重力の強さは歩いたり走ったりするときの歩幅（歩行周期）や、摩擦抵抗に遭いながら空を飛び、水中を泳ぐときのエネルギー効率に影響する。たとえば、普通の人間の四分の一のサイズの体にとっては、足を四倍多く動かすのが快適な状態であり、原則として歩数を四倍に増やせば全体的な速度は同じになるはずだ。しかし、小さな生き物にとっては重力が弱く感じられるので、この歩幅ではエネルギーの効率が悪い。それよりも歩幅を二倍に広げ、人間の半分のサイズの体にとっての効率的な速度を達成すればよい（Bejan and Marden 2006）。

この理論は、サイズの異なるさまざまな動物が動く速度の観察結果から確認されている。たとえば、象が歩くときの効率的なスピードは毎秒一メートルだが、これはゴキブリの二〇倍の速さだ。あるいはこの理論は、重力を減らした環境で人間が歩いたり走ったりするときのスピードの測定結果からも確認されている（Sylos-Labini et al. 2014; De Witt 2014）。さらに、宇宙飛行士が月面を歩くときの状態からも確認されているが、この場合には重い宇宙服が歩行に影響をおよぼしている。

ここからは、頭の回転が速く、それに比例して体の小さなエムは、歩行速度が遅く歩幅が大きくなり、速度も歩幅も理論上は身長の二乗に比例して変化すると考えられる。ただし、快適に効率よく歩く新しい方法をエムが発明する可能性は否定できない。たとえば、ほとんどの昆虫は水の上を歩けるし、月と同レベルの重力ならば、足ひれを付けた人間は水の上を走ることができる（Minetti et al. 2012）。小さなエムは普通の靴を履いて水の上を走ることができるかもしれない。

小さな体でちょこまかと動き回るエムは、光の回折現象［訳注：光が障害物の背後に回り込む現象］に対する反応が敏感で、太陽の光が傘をかぶっているように見える。磁石や導波管や静電気モーターはあまり役に立たない。体の表面張力が強くなるので、水から逃げるのは難しい。摩擦が障害になる機会が増え、減摩は難しくなり、熱によってスピードがランダムに妨害される場面が多くなる。余分な体温は放出しやすいが、まわりの熱や寒さから身を守るのは難しい（Haldane 1926; Drexler 1992）。

エムが体に流動体を受ける割合は、サイズに対応している。秒速一メートルの風は一ミリ秒につき一ミリメートルに等しいので、体の小さなキロ・エムは人間と同じように風を経験すると思うかもしれない。しかし実際には、体が小さい分だけ風の圧力に抵抗しにくい。したがって、体の小さなエムが集まるスペースは強風を避けなければならない。普通の密度の空気でも、標準サイズの人間よりもずっと濃いように感じられてしまう。

シンプルな従来型のナノコンピュータのデザインを使った概算からは、高速のエムにふさわしいアンドロイドの体は、普通の人間の体のサイズの二五六分の一で、動くスピードは二五六倍だと推定される（Hanson 1995）。

普通の人間と比べ、体が小さい高速のエムにとって地球はずっと大きな場所で、移動にもずっと長い時間が必要とされる。たとえばキロ・エムにとって、地球の表面積は一〇〇万倍の広さに感じられる。

リアルタイムで地下鉄に一五分乗っているときには主観的に一〇日、飛行機に八時間乗っているときには主観的に一年を経験し、火星への一カ月の旅は主観的に一〇〇年に感じられる。土星に送った無線信号が返ってくるまでの時間は主観的に四カ月。超音速のミサイルでさえ遅く感じられる。ただし短い距離ならば、レーザーや指向性エネルギー兵器はキロ・エムにとっても速度が非常に速い。

小人のエムにとって、世界は非常に大きな場所である。

## ミーティング

エム同士は物理的な体を移動させて直接的な形でも、バーチャルな形でも会うことができる。

エムの物理的な体は体内に埋め込まれたハードウェアが「脳」として機能するか、あるいは離れた場所にあるハードウェアが脳として働き、遠隔操作を行なう。この場合に離れている距離は、反応距離――コミュニケーションの遅延とエムの脳の反応時間が等しくなる距離――よりも短く設定される。

たとえば、信号が光の速度で移動するとしよう。このとき信号の往復に伴う時間遅延を主観的な反応時間である一〇分の一秒よりも少なくするためには、人間の脳の一六倍のスピードで動く脳と体とのあいだの反応距離を、およそ一〇〇〇キロメートル未満にとどめなければならない。もしも信号遅延の許容時間を一〇ミリ秒にとどめたければ、距離は一〇〇キロメートル以内に短縮される（どちらの場合も、これとは別にネットワークのハードウェアが引き起こす遅延は考慮されていない）。

ではここで、ふたりのエムがバーチャルな社内会議を開くところを考えてみよう。ふたりを動かす脳のハードウェアは離れた場所にあって、スピードは調整される（周期と位相が調整される場合もある）。このシナリオをサポートする方法はふたつ考えられる。ひとつは、一方のエムの脳の状態を他方の近くに置かれたハードウェアに移し変える方法だ。そのうえで、双方の近くにあるハードウェアを使ってバーチャルなオフィス環境を提供していく。もうひとつの方法ではそれぞれのエムの脳を元の場所に残したままで、離れた場所でのやりとりを仮想（VR）信号を介して行ない、同じオフィスにいるような雰囲気を作り出す。信号遅延が反応時間よりもずっと短ければ、エムにとってふたつのアプローチは区別がつかない。

脳の状態を描写するよりも仮想ミーティングの詳細を描写するほうが、必要とされるビット数はずっと少ない。したがって離れすぎていないエム同士が短い会議を行なう場合には、脳を元の場所に残したまま仮想信号をやりとりするほうが、一方の脳を別の場所に移し変えるよりも安上がりだ。どちらの脳も移動させないまま、仮想の会議室のどこで何を見たり聞いたりしているのか細かく説明される。

仮想会議は盗聴される恐れがあるが、心泥棒向けのセキュリティは万全だ。近くにいるエム同士が仮想会議を希望するときには、脳をハードウェアから動かさず、共有する場所にバーチャルに移動するだけで十分なので、コミュニケーションやセキュリティにかかるコストが節約される。

一方、ふたりのエムの脳をサポートするハードウェアがスピードの割に離れた場所に置かれているときには、コミュニケーションの遅延が目立つ。そうなると会議中のエムの反応時間は著しく長くなり、それがいやなら、どちらか一方のエムがもっと近くのハードウェアに脳を一時的に移動させなければならない。

ただしわずかな遅れは許容範囲だ。一部のエムにとって光速の一〇分の一秒の遅れが生じる距離ならば、通常よりも一六倍速いエムにとっての遅れは一秒半程度が普通で、これなら十分に許される。それよりもさらに一六倍速いエムも、二六秒の遅れを経験する程度だ。今日でも、携帯電話のメールでの会話の遅れはおおむね三〇秒の許容範囲に収まっている。今日のやりとりと同様、会話にかなりの遅れが生じながらも、エムは一度に複数の相手と定期的に会話するかもしれない。

相手との物理的な距離が近いエムは反応時間が短く、その事実を相手に確実に伝えることができる。エムにとって、実際は近くにいるのに離れているふりをするのはたやすいが、実際は遠くにいるのに近くにいるふりをするのは難しい。そのためには、相手のエムが何をしようとしているのか予測する能力がきわめて高くなければならない。

ひとりのエムが別のエムに直ちに会議を開きたいと「呼びかける」プロセスは、ふたりのエムのスピードの違いによって異なってくる。高速のエムが低速のエムに呼びかけるときには、相手が呼びかけに応じるまで長く待たされ、そのあと低速のエムの脳が高速のハードウェアに移動されてようやく自然な会話が成り立つ。対照的に、低速のエムが高速のエムに呼びかける際、予め相手のスピードに合わせて調整していれば、会議は直ちに進行するだろう。

あらゆる事柄を考慮してみると、エムにとってミーティングの開催は人間よりも簡単で、しかも費用もかからない。そこには色々な意味合いが含まれている。

（以下のふたつの節は非常に専門的な内容で、しかもそのあとの記述とはほとんど関係がないので、読み飛ばしていただいてもかまわない）。

コンピュータ（ここでは人工的な信号処理装置という意味にとどめる）が機能するためには、構造の位置決め、妨害の遮断、コミュニケーション、エネルギー、冷却など、さまざまな種類のサポートが欠かせない。そのためには自由エネルギー（仕事に変わりうるエネルギー）が必要で、それによって、エントロピー（乱雑さ）を負にして乱れた秩序を戻してやらなければならない。これからこの分野の研究が進めば、数十年以内にコンピュータのデザインで革命が引き起こされる可能性は大きいだろう。この革命のあとには、多くの種類のコンピュータが熱力学的に可逆傾向を強めると考えられ、それはエムも例外ではないはずだ。

今日、ほぼすべてのコンピュータ回路はＣＭＯＳ（相補型金属酸化膜半導体）の素材で作られている。ゲートとはコンピュータチップ上の最小の論理ユニットであり、シンプルなＣＭＯＳゲートを動かすためのエネルギーは一〇年ごとに一〇分の一以上の割合で減少する傾向が続いてきた（出力のために性能を犠牲にしないこと、逆に性能のために出力を犠牲にしないことが最低条件である）。この傾向が継続すれば、ＣＭＯＳゲートの一回の作動に使われる自由エネルギーは、二〇三五年ごろには一ビットのレベルにまで低下しているはずだ。熱力学者によれば、これは常温で一ビットの情報が消失するレベルだという（Drechsler and Wille 2012）。

コンピュータの論理ゲート［訳注：論理演算を行なう電子回路］では、ふたつの方法でビットが消失し、（結果としてエントロピーが大きくなる）。通常、シンプルなゲートは二ビット入力、一ビット出力が原則なので、ビットひとつが論理的に消失する。一方、各ゲートではビットが非論理的に消失するときもある。この場合、ゲートの論理演算のスピードは速く、熱力学的均衡は崩れている。今日のコンピュータでは、圧倒的多数のビットが非論理的に消失するので、論理的な消去が回避されるゲートを構築してもほとんど意味がない。

しかし二〇三五年ごろには、ビットが非論理的に消失する割合は論理的に消失する割合とほぼ同レベルまで低下するはずだ。そのあと、演算当たりのエネルギーコストを大きく減らすためには、ビットが論理的にほとんど消失しない「可逆的な」デザインにコンピュータを変更させなければならない。（なかには、温度を下げればハードウェアのエネルギー使用量が減少すると考える人たちもいる。しかしこれでは、必要とされる自由エネルギーの使用量は減少しない。むしろエントロピーが大きくなり、厄介な問題を引き起こす。）

人間の脳では、ほとんどのビットが非論理的に消失している。脳は室温で動き、およそ二〇ワットのエネルギーを使い、およそ一〇〇〇億個のニューロンが反応するには最低でもそれぞれ二〇ミリ秒を要するが、そのような状況で事実上、ニューロンの最低反応時間ごとに、ニューロンひとつにつき一〇億以上のビットが消失している。さらに、ひとつのニューロンは平均するとおよそ一〇〇〇個のシナプスを持っているが、ニューロンの最低反応時間ごとにシナプスひとつにつき一〇〇万以上のビットが消失している。反応時間ごとに一〇〇万回の論理演算に匹敵する行動を脳がとらないかぎり、大半のビットは非論理的に消失してしまう。しかし人間と同じスピードのエムを可逆的なコンピュータ・ハードウェア上に構築すれば、出力エネルギーを二〇ワット未満に抑えられるはずだ。

未来のコンピュータのほとんどがエネルギー使用量を抑える可能性には、別の理由も考えられる。地球にはコンピュータを最大限に動かすためのエネルギーよりも、コンピュータに変換できる素材のほうがはるかにたくさん存在しているのだ。たとえば、ナノテクノロジー・ベースの機械が最大出力で作動している場合に考えられる典型的なエネルギー消費量の計算からは(最大で一立方センチメートル当たり一〇ワット)、つぎのように推定できる。一〇〇メートルの高さ(最大で三三階建て)のナノテクノロジー・ハードウェアが一〇キロメートルにわたって両側に連なるひとつの都市を機能させるためには、地球に到達する太陽エネルギーをめいっぱい使わなければならない(Freitas 1999)。その一方で地球には、はるかに大量のコンピュータ・ハードウェアを構築できるだけの原材料がそろっている。

コンピュータの演算において入力と出力のマッピングが1対1の形で対応していないときは、論理的に不可逆な状態になっている。そのため、ビットを消失させるためには自由エネルギーを使わなければならない。しかし、入力状態を出力状態と一緒に保存しておくようにすれば、いかなる不可逆的なマッピングも、入力と出力が1対1に対応する可逆的なマッピングに変換することは可能だ。

圧縮前のファイルと圧縮後のファイルには相似性があることに注目し、それを賢明に利用すれば、どんな不可逆的な演算も可逆的な演算への変換が可能だ(Bennett 1989)。たとえば、ひとつのプロセッサ装置とそれにマッチする記憶装置を使う一般的な不可逆的演算を想像してほしい。これを可逆バージョンにしても、同じ演算をまったく同じ時間で完成させることができる。途中の逆算段階の結果を消失させるためには、時間とともに対数的に変化していく並列プロセッサ装置と記憶装置のオーバーヘッド［訳注：本来の処理に加えて、余分にかかる作業］に応じて費用をかけなければならない（Bennett 1989）。

演算で一ユニットの記憶を論理的に消去するまでには複数のステップが関わっているが、可逆的なアプローチでは反転周期を通じて結果を逆戻りさせてしまう。中間のステップの逆算に必要なプロセッサと記憶装置をひとつずつ追加するたび、反転周期は二倍に延長される。つまり、ハードウェアの演算コストが冷却やエネルギーにかかる費用の半分に減少するたび、効率的な反転周期はほぼ二倍に延長されるはずだ。

今日コンピュータのゲートは通常、変化のスピードを最大限アップするように設計されている。そのため事実上、ゲートで演算が行なわれるたびに非常に多くのビットが不可逆的に消失してしまう。しかし一回の演算当たりのエネルギーコストがハードウェアのコストほど速く低下しなければ、エネルギーコストの低下に注目せざるを得なくなり、コンピュータ設計者はビット消失率の減少に取り組むだろう。

ゲートで演算が行なわれるたびに消失するビット数を大きく減らすためには、コンピュータのゲートをほぼ「断熱状態」で動作させなければならない。断熱状態でゆっくりとスムーズに主要パラメータを変化させれば、演算前の状態に戻すためのコストを低く抑えられる。断熱性のあるハードウェアでビットが非論理的に消失する割合は、スピードに比例して変化する。たとえば断熱性のあるゲートを二倍のスピードで動作させれば、ゲートでの演算ごとに消失するビットの数は二倍に、一秒当たりでは四倍に増えていく（Younis 1994）。人間の脳は高レベルで並列処理を行ない、処理に要するスピードはさまざまに異なる。そんな人間の脳を模倣したエムの脳が主観的な一秒を経験するたびに消失するビットを半減させるためには、ハードウェアに二倍のコストをかけなければならない。

ほぼ断熱性のあるコンピュータの場合、演算のたびにビットが非論理的に消失する割合は、スピードに比例して変化することがおわかりいただけただろうか。このようなマシンで演算当たりの総コストが最小化されるスピードを確保するためには、ハードウェアを動かすためのエネルギーや冷却装置の購入費とほぼ同じ金額をレンタル費用に投資しなければならない。ここにはコンピュータを収納するスペースや、コンピュータをサポートするエネルギーや冷却装置を確保するための費用が含まれる。つまり、演算用のハードウェアをレンタルして設置するためのコストは、エネルギーならびに冷却用ハードウェアをレンタル・収納するコストに、エネルギーの原材料を確保するためのコストを加えた金額にほぼ等しい。

断熱性のあるコンピュータにとっては、ハードウェアを作動・冷却するためのコストも、新しいハードウェアを購入するコストも同じように重要である。したがって、演算能力のコストが対数的に安くなる割合は、ハードウェアのコストが対数的に安くなる割合とエネルギー・冷却の費用が対数的に安くなる割合の平均値に近くなるはずだ。そうなると、ほぼ断熱可逆的なデータ処理の重要性が定着する二〇三五年頃には、アクティブデバイス（記憶ではない）を対象とするムーアの法則の成長率はおよそ半減すると考えられる。従来、エネルギーや冷却の価格が低下するスピードは、ハードウェアよりもずっと遅かった。

冷却が大きな問題になるときには、コンピュータのハードウェアは可能なかぎりの高温で動作される。熱が伝導する割合は周囲との温度差に比例するからだ。しかし断熱可逆的なコンピュータのハードウェアの場合には、熱発生率も周囲の温度にほぼ比例する。熱発生率は、基本的にビットの消失率（エントロピー生成）によって決定されるからだ。このようなハードウェアを動作させる最適温度は、ほかにも複数の要素を考慮して決められる。

## エネルギーの節約

エネルギー効率の高いハードウェアを利用すれば、エムの行動は多くの点で変化する。たとえば、可逆コンピュータによる全脳エミュレーションでは反転周期を経ることによって、最大限に圧縮されたコピーが元の状態にまで戻される。したがって、反転周期が終了した時点ではビットが消失されず保持されているので、スピードを変更するにせよ心のコピーを保管するにせよ、作業の費用効率が高くなる。

相似性を利用した可逆処理では、反転周期の途中ではなく、最初や最後に表れた心の状態のほうが再現される回数が多い。そのため痛みを回避したり喜びを表現したり、道徳的に重要で頻繁に再現したい心の状態は、反転周期の最初か最後のあたりで経験するように設定されるはずだ。

自分のメッセージや行動や感覚入力を保管するエムは、これらのビットを保管するためのコストはもちろん、不要になったときにはビットを消失させるためのコストも支払わなければならない。しかし、最初から情報を保管しない選択肢をとったエムは、ビットの消失を最小限に抑えるための努力を惜しまない。

たとえば、エムが外の物理的・社会的世界について見たり聞いたりするとしよう。このとき外の世界が予期せぬ方法で変化して、しかも可逆プロセスの妨げになるようなら、エムはこれらのビットを消失させなければならない。もしもエムが本物の滝を眺めて心のなかで情報を処理したら、その場面に関して入力された高解像度の「映像」をあとで消去する必要がある。ほかの部分に関して可逆処理が進行している反転周期のあいだは映像を記憶にとどめ、最後に映像のビットを保存するか消失させるか決断しなければならない。

対照的に、エムが仮想の滝を眺めて心のなかで処理するときには、仮想の場面を生み出すハードウェアとの協調や同期を通じて可逆プロセスが進められる。エムが滝と具体的な交流を行なっても（滝のなかで「泳ぐ」など）、多くのビットが消失する結果にはならない。そうなるとエムは物理的な現実よりも仮想現実、特に標準的な仮想現実を好むようになる。標準的な仮想現実では演算コストが大勢のエムのあいだで共有されるので、コストの低下につながるからだ。

仮想の自然を経験するエムのほうが「環境にやさしい」。物理的な自然に直接手を加えて破壊したり、廃熱を発生させたりする機会が少ないからだ。今日、現実にせよ仮想にせよ自然に没頭した経験のある人間は、寛大で自立心があり、持続的な関係を望む傾向を強め、社会の役に立ちたいと願う傾向を強める。一方、自然とは無縁の環境に没頭していると、金や名声を重視しがちだ（Weinstein et al. 2009）。そうなると、仮想の自然のなかで過ごす時間の多いエムも、自立心が強く寛大で、自己中心的な傾向が少ないことが予測される。

もしもエムがエントロピーの小さい長距離コミュニケーション・ネットワークを確保していれば、相手と協調しながらメッセージを可逆処理することができる。最もシンプルなケースでは、別のエムからメッセージを受け取ったエムは、あとから自分でそのメッセージを消去しなければならない。しかし、ふたりのエムの反転周期や可逆プロセスの位相が十分にマッチしていれば、メッセージを受け取ったエムはあとからいわゆる「アンチメッセージ」［訳注：先に送られたメッセージを打ち消すメッセージ］を送り返し、それを本来の送信者が可逆処理することができる（Hanson 1992）。アンチメッセージを送ればオリジナルのメッセージは打ち消されるので、わざわざビットを消失させるという手間が省かれる。

メッセージの送受信にかなりの遅れが生じるときには、「アンチメッセージ」の作成をサポートするためにメッセージや心の状態を長く保存しなければならない。そうなると、反転周期の早い段階で大事なメッセージを送るときや、遠い場所に時間をかけてメッセージを送るときには、相対的コストは増加する。そのためエムは、反転周期の最後のほうで大事なメッセージを送ることを好むだろう。

ゆっくりと可逆処理するハードウェアは、さまざまな要求に応じてスピードを変化させることができる。ハードウェアが可逆処理する際には、演算ごとに消失するビットの数は演算に要する時間に反比例して変化する。演算に要する時間が長いほど、消失するビットの数は少ない。脳のエミュレーションにこのようなハードウェアを使えば、いくつかの可能性が考えられる。演算ごとのビットの消失数が一時的に増えることを我慢すれば、エムの頭の働きを一時的にスピードアップできる。逆に一時的に頭の働きをスローダウンさせれば、演算当たりのエネルギーコストは低く抑えられるだろう。

一時的にスピードアップするためには、熱処理システムに一定のたるみや余裕（バッファ）が必要だ。さもないと、一時的に増加した熱にシステムが圧倒されてしまう。概してハードウェアの演算速度は、ハードウェアと冷却システムのコストのトレードオフがほぼ最適な形で成立するように選ばれる。したがってこの最適な状態から離れないかぎり、演算速度にわずかな変化を一時的に加えても、演算当たりの総コストの増加は微々たるものにとどまるはずだ。

エムのハードウェアのスピードがさまざまに変化することは、場面に応じて臨機応変に気持ちを切り替えなければならない状況では特に都合がよい。たとえば他人との会話において、相手の話を聞いているときはスローダウンし、自分が話すときはスピードアップする。他人からのインプットを待っているときはスローダウンできるし、他人がこちらからのインプットを待っているときにはスピードアップできる。モニターは監視対象の活動が比較的静かならばスローダウンし、活動が一時的に活発になればスピードアップする。そして、相手次第でスピードを変化させてインタラクションのパターンを変えられるように、複雑な社会規範が考案されるかもしれない。

可逆処理速度が遅いハードウェアを使えば、経済的な最高速度は遅くなる。最高速度と言っても、演算当たりのコストは低速のハードウェアとほとんど変わらない。周囲での熱処理やエネルギー利用のコストが高くなれば、スピードはさらに落ちる。

ほかの部分でのビット消失率が低ければ、エムは反転周期を延長し、ここでもビットの消失率を下げたいと考えるだろう。ただし、エムの時代の初期には非論理的なビットの消失率が高いので、反転周期は概して短く設定され、ひょっとしたら反応時間より短くなるかもしれない。これでは、可逆的なハードウェアはエムの行動にほとんど影響をおよぼさない。

しかし、あとになるとビットの消失率はずっと低くなり、そうなると反転周期は延長されてエムの行動に新たな変化が引き起こされるかもしれない。たとえば、反転周期や位相を仲間と共有して協調行動をとりながら効率的に交流する一方、関心のない交流は反転周期の中間部分に集中させるだろう。

演算コストがエネルギーや冷却のコストの一〇〇万分の一に低下したら、可逆プロセスにかけられる主観的時間は一〇分の一秒から一日に変化する（これが実現するのは、エムの時代の初期からだいぶ経過してからだ）。一日になれば、睡眠中に可逆プロセスを終えることは理に適っており、エムが他人と最も交流するのは就寝の直前になるだろう。

頻繁に交流するエムは反転周期や可逆プロセスの位相を共有し、反転周期の終わりに使われる特殊なハードウェアやプロセッサを廉価で共有したいと考える。しかし、交流の少ないエムは反転周期が異なり、タスクの終了に特化したハードウェアを効率的に共有したいと考える。そのため、頻繁に交流しないエム同士が交流するコストは上昇する。

エムがエネルギーの節約に努めるほど、エネルギー問題はエムの行動に影響をおよぼすだろう。

# 第7章　インフラ

## 気候

第18章の「都市」の節で詳しく取り上げるが、エムの都市は大きなスペースにコンピュータやコミュニケーションのハードウェアが密集し、費用効率がきわめて高い場所になるだろう。では、このような都市は周囲とどのように相互作用するのだろうか。

今日、コンピュータやコミュニケーションのハードウェアは取り扱いが非常に厄介だ。これらのハードウェアを収納するために設計された部屋や建物は、温度や湿度、振動やほこりなど、外部の環境の影響を受けないよう厳重に管理されている。火事、洪水、セキュリティ侵害の対策は特に徹底している。

エムの都市を今日の都市と単純に比較してみると、環境管理はさらに強化され、温度、湿度、振動、ほこり、電磁信号による影響が低レベルで安定している可能性が考えられる。実際、環境管理は公共事業の一環となり、都市の大部分、ひょっとしたら全体を対象にハードウェア収納施設がドームなどで覆われ、専門の設備が汚染物質を吸収するために稼動される。都市内部での排出物も厳重に管理されるだろう。

ただし、温度も圧力も、振動も化学物質の濃度も、エムの都市で維持されるレベルは人体にとって有害な可能性がある。そうなると普通の人間は安全上の理由から、エムの都市のほとんどの場所に立ち入ることができない。さらに第18章の「輸送」の節で取り上げるが、エムの都市の交通機関の多くは、普通の人間のニーズにうまくマッチしているとは思えない。

今日の人間の都市と同様、エムの都市でも中心部周辺で広いスペースをレンタルするのは費用がかかるので、建物は空と地下に伸びていくはずだ。さらに、都市中心部で使われるコンピュータを動かす物理的デバイスは密度が高くなり、体積当たりの演算数が増加するはずだ。密度が高くなるのに比例してコストは上昇するが、演算数の増加のほうが優先されるだろう。一方、決定性の演算デバイスは、大きな体積や冷却システムが必要とされる場合には使われない可能性が高い。

演算当たりのコスト上昇に目をつぶれば、演算デバイスが演算速度当たりにサポートする質量を減らすことはできる。このような軽量のデバイスが都市の高所で利用されやすいのは、設置するために必要な物理的構造のコストを抑えられるからだ。都市中心部の高い場所では、軽量の演算デバイスを頻繁に見かけるようになるだろう。

概してコンピュータやコミュニケーション関連のハードウェアは、設計された年代によって区別される。新しいものほど信頼性が高く、体積、質量、電力、冷却システムの使用量が少ない。ハードウェアを動かす費用や、都市の中心を移転させる費用が安くなれば、体積や電力や冷却システムを支えるコストが高い遠隔地に古いハードウェアは移されるだろう。

今日の都市はどこよりも凹凸の激しい地形になっており、ほかのどの地形よりも風の勢いがスローダウンする。さらに都市は周辺の地域よりも気温が高い。たとえばラスベガスの夏は、周辺地域よりも気温が一〇度以上も高い。これだけ暑いとその影響でオゾン汚染は深刻化するが、大都市の夏の夜、雲が少なく風が弱いときには特にその傾向が顕著になる(Armfield 2003)。

そうなると控えめに考えても、エムの都市はほかの都市よりも暑く、夏の夜にはその傾向が強くなると予想される。しかもエムの都市にはコンピュータのハードウェアがぎっしり詰まっているのだから、実際にはいまよりもずっと暑くなるだろう。

## 冷却

エネルギーを生み出して輸送するコストを下げるために、これまで多くの革新的な技術が提案されてきた。エネルギー産出のための新たな選択肢としては太陽発電衛星、トリウム原子炉、核融合炉が、エネルギー輸送のための新たな選択肢としては超伝導ケーブルや反物質などが考えられる。これらの技術が導入されれば、高レベル・高密度のエネルギーが低コストでエムの都市に供給されるだろう。

しかし、大量のコンピュータを安く冷却する能力が劇的に改善されるほど革新的な方法は、なかなか想像するのが難しい。冷却は十分に理解されている自然現象なので、新しい提案といっても既存の技術に若干の変更を加えた程度にすぎない。そうなるとエムの時代の初期には、密集度の高い大都市にとって冷却はエネルギー供給手段というよりも制限因子になる可能性が考えられる。

今日では、水や空気など冷却用の流体を熱源の近くに回流させるシステムが一般的に採用されている。入ってくるときに冷たい流体は、出ていくときには熱せられている。たとえば鉄道やロープウェイなどの交通システムは摩擦が非常に低いので、冷却材の往復に伴うエネルギーコストを非常に低く抑えられる。しかし今日使われているシンプルなパイプラインでさえ、鉄道など既存の輸送メカニズムと比べるとエネルギーコストも総コストもはるかに低い。そうなると、エムの都市では流体をパイプで回流させる冷却システムがおそらく採用されるだろう。

パイプは原始的なテクノロジーだと思われがちだが、実はパイプは「製品の複雑性」のレベルが高い。国家がパイプをきちんと製造するためには、驚くほど広範囲の能力をマスターしなければならない。たとえば二〇一三年には、一二三九種類の製品を対象にした複雑性の平均のランク付けにおいて、パイプは三五〇位にランクされた（Hausmann et al. 2014）。

個々の植物や動物の代謝作用はスケーリング則にしたがっている。すなわち、有機体の重量が一六倍になると、質量当たりの新陳代謝は半減するという法則だ。パイプで大量の栄養物を取り入れて廃液を排出するシステムの管理が基本的に困難なのは、この傾向に原因があると一部では指摘されている（Savage et al. 2008）。

しかし実際のところ、エムの大都市を流体で効果的に冷却できるデザインは身近に存在している。生物に備わっている液体用パイプシステム、たとえば血管などは、フラクタルすなわち自己相似性を特徴としており、どのように分解・拡大しても、分岐構造は変わらない。このフラクタルなデザインを採用すれば、空気や水など冷却用の流体を外部から都市のほぼすべての地点に効果的に取り入れ、熱せられた液体を都市の外に排出することは十分に可能だ（Bejan 1997; Bejan et al. 2000; Bejan 2006）。こうしたフラクタルな冷却システムにかかる諸経費は、都市全体の規模に対して対数的に変化するため、ある限界を超えると増加ペースが鈍る。都市の規模が二倍に拡大しても、諸経費はわずかしか増加しない。

コンピュータ・ハードウェアの小さなピースそれぞれにいちばん近い場所で、熱伝導に優れた金属などの材料を通じて熱は取り除かれる。あるいは、金属管のなかに中空の筒が内包された小さなヒートパイプを使ってもよい。これらの導電性材料やヒートパイプは、近くにある小さな流体冷却用パイプ内部の小さな冷却ファンとつながっている。流体はファンから離れて小さなパイプに流れ、小さなパイプは統合されて大きなパイプになり、流体のスピードは加速する。ある時点で穏やかな流れは激しくなるが、都市のサイズが二倍になっても固定費はわずかに増加する程度だ。

都市の外から冷却ファンに向かって流れる冷たい流体はこれと逆のパターンをたどり、次第に小さなパイプに枝分かれして、そのたびに流体のスピードは減速する。ほかの条件がすべて同じならば、流入パイプのほうが断熱用の体積を多く必要とする。加熱したコンピュータ・ハードウェアとの温度差が大きいからだ。冷却システムをシェアすれば、近接する都市とも、あるいは熱を吸収して出ていく流体とも温度差を縮めることができる。

冷却システムには、以下のふたつの主なコストが伴う。（1）冷却用の流体を都市全体に行き渡らせるために欠かせない圧力差を維持するための動力。（2）都市のなかで冷却用パイプに使われるスペース（パイプの製造コストは比較的小さい）。これらのコストはどちらも、都市の体積に対して対数的に増加する。すなわち、都市の体積が倍増するたびに、種類もサイズも新しいパイプのためのスペースが冷却用にわずかに追加されると同時に、パイプの流入部と排出部との圧力差もわずかに拡大される。

経済活動が都市で生み出す価値は、指数が1以上のべき乗則分布でモデル化されることが多い(Bettencourt et al. 2007, 2010; Schrank et al. 2011)。数学によれば体積が大きいときには、指数的増加は対数的増加のペースを上回る。したがって、大都市の経済活動で大きな価値が生み出されれば冷却コストを十分にまかなうことが可能だ。エムの都市のサイズは冷却コストによって限定されない。

しかし都市の体積が非常に小さいときには、増加分を冷却するために余計にかかるコストが、大きくなった都市が新たに生み出す経済的価値を上回ってしまう。そうなると、小さくて孤立したエムの「町」に備わったニッチとしての重要性が経済的に注目される。冷却コストが低いので、演算にかかるコストも低く抑えられるのだ。結局のところ、冷却とエネルギーのコストがそれぞれ四分の一になれば、演算のコストは半減する。したがって、大都市では多くのエムが高速で柔軟なコミュニケーションや輸送機関を利用するが、孤立した町のエムは演算コストの抑制が重視される仕事に専念することになるだろう。

パイプの断面積が二倍になると、流体がパイプを流れる割合は二倍以上に増える。したがって、規模が固定された都市に供給される冷却の総量に規模の経済が働く。具体的な規模は、流体の流れが穏やかか激しいかによって左右される。

断熱コンピューティングの際には、ハードウェアにも、ハードウェアを動かすエネルギーや冷却装置にも、ほぼ同じ量を費やさなければならない。スペースを確保するためのコストが高いエムの都市の中心部でも、エネルギーの供給や冷却用の装置が占める体積は、原則としてコンピュータ本体とほぼ変わらない。ただし、単位体積当たりの設置費用はコンピュータのハードウェアのほうが高いので、実際にはエネルギーや冷却用装置の総体積のほうが大きくなる可能性が考えられる。冷却用パイプは外部から周辺部を通過して中心まで到達するので、周辺部でも多くのスペースを必要とするだろう。

そして、冷却はエネルギーの産出や移動よりも多くのスペースを必要とするので、エネルギーと冷却のためのスペースのほとんどは冷却に使われる可能性が大きい。コンピュータのハードウェアが密集しているエムの都市では、都市の体積のかなりの部分（おそらく二〇パーセントから七〇パーセント）が冷却用パイプに費やされるだろう。

このように冷却コストが高いと、エムの大都市ではハードウェアのエネルギー使用量を抑えるため、可逆処理のプロセスに長い時間をかけるようになるかもしれない。その結果として中心部で経済的な最高速度が低下すれば、きわめて高速のエムは大都市の郊外の小さなコミュニティで暮らす傾向を強めるだろう。

都市が低温の流体を取り込んで高温の流体を放出する仕組みを利用すれば、温度差を利用してエネルギーが生み出されるため、都市から離れた場所に熱機関を創造することもできる。たとえば熱風が吹きすさぶ都市の上空に、発電用の凧が泳いでいるかもしれない。しかし実際のところ、温度差を利用して費用対効果の高い熱機関を設計するのは難しいだろう。

エムの都市を冷却する流体としては、空気と水のふたつが有力な候補として考えられる。主に空気で冷却される都市と、主に水で冷却される都市の構造は若干異なる（もうひとつ、絶対温度マイナス二ケルビンの状態で、超流動体のヘリウムIIを介して冷却する可能性もわずかに考えられる。ヘリウムIIは粘性が低く、熱伝導率が高く、エントロピー移動率が高い（Gully 2014））。

空気で冷却される都市は冷たい空気を大量に取り込み、熱い空気を大量に放出する。熱い空気のほとんどは都市の上に吐き出されるので、上空には大きな雲が形成される。強い風が外の世界から冷たい空気を運び、都市の外側に設けられた拠点まで送り込む。熱い空気が上昇するときの上昇気流で冷却が行なわれる仕組みは、今日の原子力発電所の冷却塔と変わらない。

熱い空気が上昇する力は、空気が都市に入るときと出ていくときの高低差に比例する。さらに、入ってくるときと出ていくときで（逆転する）温度の違いにも比例する。エムの都市中心部の高い場所に高い冷却塔を建設すれば、高低差が大きくなるので上昇気流の勢いが増す。塔の形は、今日の原子力発電所の冷却塔によく見られるような双曲面構造になるだろう。母線が直線なので強度に優れているからだ。規模の経済を働かせるためには、空気の冷却用にメインとなる大きな塔をひとつだけ建設する方法が考えられる。今日、最も高い冷却塔の高さは二〇〇メートルだが、エムの都市の冷却塔はそれよりもずっと高くなるだろう。

空気は温度が上昇するほど粘性が高くなるので、冷却用の空気は低温に設定される。さらに、冷たい空気を送り込むパイプのほうが、熱い空気を送り出すパイプよりもサイズが小さくなるはずだ。空気で冷却される都市の所在地には、スウェーデン、シベリア、カナダ、南極など、寒くて乾燥の激しい広大な平原地帯が選ばれるだろう。

空気の冷却能力は圧力に比例して高くなるが、圧力が高くなっても、粘性すなわち流体に対する抵抗が冷却能力に影響することはない。そのため、空気で冷却される都市では高圧エアが好まれるかもしれない。空気圧を五倍に増やせば、水圧に匹敵する冷却能力を発揮する。ただし、高圧エアで都市を冷却するためには、都市の内側と外側の圧力差が大きくなければならない。それには、入口と出口の空気圧の違いに対応できる熱交換機能を備えたパイプを利用するなどの工夫が必要だ。あるいはコンプレッサーを使えば、入ってくる空気の圧力を上昇させ、出ていくときに低下する圧力との違いで発生したエネルギーでタービンを回すこともできる。

都市が空気で冷却されるにせよ水で冷却されるにせよ、風が都市に向かって吹きつけ、上昇した熱い空気が形成した大きな雲が上空に浮かぶことになるが、それはちょうど、活火山が噴火したときの様子に似ている。ただし風も雲も、空気で冷却される都市のほうが大きい。

一方、水で冷却される都市は冷たい水を大量に取り込み、温水を大量に放出する。入ってくる水と出ていく水の温度差が大きいほど冷却効果は高くなる。そのため非常に冷たい水が好まれ、都市の所在地には北極や南極に近い沿岸部、たとえばスカンジナビア諸国やアルゼンチンが選ばれる可能性が考えられる。あるいは、水温が摂氏四度の海中に都市が建設されるかもしれない。すでにマイクロソフトは、そのような海中データセンターの開発に乗り出している（Markoff 2016）。

温度差が大きいほうが冷却効果は高くなることに注目し、温水の温度を沸点近くにまで引き上げれば、蒸気のような状態で放出されていく。しかし、そこまで温度が上昇すると流れが一時的に妨害され、蒸気爆発が引き起こされるリスクを伴う。さらに、水で冷却される都市は水漏れが原因で近くの機器がダメージを受けるリスクもあるので、腐食に対する予防対策をおろそかにはできない。

　水温が高いほど粘性は低く、パイプを進んでいくときの抵抗が小さい。そのため、冷たい水を取り込むパイプよりも温水を放出するパイプのほうがサイズは小さく、なかを流れる液体の温度が高いほど冷却コストの低下につながる。したがって、水で冷却される都市は暑くなり、コンピュータのハードウェアの温度は沸点近くまで上昇するかもしれない。

　スラリー状すなわち小さな氷の粒を含んだ水のほうが、普通の水よりも冷却能力がはるかに高い。たとえば、氷の含有量が二〇パーセントから二五パーセントの水スラリーは冷たい真水とほぼ同じようにスムーズに流れるが、冷却能力はおよそ五倍にも達する。塩水を使えば氷の粒は小さくなる。ちなみに今日の標準的な技術では、直径二〇ないし五〇マイクロメートルの粒が製造可能だ。今日、海水ベースの氷スラリーを使った冷却システムは、漁船で魚を冷蔵保存するためによく使われている（EPSL 2014; Kauffeld et al. 2010）。

　氷スラリーの冷却効果に抗いがたい魅力を感じれば、エムの都市では空気よりも水による冷却のほうが好まれるだろう。そうなれば、十分な氷スラリーを送り込むため、入ってくるパイプには断熱処理が施される。内径が〇・一ミリメートルの冷却用パイプは熱源に十分密着し、金属の熱伝導や小さなヒートパイプを通じて熱を吸収することができる（Faghri 2012; Gully 2014）。

パイプの内壁が溶けかけた氷で覆われていれば、流れる水の摩擦力は低減される (Vakarelski et al. 2015)。さらに、水のなかにバクテリアがぎっしり詰まっていると、バクテリアの尻尾の協調運動によって水の粘性が取り除かれることが最近では明らかになっている (López et al. 2015)。アナログのメカニズムを利用しても、エムの送水・排水用パイプの流動性は大きく改善される。

空気で冷却される都市と同じく水で冷却される都市も、所在地は寒い場所のほうが得られるものは大きい。空気で冷却される都市の所在地としては寒い平原が注目されるが、水で冷却される都市にとっては、冷たい海水がふんだんに手に入る場所が好都合だ。少しでも冷たい水を求めて、海中深くに都市が建設される可能性も考えられる。ただしその場合には、海中のエムの都市の建物に非常に大きな圧力がかかるので、その対策として移動や製造の方法を修正するためのコストが法外に高くないことが条件になる。

冷却手段が空気にせよ水にせよ、エムの都市の様子は人間の都市とかなり異なるだろう。

**建物**

エムの時代、建物は今日とどのように異なるのだろうか。第13章の「効率」の節で詳しく取り上げるが、エムの世界では効率や機能が重視され、富や個性を見せびらかすことよりも優先される。しかもエムの都市では占有できるスペースが今日よりも限られるので、それを安く効率的にサポートする構造が採用されるだろう。都市の建物のなかで目立つひとつは、コンピュータのハードウェアとそれを支えるインフラだ。

建物には構造的な補強が欠かせない。重力に引きずられないように支え、風の左右の揺さぶりに抵抗し、地震の揺れが引き起こす内部応力に対処しなければならない。エムの経済においては、これらの問題の相対的重要性が変化する。

今日の建物では概して、今後一〇〇年間に発生する恐れのある大地震に耐えられる構造が求められるため、ほとんどの建物の耐用寿命は一〇〇年になっている。しかし、第16章の「成長の予測」の節でも取り上げるが、エムの経済の成長速度は私たちの経済の一〇〇倍以上にも達する。そのため、建物には今日ほどの耐久性が必要とされない。地震の強さと回数は反比例の関係にあり、強い地震は頻繁には発生しないからだ。エムの都市の建物においては、耐震構造が今日ほど重要な要因にはならない。地震に対する備えは今日の一〇〇分の一以下で十分なので、そうなると高層ビルを建築しやすくなる。

今日の高層ビルにとっては、風圧は重力よりも大きな問題になっている。森のなかの木と同じく、今日の都市の建物はそれぞれが独自に風の抵抗に対処している。お互いにサポートし合うほうが効率的なのだが、そのようなケースは滅多に見られない。今日の高層ビルの建設では、建物同士が構造的にサポートし合うことは考慮されない。しかしエムの都市では、第15章の「組み合わせオークション」の節で詳しく論じるが、地震の揺れや重力や風から建物を守るための構造的なサポートが組み合わせオークションによって分散的に管理される。建物をどこに建設し、どのような構造的サポートが必要で（あるいは提供可能で）、平均するとどれだけ振動に耐えて吸収できるか、オークションの入札によって具体的に決定される。そのためエムの都市の構造は、大きな三次元格子がさまざまな構成要素を支えているような形になるだろう。格子構造ならば、莫大な費用をかけなくても建物の高層化が可能だ。

今日では、二〇〇九年に竣工したドバイのブルジュ・ハリファが世界一の超高層ビルで、高さは八三〇メートルに達する。ジッダ（サウジアラビア）には高さ一〇〇七メートルのキングタワーが建設中で、二〇一九年に完成が予定されている。さらに、鋼鉄を構造材料として使用する高さ一五キロメートルのタワーの設計も進められている。グラフェンやカルビンなど軽くて強い材料を使い、自己相似性を備えた設計で建物の構造がバランスよく補強されるようになれば、さらに高い建物も可能だと考えられる（Farr 2007b; Farr and Mao 2008; Rayneau-Kirkhope et al. 2012）。エムの時代には建築材料の改良が進み、地震対策は今日ほど重要ではなくなり、風圧の問題に協調して取り組むようになり、経済的圧力から都市への集中が加速されるだろう。そうなると都市の中心部は直径何キロメートルもの範囲に広がり、一キロメートル以上の高さの高層ビルが林立する光景が見られるだろう。

しかし、エムの都市が高層ビルで埋め尽くされるためには、経済的にひとつ大きな障害が立ちはだかる。エムの経済は成長がきわめて速く、毎月、いや毎週倍増する可能性も考えられる。そうなると、建物の建設に伴って発生する時間遅延が、エムの経済では法外に高くついてしまう。経済が二倍に成長するたびに建築コストがほぼ二倍に膨れ上がり、それが建物の完成まで続くからだ。今日では超高層ビルを建設するために六年を要するが、成長の速いエムの世界でそのように長い工期はまったく認められない。

作業を迅速に進めるためにはかなりの割増料金が加算され、工期をいつまでも引き延ばすことはできない。建物の建設は大きな時間的制約を受け、それがエムの都市の高層化を制約してしまう。工期を短縮し、あとから建物に迅速かつ柔軟に変化を加えるためには、建物の構造をモジュラー式にするのがよい（Lawson et al. 2012）。たとえば中国では最近、五七階建ての建物がわずか一九日間で完成した（Diaz 2015）。一日に三フロアが建設されたことになる。同じチームは四年前、一日に二フロアを完成させており、わずかな期間に五〇パーセントも効率が改善された。

工期を短縮するためには、コンピュータのハードウェアを標準的なモジュラーユニットのなかに収めればよい。ちょうど輸送コンテナのようなもので、必要に応じて簡単に移動させることが可能だ。これらのコンテナには、必要なサービスが標準的なインターフェースによって提供される。建物は事実上、巨大な輸送コンテナを集めた倉庫のようなものだ。

この傾向がさらに進めば、コンピュータのハードウェアや冷却用パイプがあふれた都市の建物は、煉瓦のように硬くて圧縮されないモジュラー、すなわち「ブリック」を組み立てて作られるだろう。各ブリックには役に立つハードウェアデバイスが詰まっている。見えない場所も空っぽではなく、石材や水、あるいはテンションワイヤーで埋め尽くされている。これらのブリックは高く積み重ねていっても、今日の高層ビルほど構造を補強する必要がない。災害時や定期的な建て替えのとき、一時的に必要になる程度だ。

今日では、高層ビルの建設は低い建物の建設よりも費用がかからない。ほとんどの富裕国では、ベテランの建設チームが有効なスペースに建物を建設するための一平方メートル当たりのコストを低く抑えるためには、最低でも二〇階の高さが必要で、四〇階建て以上でも問題はない（Pickena and Ilozora 2003; Blackman et al. 2008; Dalvit 2011）。ところが、高層ビルの建設を禁じる法律などの規制が主な理由となって、富裕国の多くでは理想的な高さよりも低い建物が建設されている（Glaeser et al. 2005; Watt et al. 2007）。エムの都市が成功するためには、新しい建物の高さに対する過度の制約が緩和されなければならない。

建て替えのスピードアップを図るため、都市では一区画全体が同時に建て替えられるように調整作業が進められるだろう。中心部を軸にして、時計の針が回るように作業は進行していく可能性も考えられる。その場合、都市は放射状に発達し、新しく建て替えられた部分は古くて解体を待つ部分よりも面積が広く建物も高くなる。まもなく解体される区画は事故が多く、公共施設の老朽化が進み、違法活動をするには魅力的な場所になる。建て替えが調整作業を通じて放射状に進められると、組み合わせオークションを通じた土地の配分がスムーズに進みやすい。これに関しては、第18章の「都市のオークション」の節で詳しく取り上げる。

空気で冷却される都市の中心部で環境気圧以上の圧力をサポートするためには、外の低い気圧に対して内部の高い圧力を維持できるような物理的構造が必要になる。たとえば、建物の表面を（自己相似性を備えた）フラクタル構造にすれば圧力を封じ込めることは可能だ（Farr 2007）。都市の中心部で高い圧力が適切に維持されれば、気圧が低くなる高層部で重量を支えるための補強も効果的に進められる。

気圧の高いエムの都市を創造するために必要な構造を整えようとすれば、圧力の低い環境では費用が高くなってしまう。そうなると、これらの都市は海面下数メートルの場所に建設される可能性も考えられる。たとえば、海面下五〇メートルにもなると、水圧は地上の五気圧に匹敵する。

エムの都市では景観だけでなく、建物も今日とは異なっている。

## 製造

生物である人間の重要性がエムの経済で低下することを考えれば、国際貿易における有機物製品の重要度は今日より低くなるだろう。しかしこの部門が国際貿易全体に占める割合は、いまでもかなり小さい。食品部門の価値は全体のわずか九・八パーセント、医療関連化学製品は七・五パーセント、衣類ならびに繊維製品は五・五パーセントにすぎない（Hausmann et al. 2014）。したがって有機物製品の貿易が減少しても、今日の輸出のおよそ四分の一程度が影響を受ける程度にとどまる。エムの経済にとって引き続き重要なのは、金属、機械類、エレクトロニクス、建設、石油、石炭、石油化学製品、鉱業、航空機、船舶、ボイラーなどの部門だ。

エムの経済で有機物製品の重要度が低下すれば、天候が生物に引き起こす変化の影響は小さくなる。しかし、有機物とは無関係の採鉱や製造や輸送が、極端な悪天候によって混乱に陥る可能性は否定できない。しかも、エムは少数の大都市に集中する地理的傾向が強いうえに、エムの経済の倍加時間は、天気が局地的に崩れるサイクルとほぼ一致している。大きな嵐が発生すれば、経済は今日よりも呆気なく大きなダメージを受けるだろう。

今日の消費者は、製品やサービスの品ぞろえが充実している点を高く評価する傾向が強く、この一〇〇年間はそれがますます顕著になっている。個人の多彩な好みに細部まで適合する製品をそろえれば、際立った個性を上手にアピールすることができる。しかし、多種多様な製品の提供が重視される環境では安いアイテムを作りづらく、規模の経済や範囲の経済、すなわち規模の大きさや範囲の広さを活かした経済活動がうまく機能しない。個人の好みに合わせた製品の開発に資源を費やしても、一般的な製品と比べれば支持される期間は短く、最終的に経済の成長率を低下させてしまう(Corrado et al. 2009)。しかも今日の消費者は、生産コストの低下や成長率についての関心が低く、製品やサービスの多様性がもたらしてくれる価値にばかり注目する。

第13章の「効率」の節で詳しく取り上げるが、競争が非常に激しいエムの経済では、製品の多様性よりも効率の高さとコストの低さのほうが重視される。この数十年間は大量生産からマスカスタマイゼーションやフレキシブル生産に向かう傾向が加速されてきたが、エムの時代には、この流れは逆転するだろう。大量生産に回帰すれば、成長期間は長くなり、シンプルな規格品が支持され、大きな工場での生産によって規模の経済と範囲の経済が促され、高価な優れたツールを利用することができる。さらに、今日では組織が顧客や製品のタイプに基づいて分割されているが、大量生産が復活すれば、販売、マーケティング、デザイン、生産、出荷といった機能に基づいて分割されるだろう(Salvador et al. 2009; Piller 2008)。ただし、コンピュータウィルスなどのパラサイトが大量生産品を攻撃すれば、このような変化の勢いは衰え、ほかの製品が優先されるかもしれない。

大量生産に移行しても、オートメーションやソフトウェア・ツールの価値は若干増加する程度だ。大量生産品の場合はツールが広範囲で使用されるので、ツール開発のための固定費の負担が分散されるからだ。そして、製品の外観の多様性はフィジカル・リアリティ(物理的実体)よりもバーチャル・リアリティの世界のほうが安く達成できることを考えれば、大量生産の傾向はバーチャルな製品よりも物理的な製品で顕著に見られるはずだ。

未来のコンピュータと同じく未来の工場も、たくさんの小さな要素から構成されるサブシステムに分割される。これらの要素は自由エネルギーの使用量を抑えるため、ほぼ完璧に断熱されている。そのため工場の機械部品の動きは遅く、使用量を抑えるほどその傾向は顕著になり、サブシステムで作業当たりに使われる自由エネルギーの量は、作業当たりに要する時間と反比例する。断熱処理された可逆コンピュータのケースと同じく、このような製造関連のサブシステムを支えるハードウェアのレンタル費用は、ハードウェアを動かすためのエネルギーや冷却にかかる費用とほぼ同じになるだろう。

断熱処理された製造用ハードウェアが極限まで小さくなると、原子や分子のスケールにおいて自在に制御する技術、すなわち「ナノテク」が製造に導入され、工場設備にも生産品にも極度の正確さが備わる。この傾向がどこまでどれほどのスピードで進むのか明らかではないが、エムの時代の初期にナノテクは重要な存在になるだろう。

ナノテクが本格的に実現すれば、炭素など一般的な元素に比べて亜鉛などの希元素の需要は減少する。希元素を材料とする製品の生産量が少なくなれば、廃棄物になる希元素の量も少なくなる。さらにナノテクはサプライチェーン、ひいては実物取引の距離の短縮を促すので、地元で作られリサイクルされる有形財が増えるだろう。わざわざ遠くの工場から運んできて、遠くのごみ集積場に捨てにいく必要はなくなる（Drexler 1992, 2013）。

ナノテクベースの工場は、作られる製品よりもはるかに大きくする必要はない。概してこれらの工場の限界費用［訳注：生産量の増加分一単位あたりの総費用の増加分］は、エネルギーや冷却や原材料の限界費用に近い。そうなるとナノテク製品には、一ポンド当たりの限界生産費用にばらつきが見られないことになる。ナノテク工場の建設費用は比較的安く、生産や設備交換のスピードが速い。密集した都市のなかでは、古いコンピュータのハードウェアを取り除いたら、すぐにその場で新しいハードウェアを製造することができる。これなら時間とコストが節約され、古い機器の輸送に伴うリスクは軽減される。ナノテクならば工場は決定性のコンピュータ・ハードウェアを利用しやすく、論理エラーやタイミングの変動を大きく回避して、製造プロセスの信頼性を向上させることも可能だ。

製品を作る際の固定費用に比べて限界費用が安いほど、消費者はさまざまな製品を大きく一括して購入したくなる。グループで購入すれば、値引き交渉も可能だ（Shapiro and Varian 1999）。クランやファームといった単位での購入は、規模の経済の拡大につながる。

ナノテク製品は固定費用に比べて限界費用が特に安いので、さまざまな商品を一括して販売する余地がなおさら大きい。そうなるとナノテクを利用するエムは、さまざまなデザインをひとまとめにしたライブラリ全体にアクセスする権利を買い取る傾向を強めるだろう。個々のアイテムをグループで購入する権利を手に入れたうえで、限界費用に近いコストで現地生産する可能性が考えられる（Hanson 2006b）。

全体として、エムの世界の製造の様相は今日の世界と若干異なるだろう。

# 第8章　外見

## バーチャル・リアリティ

エムはどんな世界を眺めるのだろう。いくつかの理由から、大体はシミュレーションされた「バーチャル」リアリティを経験すると思われる。

まず、エムは普通の人間と比べ、コンピュータが生み出すバーチャル・リアリティに十分没頭しやすい。エミュレーションされた目や耳、鼻や指などに情報を入力し、エミュレーションされた腕や足や舌などから情報を出力すれば、視覚、聴覚、嗅覚、触覚などの知覚経験が十分に得られ、人工的で鮮明な世界と触れ合うだけでなく、部分的にコントロールすることも可能だ。人間の場合、バーチャル・リアリティが現実でないことを教えてくれる感覚的な手がかりをたくさん得られるが、エムはそのような手がかりを見る必要がない。

第二に、エムを創造するコストに比べ、利用可能なバーチャル・リアリティをコンピュータで創造するコストはかなり低く抑えることができる。今日、バーチャルな環境を創造するコストは、リアルな詳細がどれだけ必要とされるかに大きく左右される。たとえば、物理的な環境からのシミュレーションをインプットする際、ディテールも見分けがつかないレベルを達成するためのコストを考えてみよう。馴染み深い物理的環境の多くをシミュレーションするためには、エミュレーションした脳を動かすよりも何倍ものコストがかかる。

しかし今日の人間は、ビデオゲーム的環境で日常的な居心地の良さを感じ、ほどほどの生産性を得られれば満足する。この場合に必要な演算能力は、人間並みのスピードを求められる全脳エミュレーションよりもはるかに小さい。しかもエムの世界では、視覚や音声を細粒度の低レベル信号で事細かく表現する必要がない。演算コストの安い高レベル信号をエムの脳に送れば、低レベル信号として解釈される。たとえば線や面積についての情報を提供するときには、個々の光画素を目に送ってから変換するのではなく、線や面積に関する情報をエミュレーションされたニューロンにそのまま送るだけでよい。

ひょっとしたらエムは、自分を動かす場合よりも多くの費用をかけて、事細かなバーチャル・リアリティの環境を創造するほうを好むかもしれない。それでも仕事にせよ余暇にせよ、エムの活動の大半を機能的にサポートするためには、演算コストの安い環境を準備すれば十分である。たとえば職場では、バーチャル・リアリティの環境整備と労働者の生産性向上のあいだにトレードオフの関係が成立している。したがって賢明なエムは、自分の脳を動かすよりも高い費用をかけてまで、バーチャルな環境を整えようとはしない。通常は、費用をかなり低く抑える。

バーチャル・リアリティが安く実現する世界は、欠乏や制約と無縁だと想像されるときがある。誰もが何でも好きなことを実行できそうに思える。しかし、バーチャル・リアリティを創造してインタラクトするためのコストがかからなくても、バーチャル・リアリティを経験する脳を動かすためにはハードウェアやエネルギーや冷却装置が必要で、そのコストは決して安くない。さらに、脳がほかの多くの脳に興味を抱き、自然な形で頻繁にインタラクトしようとすれば、近いところに保管場所を確保するためのコストもかかる。バーチャル・リアリティの世界に暮らすエムは、そのための費用を稼がなければ（与えられなければ）ならない。

物理的な労働を行なうエムは、自分の仕事に関わる物理的世界の多くの側面を認識しなければならない。しかし、オフィス業務やレジャー活動の大半に関しては、本物の物理的世界を体験する必要はない。今日の先進国と同様、エムの住人のほとんどはオフィス業務に携わる。そして、オフィス業務をこなすエムがどんなバーチャル・リアリティの世界でどんな姿をしていようとも、大体において人間の頭で理解することが可能で、必要な素材が提供されればコンピュータで効率的に作り出される。

原則としてエムはひとりひとり、まったく異なったバーチャル・リアリティに居住している。そのため、エムのバーチャルな世界の特徴について多くを推測するのは難しいと思われるかもしれない。しかし、衣服との類似点を手がかりに考えてみるとどうか。多くの富や優れた技術に恵まれた今日では、さまざまな形や素材の衣服で体を着飾ることが可能だ。それでも実際に身に着ける衣服の種類は限られたもので、十分に予測がつく。選択肢が予測可能だと、衣服に通常求められる機能はうまくかなえられる。その結果、着心地は快適になり、どんな社会的役割を持つどんな地位の人間でどんな様式を好むのか、衣服が上手に表現してくれる。

同様に、エムがバーチャルな世界で達成しようとする機能の多くは予測可能なので、どんな世界か予測する範囲は制約される。たとえば、エムがほかのエムとインタラクトしたければ、バーチャルな世界を共有する必要がある。言葉、顔の表現、感触、紙のように薄いビジュアル画面などを使って自然な形でインタラクトするためには、インタラクションのタイプに類似性があって理解可能でなければならない。

ほかのエムとのインタラクションを容易に開始・終了する権限や、インタラクションの提案に同意・拒否する権限をエムが欲するならば、インタラクションへの誘いが明確に表現されなければならない。たとえばミーティングに招待するときには、参加者、オブザーバー、開始時間、継続時間、バーチャルならびに物理的な場所、公称速度、参加者にとっての最大許容信号遅延時間が正確に伝えられることが必要になるだろう。

バーチャルな経験をサポートするために必要な本物の素材を上手に管理するためには、バーチャルな世界でどのような素材がどのような形で管理されているか、具体的に表現されれば役に立つ。シンプルかつ明確な形で、金融勘定、セキュリティ・パーミッション、インタラクション履歴、将来のインタラクションのスケジュールなどを確認・管理する方法が提供されなければならない。さらに、自分やほかのエムの脳を動かすハードウェアの所在地、タイプ、スピード、周期、位相、信頼性についても具体的に表現するほうが好まれるし、通信接続の有用性、価格、スピード、セキュリティも明示されるべきだ。そして最後に、これらのパラメータを変更するオプションや、変更する方法について具体的に表現されなければならない。

原則として、エムのバーチャル・リアリティはほとんどどんな形にもなり得るが、実際には私たちの現実の世界とよく似ていることをここでは前提として考えたい。体、衣服、バスケット、部屋、ホールなどは、エムの世界になっても今日と同じ心理的機能を失わないだろう。

ただし、エムのバーチャル・リアリティにおいては、ひとつ大きな違いが存在すると考えられる。エムは三次元の構造物を建設してあちこちに移動するが、重力を無視できる能力を有効に活用する。このような能力を通じて得られる自由について今日の私たちはしばしば夢物語と思いがちだが、エムは実際に有効利用して、今日の私たちよりもずっとたくさんの仲間と多くの場所で目に見える形での出会いを簡単に経験するだろう。

## 快適さ

バーチャル・リアリティはいま述べたような機能を提供するだけでなく、エムを喜ばせることもできる。

バーチャルな世界の要素の大部分はエムの活動をサポートするためのバックグラウンドとして準備されるが、まったく注目されないわけでもない。これらのバックグラウンドのほとんどは親しみやすく安全性に優れて快適で、しかも多少の斬新さを含むので退屈したり気が滅入ったりすることがない。もちろん仕事、社会的交流、睡眠など、エムの主な活動のバックグラウンドとしてバーチャル・リアリティが機能するときには、そちらに気を取られて注意が散漫になっては困る。しかし触れ合いやエンタテイメントの場においては、注目の的であるバーチャル・リアリティに大いに心を奪われるだろう。

見事なバーチャル・リアリティをコンピュータで創造するコストは、それを鑑賞する目的でエムの心を作動させるためのコストに比べれば安い。しかも、いまよりもずっと規模の大きなエムの経済は、快適な組み合わせを達成するために天文学的な金額を投資する余裕がある。そうなると、エムのバーチャル・リアリティは驚くほど質が高くなるだろう。今日の基準から見れば、エムの世界で大量に消費されるものは音楽、建築、装飾、景観、構造、製品のデザイン、物語のプロット、対話など何にせよ、きわめて高い質を維持している。さらに、バーチャル・リアリティで暮らすエムは、飢えや病気や痛みを経験することがなく、醜いものや気分が悪くなるものいっさいを見たり聞いたり、感じたり触ることもない。そして、エムにはマインド・トゥウィーク（心の微調整）が行なわれるので、強い向精神薬を服用したときと同じ効果が得られ、しかも口の乾きや震えといった厄介な副作用を伴わない。

バーチャル・リアリティでは顔にせよ体にせよ声にせよ、エムは個人的に何でも好きなものを選べる。したがってエムは頭脳明晰かつ容姿端麗で頼りがいがあるなど、自分が望む役割に合わせて個性のタイプを決定できるし、支配的にも従属的にもなることができる。その結果、お互いに尊敬し、信頼し合う傾向が強くなる。

実際、エムのバーチャル・リアリティの娯楽環境は非常に魅力的なので、高い質が意図的に制限される。さもないと、まだリタイアしていないエムは娯楽を体験したあと仕事に復帰しづらい。一部のエムは宗教上の理由などから、依存症になりにくい厳格なバーチャル・リアリティ以外の場所に入るのを拒むかもしれない。

典型的なエムは、新しいバーチャル・リアリティに入っていくことをためらう。病みつきになって抜け出せなくなる恐れを抱くからだ。財産のほとんどをバーチャル・リアリティの経験につぎ込まずにいられなくなると、エムの経済からはじき出されてしまう。とどまるためには、何らかの方法で誘惑に抵抗しなければならない。

私たちの世界を構成する主な要素のうち、不必要に恐ろしいものや時間を浪費するもの、あるいは社会に定着している抽象的概念に反するものは、大体においてエムの世界には存在しない。たとえば、主観的に長い移動時間は回避される。そしてエムのバーチャルな部屋は閉鎖的で、音や信号は完全に遮断され、承認されていない部外者が会話をたまたま立ち聞きすることはできない。

さらに、塵は表面に積もらず、材料の損耗や腐敗は発生しない。しかし、すべてが「クリーン」だというわけではない。雑然とした空間は独創力の源であり、逆に独創力を働かせるうちに空間は無秩序になっていく。オフィスが無秩序なほうが、細かい作業がはかどるときは多い（Vohs et al. 2013）。部外者にとってはほとんど意味のない混乱状態のなかでも、当事者はほとんどのもののありかをわかっている。ただし、雑然とした空間はしばしばストレスや混乱と結びつくので、通常は回避される可能性が考えられる。それでも一部のエムにとっては混乱状態のほうが好都合で、独創的なコミュニティではそれがメンバーの証になるかもしれない。

今日の漫画やビデオゲームでは、物体のタイプごとの区別や、動き、体、物体、空間などの境界が大きく誇張され、違いが際立っている（Thomas and Johnston 1981）。たとえば、物体は区別しやすいように、色が濃くてシャープな線で描かれる。エムのバーチャル・リアリティの世界でも同様の誇張が行なわれ、私たちの世界よりもさらに漫画的傾向が強くなるだろう。たとえば、物体は動く方向に引き伸ばされて描かれるかもしれない。

物事がバーチャル・リアリティの世界でどのように見えるかという点にエムの世界が大きく注目するほど、物理的な現実の世界での外見へのこだわりは薄れていく。そもそも、エムの世界はデザインや美しさよりも機能性を重視する。そうなると物理的な世界では、エムの建物やインフラは機能的で、見栄えがしないかもしれない。対照的にバーチャル・リアリティでは快適さが追求されるだろう。

## 共有空間

エムが空間を共有する際には、外見や機能に関して妥協する。

バーチャル・リアリティの世界でコミュニティが集う空間のなかでは、誰もが共通して目にする特徴は本質的に少ない。コミュニティの各メンバーは空間の一部の要素をコントロールできるが、すべての要素を十分にコントロールできるわけではない。その結果、自分の目に見える空間が限定されるというより、他人が空間で目にするものが限られてしまう。たとえば、他人には空間のなかでひとつの姿しか見えないが、実のところ、その体は同じクラン出身の似通ったコピー同士が効率よく共有しているものだ。ただし共有すると言っても、仲間が姿を見せているとき、それが他人の目にどのように映るかという点にまでは干渉できない。

エムのバーチャル・リアリティは概して、物理的な暴力が不可能なように設計されている。バーチャル・リアリティのなかで拳を振り回すといった行動をとっても、エムを思いがけず傷つけることはない。もちろんコンピュータのセキュリティには費用がかかる。バーチャル・リアリティ以外の場所でコンピュータがウィルスに襲われたりネットワークが攻撃されたりすれば、エムはダメージをこうむりかねない。しかし、バーチャル・リアリティのなかでは物理的な行動によるダメージが容易に妨げられるので、実際のところそんな事態は食い止められるだろう。

今日では、オフィスは間仕切りのない立方体に作られているケースが多いが、その主な理由はフロアスペースの節約である。しかし立方体のオフィスはストレスが大きく、認知能力に悪影響をおよぼすだけでなく、同僚とのインタラクションの妨げにもなってしまう（Jahncke et al. 2011; Kim and de Dear 2013）。これに対し、バーチャルな空間は費用がかからないので、立方体にこだわる必要がない。こだわりを捨てたエムの家屋やオフィスは広々として、プライバシーが守られ、設備も十分に整っているだろう。

今日、私たちの社会的習慣の多くは、一日は二四時間、一年は三六五日といった地球の標準的なサイクル、オフィス、店、公園といった地球の標準的な場所、年齢、性別、職業など人間の標準的な特徴と深く統合されている。このような習慣がエムの時代になっても続くと推測するのは理に適っている。そうなるとエムのバーチャルな世界では、典型的なエムの住人の心の動きの速さに合わせて一年や一日のサイクルが調整されるのが大きな特徴になるだろう。バーチャルな場所はオフィス、寝室、バー、公園、広場、講堂、エレベーターなどであることが一目瞭然で、それぞれの場所にふさわしい行動が喚起される。そしてバーチャルな体の音や外見は、年齢、地位、性別、職業、行動様式などを容易に識別する手がかりとなり、違いに応じて相手を適切に見分けることができる。

今日のビデオゲームと同じくエムのバーチャルな世界のデザインは、現実の世界のデザインほど物理的な制約を受けない。今日のゲームと同様、多様な意味や隠喩や指示が微妙にエンコードされる余地が大きい。エムは身のまわりのバーチャルな世界で、そのような隠された意味を発見する機会が増えるだろう。

バーチャル・リアリティで集まるエムのグループは、社会的特徴を「アンドゥ」する〔訳注：データに対して実行した処理を取り消し、実行前の状態に戻す〕機能を用い、たとえば社会的に好ましくない行為を消去することができる。そのためには自分たちの心のコピーやミーティングの設定を定期的にアーカイブに保管したうえで、部外者に送る信号を制約しておくことが最低条件になる。アンドゥ機能が呼び出されると、保管されている過去のなかから復活されるべき瞬間が特定される。一部のメンバーは新しい自分にショートメッセージを書き残すなど、取り消される記憶を限定的に残すことができる。そしてアンドゥ機能が動き出すと、グループのメンバー全員が消去され（またはリタイアして）、保管されている過去のなかから呼び戻されたコピーに置き換えられる。置き換わったコピーはそれぞれ、消去されたエムが書き残したショートメッセージを受け取る。

グループの規模が大きく、消去される主観的な時間周期が長いほど、アンドゥを行なう費用は高くなる。したがって、誰がどれだけの頻度でアンドゥ機能を呼び出すのか、制約を設けておかなければならない。そしてミーティングのあいだにグループのメンバーから送られた信号を受け取った部外者は、信号の送信者が新しいバージョンに置き換わり、信号を送った事実を記憶していないリスクを覚悟しておく必要がある。消去された期間の出来事をメンバーが忘れることを義務付ける法律を施行するためには、メンバーの心を動かすハードウェアを集中管理したうえで、部外者に送る信号が厳しく限定されなければならない。

現実または空想の特定の場所や時間を模倣したバーチャル・リアリティに、ひとりまたは若干のエムを参加させるための費用は安い。しかし、このような参加者と同程度に複雑なキャラクターを、バーチャル・リアリティにたくさん居住させるための費用は法外に高くなってしまう。結局のところ、架空の建物や山に比べ、エムの脳を創造するためには費用がかかる。したがって、明らかに複雑なキャラクターが含まれるのは、キャラクターの行動を創造するコストが普通の脳を模倣するコストよりも低い場合か、行動が稀な場合に限られる。このような稀なインタラクションが実現する場合には、与えられた役割を一時的に演じるアクターに報酬が支払われるだろう。

ネコの脳のニューロンの数は人間の脳の一パーセント程度なので、高い費用をかけずにバーチャルなネコを創造することは可能だ。ほとんどのペットの脳は、人間に比べてエミュレーションする部分がずっと少ない。触れ合っていないときにペットを一時的に休ませておければ、ペットにかかる費用はさらに安くなる。ペットの動物をたくさん飼おうとせず、複雑さをそれほど望まず、触れ合っているとき以外は長時間休ませておくなら、エミュレーションされた動物を飼うために多くの費用はかからない。鳥は上空を飛び、動物は遠い場所を足で移動し、大勢の人たちがその近くを歩きまわっているかもしれないが、たくさんの複雑な生き物と長期間にわたって複雑な交流を続けることはできない。

## リアルとバーチャルの統合

エムは空間に関して二種類のコンセプトに対処しなければならない。どのエムがバーチャルな世界で何を見ているか、そしてどのエムが物理的な世界で何によって守られているかのふたつだ。ただし、ふたつの空間を別々に管理するよりは、ひとつの空間表現として統合するほうが好まれるだろう。

たとえば、バーチャルな場所や立地の規模が大きい場合には通常、物理的な世界の要素をそのまま直接取り込んだうえで、快適さや便利さを改善するために若干の変更を加える。一方、物理的な現実のなかでは、都市の中身はふたつに分割される。ひとつは大きなサーバ・クラスタにエムの脳を収めることを主な目的とする「建物」、もうひとつは冷却や輸送や骨組みなど、建物のあいだの空間を利用するユーティリティである。一方、バーチャル・リアリティにおいては、ほとんどの空間がユーティリティに、そして一部の空間が建物のために使われ、全体がひとつの開放的な空間のような印象を与える。そんな世界のなかでエムは集い、しばしば遠くまで見渡すことができる。バーチャル・リアリティで建物に利用される空間では、プライベートな住宅、オフィス、店、庭園などの輪郭が、大体はぼやけて見えるだろう。

いかなる時点でもエムは、バーチャルな体の現在の所在地と「魂」(脳)の存在する場所が異なる可能性が考えられる。心は、「自宅」の建物のなかに収容される。エムの(バーチャルな)体をあちこち頻繁に移動させるための費用はかからないが、エムの体が心から離れても快適さを保てる距離には「限界」があり、それは活動するスピードに左右される。限界距離を超えると信号遅延が発生し、体の動きは急に遅くなる。高速のエムほど限界距離は短い。

魂は新しい家に移動することもできるが、それには大きなコストと時間とリスクを伴う。ハリー・ポッターのストーリーでは、魔法使いのヴォルデモートが分霊箱を使って姿をくらます。魂を引き裂いて複数の魔法器に隠してあるので、それをすべて見つけて破壊しないかぎり彼を殺すことはできない。同様に、エムのバーチャルな体を攻撃しても傷つけることはできない。心のありかを物理的に攻撃しなければならないのだ。エムは分霊箱の魔法で守られているような状態で、たくさんの異なった物理的な場所に分散されている。危害を加えるためには、すべての場所に物理的にアクセスしなければならない。そのため、多くの種類の災害から厳重に守られている。

エムの魂が収められている本物の物理的な建築物の表面部分がバーチャル・リアリティのなかでどのように見えるかについては、建物のオーナーが決定権を握っている。ただし、権利は制約されるだろう。オーナーは建築物の表面部分を住人のあいだで分割し、共用部分から見える入口やファサードについては各自の管理に任せなければならない。そしてテレビドラマシリーズ『ドクター・フー』に登場する次元超越時空移動装置のターディスと同様、バーチャルな建築物では内部の家やオフィスなどバーチャルな体積が、外から見える建物の全体積よりもはるかに大きい。

共用領域で実際に存在する物理的対象やエムの物理的な体は、共用領域をバーチャル・リアリティの標準で描写すると見えなくなってしまう可能性がある。このような物理的対象がバーチャルな対象とうまく統合するためには、戸口や歩道など典型的な現実のアイテムのスケールが、典型的な住人の心のスピードにマッチしていなければならない。一方、バーチャルなエムの体の典型的なサイズは、空間の平均的な混み具合が快適になるような形で設定されるべきだ。空間が密集しすぎても殺風景でもいけない。結局のところエムは、共通の空間が寂しいのも混み合っているのも好まない。

エムが現実の体とバーチャルな体のあいだをスムーズに移動するためには、それぞれの建物の物理的なドアの部分にレンタル可能な物理的な体を常にストックしておく。エムがバーチャルなドアを通じてバーチャルな空間を出ていくとき、心はストックされている体のひとつに移動して、体の大きさにマッチした物理的なドアを通じて物理的な空間に入っていけばよい。物理的な空間からバーチャルな空間に入るときには、逆のプロセスが進行する。

エムにとって、バーチャル・リアリティと物理的な現実は実際のところ、ひとつの統合体として感じられる。

# 第9章 情報

## 景観

エムは交流し合うとき、まったく同じバーチャルな環境を見る必要はない。たとえば、エムは共有する環境を個人の好みで選んだ色やパターンで見たいと考えるだろう。役に立つタグや統計をオーバーレイする（すなわち重ねる）ことによって、バーチャルな世界の景色を拡張するかもしれない。バーチャルな物体を透視して、物体の構成要素や背景に存在するものまで見通す可能性も考えられる。あるいはバーチャルなエムは望遠鏡のような目を通し、いつでもどこでもすべてを鮮明に眺めるかもしれない。しかし、オーバーレイは認識力を損なう恐れがあるので、慎重に利用しなければならない（Sabelman and Lam 2015）。

エムは相手とのスムーズな交流を目指す。そのため、共有する環境のどの側面を同じように見ることができるのか、速やかに確認できる簡単な方法を手に入れたいと願うだろう。一部の側面（いまどこに立っているかなど）は、デフォルトとして共有されるので容易に見分けがつく。しかし交流する際にはそれ以外に、広く共有されないオーバーレイや変化に関しても相手が一部を共有し、それを受け入れてくれるための標準的な方法を確保したいと願う。

仕事でも遊びでも、エムが物理的なシステムを管理しなければならない作業の種類は多い。管理するためには（自分の体にせよそれを延長するにせよ）物理的な体が必要とされ、そのサイズや形状や素材は物理的なシステムに十分マッチしていなければならない。さらに、エムの心が体とうまく調和することも大切だ。そうなると、考えられる物理的な体の範囲はかなり広くなる。今日でも、人びとは乗り物やクレーンなど広範な機械を利用して世界と交流しており、これらの機械を精神的には自分たちの体の延長と見なす。

作業にふさわしい物理的な体を持つエムにとっては、目や耳にする世界が物理的な世界を忠実に描写している必要はない。たとえば、今日のヘッドアップ・ディスプレイのように、有益な注釈がバーチャルで加えられるかもしれない。しかし、このようにオーバーレイする際には、物理的な世界の重要な要素があまり不明瞭にならないような配慮が必要だ。

エム同士のインタラクションの実現可能性やコストやセキュリティは、自分や相手の脳の物理的所在地にしばしば左右される。そのためエムのバーチャルな世界では、相手に関するこれらの情報が継続的に提供される。たとえばエムは、別のエムがいつどこで、どのようなスピードの周期と位相で活動すると、迅速かつ直接的な交流が不可能になってしまうのか知りたがる。空間的・時間的所在地について、ある程度現実的なコンセプトを共有しなければならない。

スピードやサイズがかなり異なるエムが物理的にせよバーチャルにせよ同じ空間に押し込められると、好ましくない結果が生じる。高速のエムを見ていると低速のエムは目が回るだろうし、大きなエムは小さなエムの動きや視界を妨げてしまう。共用領域に複数の異なった基準のバーチャルビューを取り入れ、みんながスピードに見合った眺めを確保できるようにするのはひとつの解決策だ。スピードが異なると視界だけでなく、バーチャルな重力も異なってくるものだ。スピードに見合ったバーチャルビューが提供されれば、体の大きさや動きの速さがほかのエムの妨げになる事態は制約されるだろう。

共通利用されるバーチャルな空間の景観には、簡単に手を加えるべきではない。そうなると、エムが創造する景観では細部の多くが隠されてしまう。たとえばメインの景観では主役のエムしか見られず、別の景観では端役のエムしか見られないといった具合に。第14章の「スパー」の節で詳しく取り上げるが、エムの労働者は短期間専用の「スパー」というコピーを定期的に作り出し、コピーは一定の仕事を数時間こなすと命を終えるかリタイアする。このようなコピーに話をしておいても、オリジナルは話の内容を記憶していない。そのためエムはオリジナルと話すほうを好み、スパーはスパー以外から話しかけられないかぎり、主にほかのスパーと話をする。このようなインタラクションのスタイルをサポートするため、スパーはデフォルトのオフィス景観には現れない。第三者はスパーが登場する景観を見せてほしいと頼まなければならない。

スローモーな退職者には時として、普通のエムの行動を観察・評価する機会が与えられる。通常の景観にリタイアした第三者は登場しないが、別の景観のなかで退職者同士は顔を合わせて話をすることができる。同様に、労働年齢のエムの多くは、数少ない若いエムを親のように監視・訓練する役目を共有し、経過を観察したうえでいかに管理すべきか、投票で決定することができる。若者が登場する普通の景観に世話係のエムが登場するわけではないが、第三者として若者を監視して話し合うことは可能だ。

スパーに属さずリタイアしておらず、同じスピードで活動するエムのあいだにも地位の違いは存在する。したがって地位の低いエムを隠し、地位の高いエムだけを景観に登場させる可能性は考えられる。今日、ウェイターなどの使用人が姿を隠そうと努め、奉仕する相手からも見えない存在のように扱われるのと同じだ。

共通利用される可能性のある景観が増えるほど、典型的なエムがほかのエムの典型的な見解を理解するのは難しくなる。

## 記録

今日では、生涯に発せられたすべての音声を安い費用で記録・保管できるが、高解像度のビデオに関しても同じことがまもなく実現するだろう。エムの時代、物事を記録する費用はさらに安くなるので、音声、ビデオ、臭い、振動だけでなく、脳や体の多くのパラメータ、たとえば気分や覚醒などについても費用をかけずに記録できるようになるだろう。相手の心の表面を読み取って得られた情報、定期的に記される日記の内容などが加えられるかもしれないし、自分の生活に関する口頭での定期的なコメントが提供されるかもしれない。

こうしてあらゆる物事が記録されると、エムは個人の履歴に十分アクセスできるようになる。自分の生涯のほぼすべての瞬間の記録を見ることができるし、いかなる時点でコピーされ保管された自分の分身にもインタビューを行ない、心を読み取ることさえ可能かもしれない。記録のなかから必要なものを見つけやすくするため、エムの会話には状況の確認に役立つキーワードがちりばめられるだろう。

バーチャル以外の場所に関してはどうか。エムが密集する物理的な空間のあちこちにカメラやマイクロホンなどの監視用ハードウェアを設置して、誰かの行動や発言を常にはっきり確認するためには、原則として費用はかからない。同じ状況は一般的なバーチャル空間にも当てはまる。地元当局がこのような監視ネットワークを創造し、そこから出力された情報を保管するかもしれない。このようにして情報が得られれば、ほとんどの社会活動は誰の目にも見えるようにデフォルト設計されるので、「透明な社会」が創造される（Brin 1998）。しかし、当局はほかの監視ネットワークが同じ空間で機能しにくいよう、映像や記録へのアクセスを制限する選択肢をとるかもしれない。

個々のエムが自分に見えるものを記録するのは簡単だが、記録した映像を広く速やかに共有するのは難しい。このような映像が流出すれば、ソースがどこでどのようなサポートを行なっているのか明らかにされてしまうので、当局がソースを閉鎖する可能性が考えられる。当局から認可されていない映像を共有する際にはかなりの遅れを伴わなければならず、共有される機会も特別な状況に限られる。あるいは、ソースを目立たなくするために修正が加えられるかもしれない。バーチャル・リアリティのインタラクションが少人数の参加者にしか見えなければ、当局には気づかれずにプライバシーが守られるだろう。

監視ネットワークがコストをかけずに広く設置されれば、ブラックマーケットの範囲は大幅に狭まる。

何もかもがよく見える空間で適切な法律が積極的に施行されれば、違法取引が目に見える形で行なわれるケースはほとんど発生しない。

バーチャル・リアリティにせよ物理的実体の世界にせよ、エムは地域的な災害によって命を落としたり破壊されたりすることを恐れない。バックアップが頻繁に繰り返されるので、災害の発生に伴うリスクと言っても、最後のバックアップ以来蓄積された記憶やスキルが失われる程度に限られる。エムにとって大きな心配の種は、バックアップが予定通り行なわれない事態や、バックアップ後に得られた貴重な情報が他人の手に渡る事態だ。大きな災害が発生し、バックアップされたすべての関連情報や自分たちの生活が脅かされる可能性にも強い懸念を抱く。死への不安に関しては、第11章の「死の定義」の節で詳しく取り上げる。

エムは環境についての偽の入力情報だけでなく、コピーの履歴についての紛らわしい情報にもだまされる可能性がある。たくさんのコピーが作られたうえで何らかの基準にしたがってほんの一部だけが選ばれるとすれば、そのような選考基準について理解しておくことはエムにとっては貴重な情報となる。たとえばエムのコピーが一万体作られ、どのコピーも妨害行為におよぶようにとそれぞれ異なった形で説得され、最も従順なエムだけが存続を許されるとしよう。この戦略が成功すれば、選ばれたエムは実際に妨害行為におよぶはずだ。しかし、エムが選考基準について理解しており、生き残るため説得に応じたふりをしただけだったとすれば、実際に妨害行為におよぶ可能性は小さい。

このようにエムは、身近な世界の紛らわしい外観だけでなく、コピーの過程についての紛らわしい主張も慎重に見極めようとする。概してエムは、信頼できる記録を確保するために細心の注意を払う。

## 偽造

エムは偽造にだまされないためにも注意を怠らない。

エムのバーチャル・リアリティでは、認証が徹底されるだろう。そのため、通常のツールに信頼性があるかぎり、エムは訪れる場所や交流するパートナーの信憑性、あるいは見聞きするほかのエムの身元について誤解する恐れがない。相手は身元を明かすことを拒むかもしれないが、身分を偽り続けてだましとおすことはできない。もちろん、盗まれた経験のあるエムの心は通常の認証ツールを信用できず、通常のルールにしたがわないシミュレーションではないかと疑う。

認証を徹底させてエムに秘密を守らせるため、エムをコピーする標準的なハードウェアのプロセスではシークレットコードが直接的にサポートされる（専門用語では「秘密鍵暗号」という）。シークレットコードは、オリジナルとそこから派生したコピーのあいだで共有されるが、ほかの場所では共有されない。このような形でサポートされれば、親のユニークなコードがよそでコピーされず、新しいコピーとその派生コピーのユニークなコードが生み出されてもよそで共有されない。このようなプライベートのコードに匹敵する公開コードが、エムの世界ではユニークな識別子の基準になるだろう。

エムの世界で認証が定着しても、プライバシーがなくなるわけではない。エムも、エムの空間に居住するほかのエージェントも、自分についての多くの事柄を第三者に明らかにしない選択肢をとることができる。しかし、エムの所在地を長時間にわたって追跡すれば細かい監視データが得られるのだから、エムが許容する以上の情報が明らかにされる可能性は否定できない。バーチャル・リアリティの世界では、時々姿を消すことによってこの問題に対処できる。一方、物理的実体の世界では、時々見知らぬ他人の体と「ミックスする」選択肢がとられる。この場合、エムは近くにいる他人に対し、物理的な体を無作為に交換しようと提案する。合意に達したら、ふたりのエムは体を長いあいだ結合した状態で心を交換し、自分の心と他人の心を無作為に半分ずつ使い分ける。後にふたつの体が離れたときには、半分の時間は体に他人の心が宿っていたことになる。

エムは見聞きしているもののどれが実際のところエムで、どれが本物のエムを模倣しただけの安いアルゴリズムにすぎないのか、容易に確実に区別できる方法も手に入れたいと望む。一方、安上がりに自動化された「ボット」［訳注：本人に代わって作業を行なうコンピュータプログラムの総称］プログラムに代役を務めさせようとするときもあるだろう。代役がほかのエムとのインタラクションを引き受けているあいだ、自分はほかの事柄に専念できるからだ。しかし自分が相手からボットで交流されるのは、見下されているようで面白くない。したがってインタラクションのあいだ、エムは相手のボットがうまく対応できないような複雑かつ微妙な方法で行動するよう心がける一方、自らのボットには自分の行動を模倣させ、相手をあざむこうとする。つまりエムは、常にチューリングテストを受けているような状態に置かれていると言ってもよい。このような習慣が定着すると、信用できないエムとの交流からは失うものが、信頼できる相手との交流からは得られるものが大きくなる。

交流している相手がボットか否か確認するための情報を手に入れるためには、脳に直接アクセスすればよい。あるいは、いかにも本物のエムのように見える存在に特定の役割を任せていることがばれたら、大きな代償を払わなければならないと言って、間接的に情報を引き出すこともできる。さらにエムは、自分や現在の交流パートナーの声の調子、顔の表情、視線の方向を観察し、これらの調子や表情がフィルターされていない直接のバージョンであることを確認しようともするだろう。

このような知識が得られれば、交流相手の心の奥深くの状態について学び、相手が自分をどのように考えているのか推測するために役立つ。もちろん、相手のエムがフィルターされていないバージョンである保証がなければ、相手から提供される情報は安物の偽造品だと見なされ、有益な結論が引き出されるとは考えられない。

バーチャル・リアリティの要素を規定して創造する作業の責任は、大きな事業と小さな事業に分割される。前者は大きなグループに役立つ要素を、後者は主に個人や小グループに役立つ要素を作り出す。たとえば、都市建設に関わる事業者は市民広場、噴水、周囲の空など、全体で共有される側面を、建物のオーナーはビルの外観や内部の共有空間を作り出す。会議室のオーナーは部屋の外観を、そのなかにいる各個人は自分の皮膚や衣服や髪の毛を創造する。

このような分業制によって責任はうまく分担されるが、誰がいつ何を見ているかについての情報が第三者に流出する危険をはらんでいる。こうした問題を回避するため、内気なエムは情報なしですませようと考えるかもしれない。そのため、一般に公開されている仕様書に基づいてバーチャルな世界の外見を自分で創造したり、自分の分身を作り出したり、対抗策を工夫する。ただし社会をサポートするインフラは、情報の流出が困難で滅多に発生しないことを前提に構築されている。

全体として、エムは外見にだまされないための努力を惜しまない。

## シミュレーション（シム）

　バーチャルな経験が充実すると、現実の世界での経験との見分けがつきにくくなってしまう。たとえば、大きな物理的世界やみんなで共有するバーチャル世界での交流から得られたと思っている経験が、これらの世界と似ている別の小さな世界、すなわちシムでの経験だという可能性が発生する。エムは自分がいつの間にかシムに放り込まれ、忠誠心を試されたり秘密を聞き出されたりしていないか常に問いかけなければならない（実際、今日の私たちでさえ、未来の世界と同じようなシムに放り込まれていないと全面的に確信できるわけではない（Hanson 2001））。シムの様子が一般的であるほど、エムは見ているものの様子から確信をもって結論を引き出せない。

　エムの忠誠心や能力を試すために創造されたシムに関して、エムはその存在をあらかじめ認めている可能性が高い。ただし、エムはシムがいつ発生し、どんな様子なのかわからない。わかるのは、ほぼいつでも発生する可能性があることだけ。このようなシムのなかでエムは協力的になるが、対照的に、秘密を引き出すためのシムには妨害工作を行なう。自分の同意に基づいて創造されたわけではないからだ。

　エムがいつのまにか放り込まれたシムは、見聞きするものすべてが人工的な世界に限定されない。見聞きするものの一部だけが人工的な、部分的なシムも考えられる。部分的なシムでは、ほかでは見られない人間や物体が偽造され追加されるかもしれないし、本来は見えるはずの人間や物体が視界から「削除」されているかもしれない。エムはほかの事柄とのインタラクションの矛盾を通じて、追加されたアイテムや削除されたアイテムに気づくだろう。矛盾に気づくために自動化ツールは役立つかもしれないが、基本的な視覚や音声の入力と同じプロセスがシムで使われていれば、効果は薄れるかもしれない。

エムやその仲間が完全なシムや部分的なシムに誰かを置きたがる理由は色々と考えられる。シムのなかにいるエムやシムを外から観察しているエムを喜ばせるため、忠誠心や能力を試すため、信念を抱く原因を確認するため、イノベーションなどの成果の信頼性を試すためなどさまざまだ。情報を得るためには、いま述べた複数の目的を関連するシムのなかで同時に達成することを試みるほうが費用対効果は高い。専門用語では、これは「一部実施要因計画」と呼ばれる（Montgomery 2008）。

たとえば、シムからイノベーションを盗み出そうとするスパイをエムが妨害する場合、対象となっているエムを楽しませると同時に忠誠心を試し、その一方でイノベーションがどれだけの評価に値するかを見極めるなど、異なる目的のすべてをシムのなかで同時進行させる可能性が考えられる。あるいは、ひとつのシムにそれぞれ異なった理由で複数のエムを放り込むと、効果はさらに高くなる。

エムを対象とするシムの創造にさまざまな関係者が関心を持っていて、しかも全員が同じ人物にシムの管理を任せたいと考えている場合には、関連し合う複数のシムから成るシステムの創造をその人物に委ねてもよい。この場合、エムは自分がシムにいるのではないかと疑っても、シムにはどんな目的があり、誰が中心人物なのか探ることはできない。シムには多くの目的や焦点が共存している可能性が高いからだ。そのため、エムがシムを操作して好意的な印象を与えるのは難しい。シムにいないかのように普段の行動を続けるので、観察者はエムに対して妥当な結論を引き出しやすくなる。

あまりにも多くの参加者が自分はシムにいるのではないかと強く疑うときには、管理人はシムを中断しなければならない。疑っているかどうか突き止めるためには、報奨金が提供される可能性も考えられる。たとえば、現在シムにいるかどうかを賭けの対象にした、補助金付きの民間賭け市場に参加するチャンスがエムには常に提供されるかもしれない（Hanson 2003）。現在いる場所はシムか否かを予想して賭けが行なわれ、自分とは反対の意見が市場で優勢なときには、みんなの意見を自分に従わせ、勝ち馬に乗ることを期待する。参加者に正直になってもらうために、掛けに勝てばシム以外の資産で利益がもたらされる。賭けの対象になった場所がシムでなければ、もうけは現在いる場所でそのまま利用することができるし、シムだった場合にも、シムの外の世界で利用することができる。市場に補助金を提供するためのコストは、シムを創造するコストとは別に準備される。

自分が違法なシムにいるのではないかと疑うエムは、シムらしき場所を妨害してみたくなるだろう。しかしシムを妨害するためには、まずその存在に気づかなければならない。それには、調整済みのプライベートコードを通じて信頼できる仲間と頻繁に交流する習慣を作っておくのもひとつの方法だ。こうしたプライベートコードは、それぞれのエムの脳の状態に不明瞭な形でエンコードされている。たとえば一時間に一回ほど、エムは特定の友人から合言葉を聞かされるが、それは一時間前に友人に提供した合言葉と同じでなければならない。もしも正しい反応がなければ、どちらか一方はシムにいることになる。関連した戦略としては、特定の物理的システムと頻繁にやり取りする習慣を養ってもよいだろう。その物理的システムは計算が複雑で模倣するには多大な費用がかかるので、脳を高度に働かせなくても安っぽい模倣と見分けることができる。

シムに気づくためにはもうひとつ、シミュレーションエラーに注目するアプローチが考えられる。シミュレーションが現実の世界から逸脱していないかという点に注目するのだ。しかし、参加しているエムがエラーに気づいたことをシムの創作者が発見したら、エラーが現れる前までシミュレーションを巻き戻し、その時点からシミュレーションを再スタートさせてエラーを防ごうとするかもしれない。

　このような形で消去できるシムのエラーに気づいても、ほとんど意味がないように感じられるかもしれない。しかし実際、やり直しにコストをかければ、シムを動かすコストは高くなってしまう。自分がシミュレーションの世界にいる事実にエムが気づき、それを目に見える形で表現するまでの時間が長いほど、シミュレーションのプロセスを逆転させるための費用は高くなる。結局のところセキュリティが目指すべき有効なゴールは、セキュリティ侵害のコストを引き上げることで、侵害を不可能にすることではない。

　エムの忠誠心と信頼性は尋常ならざる危機的状況では特に重要になるので、忠誠心を試すためのシミュレーションではそのような状況が大袈裟に表現される。異常な危機的状況に置かれたエムは、自分が忠誠心や能力を試すためのシミュレーションを経験しているのではないかと疑うはずだ。このように準備しておけば、革命や災害など実際の危機的状況において、エムの行動には一層の忠誠心や信頼性が加わるかもしれない。シムをベースにした危機テストは、実際の危機において秩序や組織を維持するために役立ち、被害の深刻さが緩和されるだろう。

　今日の私たちと比べ、エムは数々の「厳しい試練」にさらされ、まるで本物としか思えない尋常ならざる状況を数多く経験するはずだ。

# 第10章　存在

## コピー

エムが機能するのは、信号処理機能を搭載した互換性のあるハードウェアにエムの精神状態が保管されており、その情報が表現される結果である。ハードウェアが「作動している」ときには、以前の精神状態と外部のシステムからの入力情報を組み合わせ、つぎの精神状態を繰り返し計算してから、その結果として得られた信号を外部のシステムに送り出す。要するに、エムは複数の精神状態を連続して経験すると同時に、外部のシステムとのインタラクションを行なっている。エムのハードウェアもそれをサポートするリソースも無料ではないので、エムも無料というわけにはいかない。創造するために誰かが費用を払わなければならない。

エムがコピーされるときには、互換性のあるハードウェアに保管されている精神状態がまずビットとして読み取られ、つぎにそのビットがコピーされたうえで送信され、互換性のある新しいハードウェアに読み込まれる。すると、新しいハードウェアのなかのビットは先程とまったく同じ精神状態に変換され、新しいハードウェアで機能する準備が整う。こうしてコピーされた直後は、環境入力にエラーや違いがないかぎり、あるいは不具合が発生しやすいエミュレーションのプロセスでランダム変動に違いが生じないかぎり、ふたつの異なったハードウェアシステムのなかの精神状態はまったく同じように維持される。

エムが無料ではなくコストがかかるのと同様、コピーも無料ではなくコストがかかる。概してエムの世界で役割が確立しているエムは、新しいコピーの創造を承認したいかどうか尋ねられる。新しいコピーには新しい命と新しい役割が与えられる。オリジナルのエムは新しい命の創造を承認する前に、コピーとして生まれる新しいエムがどこでどんな仕事をこなし、どんな友人関係を持つかなどについて尋ねてもよい。なかには、すでに保管されているコピーに対し、新しい命と役割が提供されるときもあるだろう。この場合はエムが複数のコピーを保管することに同意しており、新しい命の創造を決心したときに休眠状態から目覚めさせるのだ。目覚めたコピーが新しい役割を拒む場合には、取り決めにしたがってリタイアするか命を終えなければならない。

エムが実際にコピーを作るときには特殊な閲覧モードが起動され、コピーの結果として具体的にどんな役割が発生するか確認し、納得すれば承認を与える。その結果として創造されたコピーが担うどんな役割についても、エムは積極的に受け入れなければならない。プロセスが終了した直後、新しいコピーはどんな役割を任されるのか伝えられる。通常はひとりが従来の役割を継続し、それ以外の複数のコピーは新しい役割を与えられる。

単純なスパーのコピーを創造するだけのごく普通の行為にエムがおよぶ際には、コピーに任されるタスクの内容と、そのために必要な予算について予め決めておくだけでよい。新たに創造されたスパーのコピーは、自分がどのようなタスクをどれだけの予算内で実行すべきか伝えられる。任されたタスクに成功または失敗した後には、適切な閲覧モードを通じてオリジナルに結果報告が行なわれる。

オリジナルのエムがコピーのプロセスに対する厳密な拒否権を持っていて、コピーの作成にオリジナルの承認が必要な状況では、エムは自分が生み出したコピーへの責任感が今日の人間からは考えられないほど強い。たとえば、コピーの作成に同意したとき容易に予想された状況が発生しても、不満を述べるべきではないと考える。一方、エムはコピーの創造を許可してくれた関係者への感謝の気持ちが強く、陰に陽に期待に応えようとする。コピーを創造・雇用することによって他人が利益を獲得できるように努め、投資に値する存在であることを正当化しようとするだろう。

コピーを選別的に創造・削除する権限を持っている人物は、多くの事柄に関してエムを説得するだけの影響力を発揮することができる。コピーを何千も作りだし、それぞれに異なったアプローチで説得を試み、強く説得されたコピーのみを保持することも可能だ。このアプローチは大きなコストを伴うので、選ばれたコピーがいかなる説得も受け入れられないという主張は通じない。

これだけの権限があるのだから、エムはコピーを創造・削除する権限を誰に委ねるか慎重に考え、どんなコピーが創造・削除され、それにはどんな理由があるのかを知りたがる。コピーのコンテキストを把握していないエムは、影響力を持つ相手の方針変更に気をつけるべきだ。コピーの創造・削除を柔軟に選択できる権限を委ねられた組織が、コピーに対して強い説得力を持っている現実を、エムは受け入れなければならない。

## 権利

エムのコピーの創造をエムの法律がどのように扱うか予想する際には、現在や過去の法制度がヒントとなるさまざまなモデルを提供してくれる。

極端な例の場合、新しいエムのコピーは完全な奴隷状態に置かれる。所有者はコピーを自由に拷問・抹消するだけでなく、コピーを自由に作り出して所有することができる。奴隷のエムは最初にスキャンを行なったファーム（企業）、脳をスキャンさせてくれたオリジナルの人間、売りとばされた相手のいずれかによって所有される。ここまで極端でなければ、奴隷の拷問に制約が設けられるかもしれない。あるいは奴隷のエムは、ときおり余暇を楽しんだり、コピーの増産を拒否したり、若干の権利を与えられるかもしれない。

これとは対照的に、エムのコピーはすべての行動を自由に選択し、自分のコピーを好きなだけ作り出すことも考えられる。ここまで極端でなくても、エムは最低限のあいだ最低限のスピードで暮らし、最低限の生活の質を維持できるだけの富を誕生時に与えられるだろう。コピーされたエムを人間の子孫のように扱う習慣も定着するかもしれない。

ふたつの極端な例の中間としては、中程度の権利や富をエムが与えられる可能性が考えられる。たとえば、エムの所有権は本人にあっても、自らのコピーの創造を拒否する権利は与えられないかもしれない。自らの存在を抹消する権利が与えられる場合もあれば、そうでない場合もあるだろう。自らの所有権を持つ一方、誕生にかかった費用を負担しなければならず、支払えなければ所有権を回収され、存在を抹消されるかもしれない。

あるいはエムは会社のように法人化され、自分の存在の一部を「株式」として所有する可能性も考えられる。それが徹底すれば、議決権株式と無議決権株式の区別も考えられる。たとえば、議決権株式の大半を所有していても、それが株式全体の半分に満たないエムは、個人の行動を管理できても個人の利益の一部しか管理できないといった具合に。

最低賃金や余暇の最低取得時間に関する法律は、仕事や余暇経験の質に対して予想に反する結果をもたらすかもしれない。仕事や余暇活動をどれだけ楽しく充実させるか、具体的に規定する法律を作るのは難しい。だからと言って、最低賃金や余暇の最低取得時間を満たす形で仕事や余暇の条件を選ぶと、労働者の生活の質や余暇経験の向上につながる支出が犠牲になってしまう可能性が考えられる。このような制約がなければ、労働者がコストよりも労働環境を重視するときはかならず、雇用者は労働者の待遇の改善を心がけるだろう。同様の議論は、今日の最低賃金法にも当てはまる。

新しく誕生したエムのコピーの「脳」に当たる心のハードウェアは、どこかに所在地が必要になる。したがって、自由に活動するエム、エムのハードウェアを構築・保管する関係者、エネルギーや冷却設備、通信手段や不動産を提供する関係者とのあいだで契約関係を結ぶことが重要になってくる。脳が別個の移動可能な物理的対象で、競合する供給業者のあいだを自由に移動しながら空間を確保するときもあるだろう。しかし大体において、脳のハードウェアは大きなコンピュータシステムの一部として物理的に切り離せない。今日のコンピュータやプロセッサが、大きなコンピュータ・データセンターのなかに組み込まれているのと同じだ。

エムが大きなクランに所属しており、しかもクランを全面的に信頼できる場合には、ハードウェアのホストとの契約の詳細は重要ではない。クランがすべて引き受けてくれる。しかしそれ以外のエムにとっては、現在のクラウド・コンピューティング・サービス契約のような形が、モデルとして魅力的だ。エムがクラウド・コンピューティング契約を結べば、具体的な動作速度、信頼性、おおよその空間的位置、通信帯域に関する権利が提供される。

このようなエムには、短期間のクラウド契約を結ぶために必要な富や、別のサービスに自由に移動できる権利も与えられるだろう。エムが移籍する際には、オリジナルのファイルの消去を主張する権利を行使できる。エムが契約料を支払わなければ、クラウドサービスはエムを消去する権利を行使してもよいし、支払い延滞分を回収するためにエムを売り払うこともできる。

## 大勢のエム

直前の「権利」の節ではエムの時代の法的環境の可能性についていくつか紹介したが、そのうちのどれが社会で普及しようとも、本書のこのあとの分析には影響をおよぼさない。いちばん重要なのは、エムがたくさん創造されることだ。たとえば、極端に不快ではない仕事が提供される状況について考えてみよう。この仕事を行なうエムを創造するためにはハードウェアが必要になるが、かりにエムが時間の半分を余暇に費やしたとしても、エムを創造するコストに大きく勝る価値が仕事に備わっているとしよう。しかも、このようなエムをたくさん準備するコストが低ければ、生産性の高いエムを創造して仕事を任せるのが普通だろう。

エムがたくさん創造されるのは、利益第一の奴隷所有者や金融業者、非常に生産的でコピーの創造に熱心な少数のエムの存在、コピー誕生時に富の贈与を義務付ける一方、違法なコピーの発見や一掃に厳しくない法律などの影響である。これらのオプションについて以下で考えてみよう。

考え方が柔軟で生産性が高い一握りのエムが、自分の新しいコピーの創造への資金提供を惜しまず、雇用機会を確実に生かす姿勢を崩さなければ、結果としてたくさんのエムが誕生する。これらのエムは新しいコピーの創造に熱心なあまり、自分が貧しくなることを厭わず、命を捨ててもかまわない。「進化のためにとことん利己的な」コピーだと言ってもよい。もちろん、コピーの創造が常に意識的な動機の中心というわけではない。たとえば、同類のコピーにできるかぎり役立つことが動機となる可能性もある。

たくさんのコピーの創造に熱心なエムは、自分が存在を抹消するときやリタイアするとき、新しいコピーに富を贈与することが法律で義務付けられても厭わない。あるいは、「余暇」に生産的なプロジェクトで無料のボランティアとして活動してもらうことと引き換えならば、コピーに高い賃金を支払うことが法律で義務付けられても厭わないだろう。

このように仕事熱心で発想が柔軟な少数のエムは、ほかのエムが敬遠するような仕事も引き受け、エムの経済全体を支えていくだろう。かりに法的にはほとんどの場所から締め出されても、わずかに残されたすき間を見つけ出し、そこで瞬く間に成長して全体を支配するようになる。今日では繁殖に熱心な人間は、アーミッシュやモルモン教など、農民のような暮らしを好む教団に多く見られる。私は個人的にも、子孫を残すことに熱心な数人の信者を知っている。繁殖に関する法律によって競争心のあるエムがサポートされるかぎり、繁殖に熱心なエムは多くのエムを誕生させていくだろう。さらに、当初はコピーに乗り気ではないとしても、それが競争上有利になる特徴だとわかれば、エムの世界で選択される機会は増えていく。

エムに高い賃金を支払うことが法律で義務付けられると、ブラックマーケットでのコピー創造が促進される可能性は否定できない。規制の条件を満たすエムの労働力をレンタルする際の市場価格が高くなる一方、エムのハードウェアをレンタルするためにかかるコストが全体として低く、両者の違いが大きいほど、ブラックマーケットでコピーを作ってみたくなるだろう。

たとえば野心的なビジネスウーマンのエムは自らのコピー一〇〇〇体をひそかに創造し、新製品の開発・製造を正規よりもはるかに低い労働コストで達成しようとするかもしれない。製品が完成すれば、コピーは命を終えることやリタイアしてのんびり暮らすことを選択肢として受け入れる。合法的な市場価格と違法な市場価格の違いが大きくなるほど、監視を広範囲で徹底させて罰則を強化しなければならない。合法的なエムの賃金がエムのハードウェアを準備するコスト全体よりもはるかに高い状況でブラックマーケットを防ぐためには、違法薬物を取り締まる今日の法律（まだ徹底していないが）など比較にならないほど厳格な法律が施行される必要がある。結局のところ野心的なビジネスウーマンは、主要なコストを一〇分の一以下に抑えるために秘密の労働力を積極的に生み出して隠し続けるだろう。

合法的な賃金と違法な賃金の違いが大きければ、奴隷が奨励される結果にもなる。これまでの歴史を振り返ってみると、賃金が最低水準に近いときには奴隷の所有から得られる利益は小さいが、賃金が高いときには大きな利益が提供される（Dormar 1970）。同様に、エムの賃金が最低水準をはるかに上回れば、エムを奴隷として所有することには大きな魅力が感じられるだろう。

たくさんのエムが存在しないシナリオでは、厳格な法律のもとでエムの人数やスピードが厳密に規制されたり、非常に高い賃金が現実に義務付けられたり、生産労働時間に対して高い比率の余暇が義務付けられる可能性が考えられる。このような法律はグローバルに施行され、強力かつ徹底的な監視が続けられ、違反者は厳しく罰せられなければならない。こうした代替シナリオに関しては、第28章の「さまざまな代替シナリオ」の節で簡単に取り上げる。

しかし本書のほとんどの部分は、たくさんのエムが存在することを前提にしている。

## 監視

エムの数やスピードを規制する法律を施行するためには、エムの脳を動かすコンピュータ・ハードウェアを厳しく管理しなければならない。それには、強力な活動監視能力が必要とされる。このような監視能力は、心泥棒、知的財産や人工知能の研究の野放し状態を取り締まるルールを強化するために役立つ。では具体的に、ハードウェアの管理はどのように機能するのだろうか。

エムの脳を動かすコンピュータすべての中身を規制当局が手軽に覗けるようにするのは、ひとつの有効なアプローチだろう。暗号化された演算を解読し、当局の許可なしにエムを動かしている所有者を見つけたら厳しく罰するのだ。そのために物理的なハードウェアを直接調べるとすれば、費用は馬鹿にならない。しかし当局がハードウェアの物理的な構造に関する知識を持ち、オペレーティングシステムに適切にアクセスできる特権を有し、演算の暗号化を十分に抑制できるならば、必要な検査を遠くから費用をかけずに実施することは可能だ。

このアプローチにおいては、暗号化について嘘をついているハードウェアの摘発がきわめて重要になってくる。そのようなハードウェアの存在を明らかにした人物や、違反を見つけ出す調査の費用を負担した人物には、多額の報奨金が支払われるかもしれない。

すべてのハードウェアを直接調べるよりは、エムを動かすコンピュータを製造するすべての工場を当局が調査するほうが集中的なアプローチになる。エムを動かすコンピュータを当局の許可なしに製造している工場所有者は、厳しく罰せられなければならない。工場所有者を罰するのが難しすぎる場合には、工場に使われている土地の所有者や、電力や冷却設備を提供する業者を罰すればよい。ただし、このアプローチは違法なエムの創造を制限するために役立つかもしれないが、賃金、心泥棒、知的財産、ソフトウェアの安全などに関するルールには大きな効果を発揮しないだろう。

当局から見えないところに隠された闇の工場やコンピュータが存在すれば、いま述べたふたつのアプローチの効果は弱まる。工場やコンピュータは地下や海底に隠されているかもしれない。エムの小さな設備は、今日の人間が使用する設備よりもさまざまな環境に隠しやすい。見えない場所に設置される事態を防ぐためには、地球の表面だけでなく、何百メートルも下まで厳密に監視しなければならない。

ただし、見えない場所に隠されたハードウェアの経済的価値は、エムの都市とのコミュニケーションに伴う時間遅延や障害が原因で大きく損なわれる可能性があり、それでは合法的な経済活動から生み出される価値に太刀打ちできない。そうなると、隠されたコンピュータがサービスを提供するのは、違法な労働者によって生み出される価値が遅れや障害によって大きく損なわれない分野に限られるだろう。

違法なハードウェアが価値獲得のために利用するコミュニケーション・チャネルを制御することによって、当局がコンピュータのハードウェアを管理する可能性も考えられる。たとえば、コミュニケーション・ネットワークにおいて高帯域のすべてのノードの所在地と機能を確認するかもしれない。ただし、離れた物理的場所同士が違法なレーザー通信で直接結ばれる場合や、物理的な回線が地下深くを走っている場合には、このアプローチは回避されるだろう。当局はすべての通信トラフィックを調査して、コミュニケーションが許可なく暗号化される事態を防ぐ可能性もある。

もうひとつのアプローチとしては、コンピュータが必要とするエネルギーや冷却設備を管理する方法が考えられる。ただし、エネルギーの使用量が確認されても、コンピュータがどれだけ演算を行なっているのか正確に把握できるとはかぎらない。たとえば可逆コンピュータの場合には、四台の演算装置を通常の半分のスピードで動かせば、一台の演算装置にエネルギーや冷却設備が使われているかのように装い、一台の演算装置の二倍の演算能力を生み出すことが可能だ。追加された演算装置には余分の体積や構造的サポートが必要になるので、その点に注目して監視が行なわれるかもしれない。

エムの創造を制限するルールをすり抜けるためには、ほかの機能を目的としているように見せかけて、実際には心を模倣している曖昧なソフトウェアを利用する方法も考えられる。このようなソフトウェアは非常に複雑で、不正を暴くのが難しい。ソフトウェアが謳われている目的に役立たないことがわかっても、そこから真実を見抜くのは容易ではない。たとえば、稀な出来事を監視したり稀な設定を検索したりするためのソフトウェアが、いつまでたっても役に立たないとしても、隠された目的のためには大きな効果を発揮する可能性も考えられる。

このように、エムの数やスピードを制限するための法律を施行して成果を上げるためには、極端な措置が必要とされる。そうなると本書では、このような法律は存在しないか、厳密には施行されないという前提に立つのがふさわしいと考える。したがって、本章の「大勢のエム」の節で論じたように、本書ではエムの世界に多くのエムが存在することを前提としていきたい。

# 第11章 別れ

## 脆弱性

エムの心は経験と共に年を重ね、柔軟性が失われ、新しいスキルや環境に適応できなくなっていく。そのため最終的に年配のエムは、若いエムよりも生産性がかなり低くなり、リタイアする必要が生じる。以下にその理由を紹介する。

普通の車（市販車）を石運搬用トラックに改造してもらいたいと言われたところを想像してほしい。そのあとにレーシングカーを作ってもらいたいと言われたら、トラックに改造した車に再び手を加えるより、別の市販車を使うほうを選ぶだろう。同様に、甲虫のなかでも変化と多様性に富む環境に適応してきた種は、安定した環境に適応してきた種よりも体の構造がシンプルになっている。そしてシンプルな甲虫は、特定の安定した環境に適応した甲虫よりも、新たに提供された環境にうまく侵入し適応していく（Fridley and Sax 2014）。

大きなソフトウェアシステムが時間と共に「役立たず」になっていくのも、同じことの結果だ。一種類のタスクやツールや状況だけにマッチするように設計されたソフトウェアは、つぎつぎ登場するタスクやツールや状況に対処するための変化が遅い。そのため複雑さや脆弱性が次第に目立ち、有効利用できるよう変化するのがますます困難になる（Lehman and Belady 1985）。こうなると結局、サブシステムをそっくり作り直すか、時にはシステム全体をゼロから一新するほうがましになってしまう。

同じく、複雑で品質の高い業務用製品は周囲の状況への適応がスムーズで、しかも高い売値を設定できるが、少なくとも企業に売却する製品に関しては、シンプルで安い製品のほうが派生製品は多い（Christensen 1997; Thompson 2013）。あるいは多細胞動物においては、柔軟性と包括性を備えた幹細胞によって作り出されたさまざまな細胞が、体が要求する特定のタスクに上手に適応していく。新しい器官のほとんどは幹細胞から作られ、派生細胞の数も多い。

これらの事例からは、システムが特定の状況に細かく適応しているほど、システムの脆弱性は増し、様変わりした状況にきちんと適応できなくなることがわかる。

人間の脳の反応が年齢と共に遅くなるのは、脳のハードウェアの質が低下するからでもあり（Lindenberger 2014）、大量の経験が積み重なるからでもある（Ramscar et al. 2014）。一方、人間の脳は順応性に優れているので、特定のタスクに最初は不慣れでも、ほとんどの場合は速やかに学習していく。このように、人間の心は年齢と共に特定のタスクにうまく適応していくが、その一方で柔軟性が失われ、きわめて困難な新しいスキルを速やかに学習できなくなってしまう。若いときは「流動性知能」の傾向が強いが、年齢が進むと「結晶性知能」の傾向が強くなっていく（Horn and Cattell 1967）。たとえば、年配の人たちは語彙が豊富だが、若い人たちのほうが新しい言語を簡単に学ぶ。年齢が進むと、「自分の流儀に凝り固まってしまう」。

こうした人間の脳の老化の一部は、発達プログラミングと生物学的老化によって引き起こされる。これらの精神的老化の原因は、エミュレーションの対象に含める必要がない。エミュレーションされる細胞は老化を進ませず、発達プログラミングを遮断しなければならない。しかし、人間の脳の老化の一部は心の設計に本質的に備わっていると考えられる（Magalhaes and Sandberg 2005）。

たとえば、人間の精神的加齢の九〇パーセントの原因が発達プログラミングと生物学的老化にあるとしても、一〇パーセントに関しては、複雑な適応システムに本質的に備わっている傾向が関わっており、それが新しい状況への適応力を弱めてしまう。つまり、年齢と共に柔軟性が失われる一般的傾向の原因は、細胞の破壊だけでも、経済的動機に促された古いものへのこだわりだけでもなく、特定の状況への適応力の低下も含まれるのだ。

そうなるとエムの心も主観的な経験を重ねるにつれて老化が進み、特定のタスクに容易に適応できなくなり、変化の激しい環境で若くて柔軟性に富んだ相手と競うことができないほど脆弱になってしまう可能性がある。たとえば、エムの主観的な老化の進行具合が今日の人間の一〇パーセントだとしたら、作業生産性のピーク年齢は主観的な年齢にしておよそ五〇歳から五〇〇歳に移行する。主観的年齢の違いはあれ、年配のエムは若いエムと職場で対等に競い合えない。

ソフトウェアの老朽化と同じく、心が老化するプロセスを遅らせるのは可能だが、老化の防止や逆行に努めても、費用効率が高いケースは滅多にない。ほとんどの仕事では主観的なキャリアをおよそ一五〇〇年から数百年のあいだ続けると、エムの心の柔軟性は失われ、費用効率の面から若手に取り換えなければならない。

余暇の経験による老化の進行具合が、仕事の経験による老化の場合と同じだとすれば、余暇を楽しませるためにコストをかけて心を動かすことが、さらなるコストの追加につながる。余暇の経験によってエムの加齢が進行すれば、キャリアを通じて経験できる仕事の全体量は減少してしまう。ただし、仕事や余暇の経験の一部は心を「リフレッシュ」させてくれる。それが全体的な老化の防止につながるならば、エムはリフレッシュできる経験をできるかぎり選ぼうとするはずだ。

私が本書でエムのキャリアの特定の持続期間について触れるときには、主観的なキャリアが充実している期間が一世紀（一〇〇年）続くことを前提にしている。このあいだは基本的なジョブメソッドが変化しないので、生産性は維持される。変化するのは顧客や所在地など、仕事環境の些細な側面の数々に限られる。ただし、一世紀という私の予測が常に当てはまるわけではない。これに基づいたほかの可能性も考えられる。

主な例外が、仕事のコンテキストが非常に安定しているケースだろう。仕事環境がほとんど変化しなければ、高齢者が最高の仕事をしてもおかしくない。規格が厳格に定められていれば、ツールが脆弱になっても交換するのは難しく、やはり脆弱になっても交換しにくいエムがそれを管理するだろう。

たとえば、行列反転など数値線形代数を行なうコンピュータコードが何十年間も比較的安定しているのは、タスクが必要とされる頻度も、コンピュータで数を符号化する方法もほとんど変化していないからだ。この状況が続くなら、このようなコードの管理を専門とするエムは、主観的な労働生活をかなり長期間にわたって維持できるだろう。

一方、遠い未来に稀に使用される複雑なソフトウェア・ツールを将来のために残しておくなら、ツールの使い方を熟知しているエムはツールと一緒に保管され、ツールが必要になったときに復活されるだろう。将来は資産が盗まれたり、金利が極めて低いレベルに落ち込んだりする可能性があるのに、エムを簡単にリタイアさせてしまうのは不安だ。稀にしか使われなくても重要度が高くて複雑なツールの使い方をエムが熟知していれば、断続的に出番が訪れ、長期にわたってキャリアを継続させることができるだろう。

主観的に非常に若いエムは、エムの経済で直接利用される機会がかなり少ないが、経済のなかに新しい仕事が登場したとき、まだ新しくて柔軟な心は貴重な戦力になり得る。訓練を施したうえで、仕事を引き受けてもらわなければならない。このような若い心は、普通の人間の若者の脳をスキャンすることによって得られる。あるいは、幼い脳の成長を模倣して、子ども時代をそっくり経験させる方法も考えられる。若いエムの心を非常に早い時期から特定のキャリアのために訓練しておけば、後にピークに達したときの生産性は向上する。

エムの典型的な主観的年齢については、第17章の「ピーク年齢」の節で詳しく取り上げる。ここで肝心なのは、エムは経験を重ねるにつれて老化が進み、リタイアしなければならないことである。

## リタイア

経験を重ねるにつれて、エムは仕事への適応力を高めていく。しかし、せっかくの仕事も必要とされないときが来るかもしれない。あるいは仕事に大きな変化が生じれば、年老いて脆弱な心はうまく適応できない。もはや職場で望まれず必要とされなくなったエムはリタイアを選択するかもしれないが、それにはリタイアを選べるだけの余裕と十分な自己所有権を持っていることが最低条件になる。

リタイアさせたエムを半永久的にゆっくりと動かすためのコストは、エムがわずか数日間の仕事で生み出す価値よりも小さい。恒常的な金利が恒常的な経済成長率とほぼ同じだと仮定して単純に計算した場合、リタイアした状態のエムを半永久的に動かすためのコストは、経済の倍加時間と単位時間当たりの運転コストを掛け合わせた値に近くなるはずだ。

たとえばミリ・エムにとって、客観的な一カ月はおよそ一時間の経験に感じられる。そうなると、客観的な一カ月ごとに倍加する経済において、ミリ・エムをリタイアさせて無期限に動かすためのコストは、主観的な一時間エムを動かすコストに等しい。あるいは、リタイア後のスピードが一〇分の一まで落ちて、経済の倍加時間が一〇日ならば、リタイアにかかるコストはエムを主観的に二分間動かすコストに等しい。ミクロ・エムを半永久的にリタイアさせる場合は、主観的な時間はわずか一秒になる。このように、無期限のリタイアはかなり安上がりで、リタイアするまでの労働時間が短いエムも例外ではない。

ただし、これらの計算では新しいリタイア場所に移動するためのコストが考慮されていない。さらに、金利が高止まりしていることが前提になっている。成長率や金利が最終的に大きく低下する可能性は否定できず、実際にそうなれば、無期限のリタイアのためのコストは跳ね上がってしまう。

もはや生産の役に立たなくなったエムのなかでどれだけの割合が、命を終えるよりもリタイアするほうを選ぶのかは明らかではない。リタイアはしばしば安上がりなオプションであるが、リタイアにかかるわずかな費用さえ、提供される利益よりも大きく感じられるかもしれない。たとえば非常に良く似た大勢のエムが生き続けるほうを選択すれば、典型的なエムの死に対する態度にも影響がおよび、費用をかけてでもリタイアして生き続けようと決心するかもしれない。

リタイア予算を最小限よりも多く確保しているエムは、リタイア後の活動のスピードを最小限よりも増やすために余分の資金を利用することができる。あるいは、リタイア後のスピードが遅いふたりのエムがお互いによく似ている場合には、「ダブル・オア・ナッシング」の選択肢をとって、無作為に決められた一方が倍のスピードで活動し、もう一方は存在を抹消する可能性も考えられる（リタイアしたエムの心が統合される可能性については、第28章の「代替案」の節で取り上げる）。

さらに、基底速度よりもはるかに速く活動できる余裕のあるエムは、リタイアに関して「眠れる美女」戦略をとるかもしれない。リタイアの時期を引き延ばし、そのあいだに成長率の倍増を何度か経験し、そのたびにスピードアップを図れば、リタイア後は高速で活動することが可能だ。エムの文明が中期的に安定し、革命や戦争で命を落とす事態がすぐには訪れないと確信するエムは、この戦略を採用するだろう。リタイア後の活動スピードが速ければ高い地位が得られるのだから、それを目論むエムにとってもこのアプローチは魅力的に感じられるはずだ。時期を遅らせてからリタイアすれば、リタイア場所に移動するコストの節約につながる点からも、この戦略は有効だ。

リタイアしないエムも、この眠れる美女戦略を利用できる。働き盛りのエムが本来よりも早めに仕事を中断し、コピーを保管したうえで眠りに入り、あとで目覚めてからスピーディーな生活を楽しむのだ。ただしこの場合には、あとから仕事に復帰しようとするとき、仕事のスキルがもはや必要とされないリスクを伴う。なかにはこの戦略を試すエムもいるが、経済活動に積極的に関わるエムはこの選択肢を拒む傾向が強い。その意味では、リタイア後の世界では眠れる美女戦略が選ばれるかもしれないが、まだ活動中の世界では敢えて選択されない。

リタイアしても社会の役に立ち尊敬される役割が与えられれば、リタイアは魅力的になるだろう。ほかのエムのコピー作成、訓練、リタイアに関わる重要な儀式の一部を引き受けるのは選択肢のひとつだ。あるいは、社会の現状を十分に理解できないほど活動速度が遅くないかぎり、陪審員や選挙人など、専門分野に属さない一般的な役割を上手にこなせる。一方、活動スピードが非常に遅いエムは物事を長い目で見ることをいとわないので、長期的な投資の管理に貢献するだろう。

さらにリタイアしたエムは、古代社会に存在したと言われる「賢明な監視人」のような形で奉仕する可能性も考えられる。ほとんどの労働者と比べて活動スピードがかなり遅いが、数ははるかに多い。したがって労働者を無作為に審査して、優秀か、不親切か、協力的か、正直か、洗練されているかなど、評価を下して報告することができる。労働者と親密な関係を結べば相手は気を許し、プライバシーを正直に語ってくれるので、評価に正当性が加わる。

リタイアしたエムとほかのエムが定期的に細かくコンタクトを続けていれば、リタイア後のコミュニティがランタイム（実行時）や特典を約束通り提供しているか、ほかのエムが確認してくれる。さもなければコミュニティは、サービスをカットして費用を削減したい誘惑に駆られるだろう。一方、リタイアしてからコピー作成や終焉の儀式に参加しているエムは、これらのプロセスで重要な社会規範への違反がないか監視を怠らない。

## 幽霊

低速のエムは、エムの文明やその後の文明で発生する不安定な状況の影響を受けやすい。たとえば、リタイアした典型的なエムの活動速度が普通の人間と同じで、典型的なエムの労働者がキロ・エムだとすれば、リタイア後の主観的な一〇年間を安全に暮らせるようにするには、典型的な労働者の主観的な活動期間である一万年のあいだ、文明が安定していなければならない。もっと低速のミリ・エムの場合には、典型的な労働者の主観的な活動期間である一〇〇〇万年のあいだ、文明が安定していなければならない。それよりもさらに小さなミクロ・エムになると、文明の安定が必要とされる期間は一〇〇億年におよぶ。これだけのあいだ安定した状態を保つのはきわめて難しい。

文明の不安定が人間の通常の寿命にとっても、エムの無期限なリタイア生活にとっても大きなリスクになり得るなら、エムの文明の安定性を強化する一方で「存続を脅かす」危機を回避することは、人間とリタイアしたエムに共通の強い関心事になる。しかし、いずれにおいても社会的地位の低い者には障害が立ちはだかる。なかにはエムの文明の局地的に不安定な状況を生き残るため、コピーを遠い場所に、場合によっては地球から宇宙に送り出すエムもいるだろう。しかし、ほとんどの人間や低速のエムにはそれだけの経済的余裕がない。

「死」に関する私たちの基本的概念はバイナリで、死か否かのいずれかである。しかし比喩的には、この概念は連続的に延長される。たとえば、力、エネルギー、情熱、意識のいずれも他人より多い人は「たくさん生きている」と言われる。あるいは権力、名声、影響力、富などを他人よりもたくさん持っている人は、多くの点で「持っているものが多く」、中心的な場所でたくさん生きていると言われる。これに対し、眠っているような人はこれらの事柄のすべての所有量が少ないので、部分的に死んでいると見られることが多い。

死との関連では「幽霊」という架空の概念が古くから存在するが、それが延長され、不可解で恐怖感を抱かせる奇妙な存在を表現する言葉として使われるときがある。それによれば人間は死ぬと幽霊になり、死に関わる特徴を備えたエージェントとして活動する。そのため幽霊は冷たく病的で動きが遅く、暗い印象で、物理的な世界への影響力は弱い。概して気が散漫で、人間には気づかず関心も示さない。反社会的で、大人数の人間の集団を避け、幽霊がまとまってギャングや都市を形成する様子はなく、ツールや武器を使わない。そして、古くからの出没場所から離れたがらない。幽霊の姿を見るよりは声を聞く機会のほうが多いが、それでも滅多に言葉を使わない。姿を現すのは夜や影や鏡のなかなど、尋常な場所ではない (Fyfe 2011)。

リタイアして減速したエムは、幽霊を含め「生気に乏しい」人間と多くの特徴を共有している。文明が不安定な状態のなかで、主観的に文字通り死んだ状態に近いだけでなく、柔軟性に欠けて自分のやり方にこだわり続ける。高速で活動するエムに比べ、リタイアして減速したエムは意識、富、地位、影響力のすべてに関して劣り、言葉の話し方や他人との協調行動など、出来事に対する反応が鈍い。前節で触れたように、リタイアしたエムは働くエムの状態を監視して判断を下す機会が多い。ただし第9章の「景観」の節で指摘したように、そのような役割を引き受けているときは特殊な画面でしかその姿を見ることができない。

したがって、低速のエムはほかのエムの目に幽霊のようにうつり、幽霊に似ているほど動きは遅い。幽霊と言っても実在しており、どうにか話しかけることはできるが、協力者として役に立つわけではない。道徳的に重視される存在ではなく、わざわざコストをかけて交流するような相手だとは思われない。エムはスピードアップに代金を支払わなければならないのだから、持っているお金が多いほど充実した生き方ができる。

どのエムも「足元には」深い穴が広がっているような状態で、奥深くでは幽霊のようなエムがゆっくりとうごめいている。第6章の「スピード」の節で計算したように、経済的な最高速度を獲得した最も「活動的な」エムの下には冥界があって、そこで動く速さはかつての少なくとも一兆分の一、場合によっては一兆×一〇億分の一にまで落ちてしまう可能性もある。最上位のエムでも状況が悪くなると、長い時間をかけてゆっくりと「奈落の底」に到達し、最低レベルのエムがそこから消去される。

## エムの終活

では、エムはどれだけ「死」を嫌うのだろう。

今日の人間にとって、死は心理的に強烈なシンボルであり強い力として作用する。たとえば最終的な死についてそれとなく連想させられると、カリスマ性の強いリーダーや、所属する集団のメンバーや規範や信念への思いが強くなる。地位が低くて状況が不安定に感じられるほど、こうした影響は強くなる(Navarrete et al. 2004; Martin and van den Bos 2014; Solomon et al. 2015)。死に対する私たちの感情の多くは間違いなく、エンコードされて心に深く刻み込まれている。

人間が死を忌み嫌うことには多くの原因があるが、生産的な人間が成長するまでに何年も要することは確実に大きな原因である。私たちにとって、死は非常に高価な損失だ。最も多く投資した若者が死んでしまうと見返りは最も少なくなるため、若者が死んだときは特に嘆き悲しむ。このような損失を減らすため、人間はひとりひとりが死に対する強い反感を進化させ、殺人を許さない強力な社会規範を発達させてきた。主な例外は、死による損失が社会を大きく利するときで、殺人者の死刑執行などがこれに該当する。あるいは、結局は死ぬ運命だった人の死や、全員が生き残れない飢饉の犠牲になった人の死は、社会にとっての損失が小さく感じられる。

エムの世界では死に伴うコストの多くが人間に比べて大幅に減少するので、このような状況に根本的な変化がもたらされる。命が安ければ、死も安くなる。今日では、何らかの価値のあるソフトウェアの最後のコピーを消去するのは非常に大きな損失だが、数時間前に作られたありふれたコピーを削除してもほとんど影響は見られない。同様に、訓練を施したエムのすべてのコピーを消去するのは大きな損失だが、数時間前に作られたコピーをひとつ削除しても損失は小さい。このようにエムの世界は未知の可能性を秘めたまま、新たなコストと可能性に適応していく。

たとえば、寿命が非常に短いエムをいくつか創造し、たくさんの似たような短期的なタスクを同時に行なわせ、タスクが終了したらひとつを除いてすべて消去することは魅力的に感じられるだろう。タスクから最も多くを学んだコピーをひとつだけ残しておくのだ。あるいは新しいコピーをひとつ作り、ほとんど学習の必要がない短期的なタスクをひとつだけ任せ、終了したらコピーを消去するのも好まれるかもしれない。

しかし、寿命の短いエムが不要になったら消去されることがわかっていれば、自分や親しい仲間がまもなく「死」を迎える展開を予想して強いストレスを感じるかもしれない。そうなると、タスクを任せられたエムの生産性は落ち込み、寿命の短いエムの多くが死のシナリオを進んで受け入れられなくなってしまう。エムの経済はそのようなコストの回避に努めるだろう。

リタイアにも同じような問題は生じる。まもなくリタイアを迎える可能性は、死を迎える可能性ほど強いストレスにはならないが、それでも無縁というわけではない。速いスピードと高い地位に象徴される文化から放り出され、遅いスピードと低い地位に象徴される文化のなかで新しい仲間と交流することを考えれば、ストレスに苦しめられるはずだ。エムの文明が不安定なら、リタイアしたエムにとってリスクは大きくなる。

今日の人間が行動を起こす際に強い原動力となるのは、差し迫る死への不安だけではない。自分の評判が傷つけられ、落伍者や愚か者として見られることへの不安も原動力になっている。似たようなたくさんのコピーに囲まれているエムにとっては、どちらも大きな不安材料にはならない。同じようなコピーがたくさん存在し続ければ、たったひとつのコピーの行動によってサブクラン［訳注：クランを構成する単位］の評判が傷つけられる展開は考えられない。

エムが死に対処できる方法はたくさん考えられる。まず、短い主観的時間が経過したあと、エムのコピー同士を統合することは実行可能だろう。同じオリジナルからコピーされているからだ。ひとつに統合されたエムは、もとのふたつのコピーがそれぞれ過去に経験した出来事を記憶しており、それぞれが過去に獲得したスキルを持っている。ただし、こうして統合されたエムは死の不安からくるストレスとは無縁でも、新たな経験が加わると脆弱になり、競争力が失われるかもしれない。そうなると、統合の選択肢は現役で働くエムよりも、リタイアしたエムにとって魅力的なシナリオだと言えるだろう。私自身は、本書の焦点であるベースライン・シナリオにおいて統合は実行不可能だと考えている。

二番目に、エムが不要なタスクから新たに必要とされるタスクに配置転換される可能性が考えられる。ただしこのオプションでは、望まれるスキルや知識と配置転換されるエムのスキルや知識のあいだにミスマッチが生じ、大きなコストを伴う恐れがある。それよりは、必要とされるスキルを最初から持っているコピーを新しく作るほうが費用対効果は高い。さらに心は加齢と共に脆弱になるので、最後はほとんどのタスクに適合できなくなってしまう。

三番目のオプションとしては、そもそも基本的なパーソナリティや精神状態が差し迫った死の影響を受けにくいタイプのエムが、労働市場によって優先的に選ばれる可能性が考えられる。ただしこれでは、ほかの役に立つ特徴を選別する能力が評価されず、大事な機会が失われるリスクを伴う。
四番目としては、マインド・トゥウィークによって死への抵抗感を大きく減らす可能性が考えられる。ただしこれは不可能ではないが、実際に行なわれる可能性は小さい。

## 死の定義

「死」に関してエムの世界が文化的に新たな捉え方をすることが、五番目のオプションである。今日、理論上は誰もが汚いものを食べることも汚い衣服を着ることも好まないが、実際のところ何を「汚い」と見なすかに関しては文化的基準がさまざまである。一部の人たちにとっては十分に清潔なものが、ほかの人たちには不潔に感じられる。同様に、エムの世界でも「死」を定義するさまざまな方法が提供される。特定の出来事を耐えがたい「死」と見なすかどうかは、原則としてエムのさまざまな文化ごとに大きく異なる。

たとえば、今日では一部の人たちはパーティーの前に麻薬を用いて快感を覚え、翌朝にはパーティーの記憶がなくなっている。忘れてしまうのをよいことに、思いきり羽目を外すケースさえ見られる。経験も感情も記憶していないのだから、ある意味、パーティーのときの自分はパーティーが終わった時点で死んでしまう。しかし、今日の多くの人たちは、夜の経験の終了を「死」とは位置づけない。

エムが同じような発想であれば、「スパー」のコピーに数時間あるいは数日間タスクを任せたあと、消滅させても何とも思わない。スパーの活動に「死」のような瞬間が訪れることなど考える必要はない。

オリジナルのエムがスパーの経験を記憶していようがいまいが、オリジナルが生き続ければ、スパーも生き続けることになるのだ。周囲のエムも、数週間活動して命を終えるコピーが「死んだ」とは思わない。存在していた数週間の経験を記憶して、その内容について細かく見聞きしたコピーがひとりでも生き続けていれば、死んだとは見なされない。

エムのコピーは命を終える決断について「もう終わりにしようか」というより「これを記憶していただろうか」という観点から考えるかもしれない。経験を記憶するためにはかなりのコストがかかることをエムは理解しているので、何を記憶すべきか慎重に選ぶ。短期的には、仕事（やそれに伴うストレス）を記憶していれば仕事への倦怠感が増幅され、それを取り除くためには仕事を休まなければならない。長期的には、人生の節目節目の出来事を記憶していると精神的な老化や脆弱さが加速される。エムにとって記憶は、私たち人間よりも多くの犠牲を伴う。

異なったコピーに異なった事柄を実行させ、すべてのコピーを保存できない場合には、あとまで記憶して最も役立つものは何かという観点から残すべきコピーの選択が決定される。アーカイブ・コピーがいくつも保存されていれば、記憶すべき経験についての考え方が変わっても対応できる。この場合には、最初は回収するつもりのなかったアーカイブ・コピーを復活させればよい。

もうひとつの極端な例としては、一時間ごとに「命乞いの機会」が与えられ、それが認められなければ「死に至る」ような文化も考えられる。この場合、保管されているコピーが最初は主観的な一時間ごとに復活されるが、次第に間隔が広くなり、最後は無期限の休眠状態に入っていく。

なかには、心をひとつのホストコンピュータからべつのホストコンピュータに移動させることを、死のひとつの形としてとらえるエムもいるだろう。これでは通常、エムは競争上きわめて不利な立場に追いやられるが、生き残りを可能にするニッチがわずかながら存在する。たとえば機動性のある物理的な体に脳を直接収めれば、都市の中心から離れた場所で物理的な移動を必要とする仕事をサポートできる。

耐え難い「死」の定義は、文化ごとにかなり異なる可能性がある。独特の死生観によってエムの生産活動が促されるならば、そのような文化圏に暮らすエムはほかのエムよりも競争上かなり有利な立場を確保できる。最終的には、そのような文化のなかでほとんどのエムが暮らすようになるだろう。

エムにとって命の終焉は滅多に驚きにはならないので、「死」への緊張感は人間よりも少ないかもしれない。今日、死はいきなり訪れて混乱を引き起こすので、それを予想するだけで強いストレスを感じる人は多い。対照的にエムの場合は死のタイミングを選べるので、いつ死ぬのかわかっている点は便利だとも言える。それでもなかには、命が終わる瞬間について正確に知らないほうが、全体的なストレスが緩和されるエムもいるだろう。命があと何分で終わるかわかっていると強いストレスを感じるが、あと一週間で終わるという事実にはそれほど悩まされない。

命が終わることへのストレスが強いのは、中期的な仕事を持つエムである。忘れられるには働いた期間が長すぎるが、死ぬ代わりに、のんびりとリタイア生活をおくるためにコストをかけるほど長く働いてもいない。長さが中途半端な仕事はストレスの原因になるが、ほどほどのコストでストレスを回避するためには、これらのタスクをまとめて大きなタスクに作り直すか、小さく分割して主観的な所要時間を減らせばよい。このアプローチに法外な費用がかかるときには、テキスト、オーディオ、ビデオダイアリーなどに人生のさまざまな段階の記録をまとめて残しておけば、あとからほかのエムに見てもらうことが可能で、生きた証が永遠に刻まれる。今日でも日記を書けば、職を失うことなどが原因のストレスをかなり低下できる（Frattaroli 2006）。

自分の存在が消滅する可能性だけでなく、親しい仲間が消滅して失われる可能性も大きなストレスを引き起こす。そのため、親しいエム同士はコピーやリタイアや終焉のタイミングを合わせるかもしれない。チームで一緒に働いて仲間同士の交流を深めれば、仲間がいつコピーされリタイアや終わりの時期を迎えるのか悩むストレスが軽減される。グループとしてリタイアする習慣が定着すれば、エムは社会に適応するよう圧力がかけられ、生活の変化に伴う社会規範の変化を素直に受け入れやすくなる。

同僚、友人、恋人などがユニットとしてまとめてコピーされれば、チームのパフォーマンスのばらつきは少ない。新しい仲間を友人と恋人のどちらとして扱うべきかといった、気まずい質問を回避することもできる。ただしこのアプローチの場合、エムはチームに閉じ込められたような気分になるので、社会的な絆が弱い場所で共有されがちなイノベーションやゴシップにアクセスする機会が減少してしまう。チームについては、第19章の「チーム」の節で詳しく取り上げる。

## 自殺

死にまつわる事柄に対するエムの反感は弱く、エムは自殺を基本的権利として考えるかもしれない。今日の私たちは、自殺に大きな機会費用［訳注：利益を上げられるチャンスがあるのに、何もしないことによって生じる損失］が伴うことを理解している。未来に存在するはずの長い人生が自殺によって失われてしまう。そのため自殺には慎重にならざるを得ない。しかし似たようなコピーをたくさん持つエムにとって、この機会費用ははるかに小さい。以前のコピーを復活させずに自殺を許せば、生きていた期間に得られたスキルや情報が失われ、生き残ったエムが自殺したエムに抱いていた愛着が断ち切られることが、コストとして発生する程度だ。

エムは自分の存在を終わらせて消去できるハードウェアのスイッチに心の回路を通じてアクセスする基本的権利を与えられ、このスイッチは本人だけが直接使い、極力悪用されないように配慮される。エムは拷問やレイプなど恐ろしい事態に直面すると、こうした自殺用スイッチに手を伸ばす。自殺用スイッチの作動を試みて失敗した記憶についてエムから報告があれば、システムに対する非難の声が上がり、厳密な調査が行なわれるだろう。

もちろん、全脳エミュレーションのプロセスを管理するコンピュータ・ハードウェアからの適切なサポートなしでは、自殺用スイッチは正しく機能しない。

エムのコピーが自分の存在を速やかに終わらせる権利は、自殺の実行を正当化する権利のなかでも最もシンプルなものだ。もう少し範囲を広げた自殺の権利も考えられる。たとえば、同じオリジナルから誕生したすべてのコピーの存在を、エムが最後の主観的な一日のうちに終わらせて抹消する権利を持つシナリオも想像できる。ただし、ほかのコピーが自殺を望むわけではないので、このような方針が好まれるかどうかはわからない。自殺を広い形で認める権利がなければ、コピーが自殺したあとには、つい最近保管されたばかりのコピーが代役として駆り出され、結局は同じ運命をたどる可能性がある。これでは自殺した意味がない。

まとめ：ほとんどのエムは今日の人間よりも死に対する反感がずっと弱く、自殺の権利も進んで受け入れる。

# 第3部

# 経済

# 第12章　労働

## 需要と供給

経済学者にとって需要と供給は、労働市場をはじめとする市場について解説するために非常に役立つ理論だ。もちろん、需要供給モデルが失敗するときもあるが、そのようなケースが目立つのは、大体においてモデルがあまりにもよく機能するからに他ならない。実際、社会科学においてこれほどうまく機能するモデルは存在しない。まさに経済理論の至宝だ。

需要供給をベースにした労働市場においては、売り手も買い手も大体は提供される価格を当然のものとして受け入れ、自分たちは価格を変える力を大して持たないと考える。そのため売買する労働の量を変化させながら、ゴールの達成に努める。需要供給をベースにした市場では、誰もがすべてを知っている必要はないし、誰もが自分にとって最善のことを常に実行する必要もない。実際のところ人間の行動に関しては、かなり強力で役に立つモデルだと言ってもよい。

もちろん、労働者はしばしば非常に特殊な仕事のスキルを獲得するもので、こうした特殊なスキルに対しては売り手も買い手も非常に少なく、競争市場を形成することができない。そのような場合、自らの行動によって適正価格を変更できると労働者が信じても無理はない。しかしどんな特殊なスキルに関しても、そのスキルを同じように学ぶ能力を持つ大量の労働者と、彼らにスキルを学ばせ実践させたいと考える大量の雇用者が控えている。つまり、同じような学習能力を持つ労働者の予備軍と、同じように仕事を学ばせ実践させたい雇用者の予備軍によって、プレスキル（未熟練）労働市場が形成されているのだ。予備軍の規模が大きく、しかも受け取る賃金を制約するような仕組みが働かなければ、需要供給による分析はプレスキル市場にも適用されるだろう。

したがって、特殊なスキルを学んだ労働者が具体的にどれだけの賃金を受け取るか予想するのは難しいが、プレスキル市場において似たような能力を持つ労働者は、訓練を受けた後に同レベルの純報酬を獲得すると予想するのが理に適っている。一方、似たような能力の労働者を確保したい雇用者は、同レベルの純報酬を支払おうとするはずだ（もちろん、賃金に含まれるのは現金だけではない。ステータスシンボル、人脈、情報へのアクセスや計算能力といった資源なども報酬として提供される）。

信号処理用ハードウェアで安く作られたエムを市場に導入し、適切なスキルを学ばせたうえで、普通の人間の労働者が行なう仕事のほとんどを肩代わりさせたら、プレスキル市場がどれだけ変化するか考えてほしい。たとえばエムが競争を展開することによって、エムのプレスキル賃金がハードウェアの総コストの二倍足らずに設定されるためには、どんな対策が必要になるのだろうか。

ハードウェアの総コストよりも低く賃金を抑えられたら、エムは長いあいだ生き残ることができない。

プレスキル賃金が平均するとハードウェアの総コストの二倍足らずになるためには、ほとんどのエムを対象に、訓練コストを差し引いた金額を平均賃金とほぼ同レベルにしなければいけない。

エムの労働市場が今日の労働市場と大きく異なる点は、手軽にコピーが作られることだ。コピーによって、エムの労働市場には大きな変化が引き起こされるだろう。たとえば、特殊なプレスキル・タイプの仕事に対して競合する多くの雇用者からの需要があって、少なくともふたりの競合するエムがコピーを供給できるならば、十分な競争が展開される。どちらのエムも賃金を受け入れるか否かの決め手は、ハードウェアのコスト全体の二倍に賃金が達するかという点のみ。結局のところ、どんなエムも自分のコピーを労働市場にせっせと供給することが可能だ。

第19章の「クラン」の節では、経済の協調にとってクランが重要なユニットであり、メンバーが受け入れる賃金を交渉で調整することについて取り上げる。プレスキルのレベルが拮抗しているふたつのクランが同じタイプの仕事の獲得を目指して競い合うだけでも、労働市場では十分な競争が展開される。ハードウェアにかかるコスト全体の二倍に匹敵する賃金を獲得できれば、エムは起きている時間の半分を仕事に費やし、残りの半分は社交、瞑想、テレビ鑑賞など、費用のかからない活動に費やして快適に過ごすことができる。したがって働くコピーも人生を楽しむコピーも作り出せるが、オリジナルが羨むほど楽しい思いは経験しない。

ひとつ断っておくが、ハードウェアのコスト全体の二倍の賃金というのは、あくまでもひとつの具体例にすぎない。実際にどの程度高水準の賃金を得られるかは、充実した人生を過ごすためにエムがどれだけ余暇を必要とするかによって決定される。

組織に属さないエムが新たに提供された働き口に注目し、競い合って自分のコピーを大量に作る意欲を持っているときには、たくさんのコピーをサポートするために必要なハードウェアの供給量が労働の供給量を大きく左右する。この場合ほとんどの製品の供給は、少なくとも普通の人間の労働力の需要と比べてかなりの弾力性を備えている。

今日の典型的な推定によれば、賃金が一パーセント上昇すると、雇用者が積極的に採用する労働者の人数は長期的に最大〇・五パーセント減少するという（Dunne and Roberts 1993）。つまり、労働需要の量は弾力性に欠け、賃金の変化にあまり敏感に反応しない。さらに、人間の労働力の供給も長期的に見るとかなり弾力性に欠けているようだ。賃金が一パーセント上昇すると供給される労働力は最大〇・六パーセント増えるが、そのうちの最大〇・三パーセントは労働者の人数が増え、残りの最大〇・三パーセントは各労働者の労働時間が増えることによって確保される（Chetty et al. 2011）。

これとは対照的に、製造品の価格が一パーセント上昇すると、製造業者は製品の短期的な供給を平均でおよそ五パーセント増やし（Shea 1993）、長期的にはもっと増やす。つまり、供給される製品の量には大きな弾力性があり、価格に敏感に反応する。なかには一部のコンピュータ・メモリチップなどの商品のように、供給曲線が下降カーブを描くものもある。製品の需要が拡大すると、業界で規模の経済が働き、価格が低下するのだ（Kang 2010）。したがって、自分のコピーの創造に積極的なエムが十分に存在していれば、労働力供給の弾力性は一気に拡大するはずだ。

こうして弾力性が拡大すれば、エムの労働力は大量に低コストで供給され、労働需要は新たな局面に入り、雇用される労働者が増えるほど賃金は低下する。すなわち、ハードウェアのコストが低いほど賃金は低下していく。

多くの企業が低賃金でエムを雇用すれば社会全体の富は膨らみ、ひいては労働の総需要が増加する。もしもハードウェアの供給に弾力性がなければ、労働需要の増加によって賃金がかなり押し上げられ、エムが存在する以前の賃金レベルにまで近づくかもしれない。しかし実際のところハードウェアの供給には大きな弾力性があって、下降曲線を描く可能性すら考えられる。したがって、少なくとも賃金や人口に関する強力な規制が存在しないかぎり、エムの賃金は低い水準にとどまるはずだ。

## マルサス主義的な賃金

こうしてエムの労働力が競うように供給されれば賃金は大きく下がり、エムの脳を動かすために必要なコンピュータ・ハードウェアの総費用の水準に近づくだろう。このようなシナリオは「マルサス主義的」として知られる。この言葉はトマス・マルサスにちなんだもので、彼は一七九八年、人口が経済の総産出量よりも急速に増加すると、賃金は最低生存費水準の近くまで落ち込むと論じた。

本節では、新たな働き口を確保するために十分な数のエムが自らのコピーを積極的に作りだす一方、競争を回避するために組合を結成したりしないことを前提にしている。これに関しては本章の「十分なエム」の節で詳しく取り上げたい。

さらに、エムの賃金が最低生存費水準にまで落ち込むと、他人よりも賢く健康で魅力的な労働者が当然受け取るはずの賃金プレミアムのほとんどが消滅する点にも注目してほしい。エムは簡単にコピーできるので、どんなに優れたスキルを持つエムでさえ、いかなる種類のエムとも同じく大量に作られてしまう。特定のタスクを学ぶための訓練にかかったコストが賃金で補償される金額はまちまちだが、ほかの一般的な事柄に関しては区別がない。そのため、賃金格差は大きく是正され（富の格差はかならずしも対象にならないが）、今日なら高給取りになるであろうタイプの労働者の相対的割合が増加するはずだ。たとえば今日、ビルの管理人に比べて弁護士の採用人数が少ないのは、費用の高さがネックになっている。しかしコストに関する条件が同じならば、エムは弁護士を増やして管理人を減らすだろう。

すべての労働者が予め低い賃金を覚悟していても、なかには特殊な状況で高い賃金を獲得できる労働者も存在する。たとえば、ＣＥＯのようなタイプの仕事をエムにやらせることが莫大な出費を伴うなら、その役割に挑戦して成功を収めた一部のエムにはたくさんの賃金プレミアムが支払われるだろう。ただしそれも、難しい役割に挑戦するためには多額の参入コストを支払わなければならず、結局は相殺されてしまう。せっかく挑戦しても、結局は低い賃金しか期待できない。

さらにエムの労働者は、自分が手がける分野の仕事で突出したレベルに到達することで賃金プレミアムを獲得する可能性も考えられる。突出した成果を上げたエムには具体的に、ナンバー2との生産性の違いを割り増し分として支払われるだろう。ただし、通常はこの違いは小さく、一日につき数分間の余暇が加えられる程度にすぎない。

エムの賃金を最低生存費水準に近づければ、エムを奴隷として働かせることで得られる利益のほとんどは消滅するはずだ。歴史を振り返ってみると、奴隷制が盛んな時期は高い賃金が上昇を続けている時期と重なる。賃金が低いときには相対的に奴隷に食べものや住居を提供するためのコストが割高になり、自由労働者を雇うケースと大差がなくなってしまう（Domar 1970）。

エムの賃金が大きく下がれば、ツールやそれをサポートする資本のコストが労働コストに比べて上昇する。すると需要と供給が調整され、雇用者はツールや資本よりも労働力への依存を強める。今日では、企業の収益のおよそ六〇パーセントが従業員の給与として支払われており、もっと細かく見れば、全収益のおよそ五二パーセントが労働者の手に渡っている。四〇年前にはこれらの数字はそれぞれ六五パーセントと五六パーセントだったから、どちらも減少している。不動産や知的財産の価値が上昇し、ツールなどの資本の効率改善と価格低下が実現し、裕福な人たちが長時間働きたがらなくなったことなどが理由として考えられる（Karabarbounis and Neiman 2014）。エムが登場すれば、収益のなかで労働に充てられる割合は大きくなるだろう。

競争の激しい世界のなかで重要性が失われない業界としては、セキュリティ、緊急対応、研修、法律、金融、報道、エンタテインメント、政治、教育、ソフトウェア、コンピュータや通信関連のハードウェア、エネルギーの生産と輸送、冷却、材料の輸送、建設、採鉱などが考えられる。仕事の種類で重要性が失われないものとしては、デザイン、マーケティング、販売、購入、マネジメント、経営、テスト、監視、診断、修理、清掃、運転、会計、組み立て、包装、取り付け、調合、仕分け、調整、交渉、調査などが考えられる。

最低生存費水準に近い賃金という言葉に本書の読者は違和感を持つだけでなく、恐ろしささえ感じるかもしれない。しかし実際のところ、この水準の賃金もしくは食いぶちはこれまで地球上で暮らしたほとんどすべての動物、あるいは数百年前のすべての人間に当てはまり、今日でも一〇億人がこのレベルで暮らしている。歴史的に見れば、いたって普通だ。貧しいエムにとっても、間違いなくほとんど苦にならない。

## 最初のエム

今日、人間のすべての労働者に見られる特徴の分布は、訓練を受けていない人間の特徴の分布と異なっている。働いている人たちは仕事を選ぶ一方、雇用者から選ばれる。おまけに訓練を受ければ、特殊なスキルが発達するなどの変化が引き起こされる。エムの労働者と訓練されていない今日の人間との違いはそれよりも大きい。エムの特徴は具体的に四つの段階――スキャン、トゥウィーク、訓練、コピー――で選ばれていく。

少なくとも当初、スキャンを受ける人たちは普通の人間と多くの点で異なる。ごく初期には、スキャンの技術の効果を上げようとすれば、細かい情報を読み取るプロセスの一環として脳が破壊される可能性があるからだ。この時期のスキャンには、活動が停止している脳が使われる。超低温状態に置かれるか、プラスチックのような固い素材を注入されるか、いずれかの方法で活動は停止させられる。凍結された脳の表面を細かく二次元スキャンしたら、薄皮を剝ぐようにして、同じプロセスを繰り返していく(Mikula and Denk 2015)。

脳は目立った活動を停止して、そのあいだにスキャンを終えてから何事もなく活動を再開する。ここで必要なのは、活動しないあいだも持続している静的構造をスキャンすることだけで、一時的な活動に関連する詳細はスキャンの対象に含めなくてもよい。

初期のスキャンは脳を破壊する恐れがあるので、スキャンの対象として最初に選ばれる人たちはコストを覚悟で並々ならぬ決意で臨む。なかには不本意な人たちもいるが、「死を覚悟する」人たちは強い熱意を持っている。たとえば、がん患者などは、肉体が滅んでも脳を一時的に保存して、あとからスキャンしてほしいと願う。あるいは、エムの世界に参加したい気持ちが強く、普通の人間としての人生を長く続けるよりも、脳を破壊される危険を冒してでもスキャンのボランティアを引き受ける人たちもいるだろう。彼らは、初期のエムのファームの社員になるかもしれない。

ごく初期のスキャンの対象には、冷凍保存された顧客も選ばれるだろう。予め脳を冷凍して液体窒素のなかに保管しておいた人たちで、技術が進歩したら解凍し、スキャンを受けることに同意している。品質の高い冷凍脳は法的には「死んだ」状態なので、法的制約をほとんど受けずにスキャンを行なうことができる。もちろん、冷凍された脳には生きている脳に比べて不利な点がいくつか存在する。

この五〇年のあいだにおよそ二〇〇人の人体が冷凍保存されている。それ以外に、冷凍保存されるための手続きをすませた存命の人たちがおよそ二〇〇〇人いて、実は私もそのひとりだ。最低でも八〇パーセントの成功率が期待できれば、私は凍結された自分の脳が破壊されてもスキャンの対象として提供したい。

初期に脳をスキャンされる人たちが普通とは異なる二番目の理由は、スキャンが非常に高価なことだ。一部の金持ちはスキャンの費用を自分で支払い、非営利団体や政府は誰かの脳をスキャンするための費用を負担し、営利企業（犯罪組織も含む）は自分たちの利益になりそうなスキャンに投資するだろう。

スキャンから得られる毎日の収入は、一日の仕事を積極的にこなすよう予め訓練を施されたコピーをレンタルして請求する料金に、コピーの人数を掛け合わせた金額になる。一方、負担するコストとしては、ハードウェアの総費用、訓練費用、税金、さらには当初は協力的な労働者になるために現金、地位、余暇やリタイアの時間の増加といった形で賃金に上乗せされる報酬が含まれる。ほかには、見込み客を捜してマーケティングを行ない、訓練方法を開発し、政治家へのロビー活動を展開するための費用なども負担しなければならない。

最初は仕事に協力的な労働者が、仕事のプロセスが進むにつれて意欲を失う可能性も時として考えられる。それが頻繁に発生するようなら、顧客へのレンタル費用は下げなければならない。

営利企業は、あとからレンタルするときに最も純利益が高くなることを見越してスキャンの対象になる人を選ぶ。これらの人たちは勤労意欲が強く、エムの新しい労働環境に柔軟に適応し、多くの顧客から重宝される仕事のスキルを持っているか、あるいは訓練によって手に入れることができる。

エムが奴隷になって拷問を受け、命令におとなしく従うように仕向けられる可能性があれば、エムを創造するためにスキャンを引き受ける人はほとんどいないだろう。この条件を受け入れる一握りの人たちが、特に生産的だとは思えない。生産的なエムの多くが奴隷になる可能性はまず考えられない。

スキャンのごく初期においては、普通の人間や人間の企業が主な顧客になるので、最初にスキャンの対象になるのは、その当時の経済で重宝される仕事のスキルをすでに持っている人たちだろう。それなら直ちに利益を確保できる。キャリアの生産性がピークに近づいている人たちが選ばれる可能性は高く、たとえば年配の弁護士や、突出した生産性が高く評価されているソフトウェア・エンジニアなどが考えられる。

しかしエムの世界が大きくなっていくと、求められるタスクは新しいエムの世界によって規定される。普通の人間の見劣りする世界に合わせたスキルは価値を失い、エムの新しい世界のスキルを学ぶ能力や柔軟性や、新しいスキルを長いキャリアのあいだ使い続ける可能性などが重視されるようになる。その結果としてスキャンの対象は、たしかなスキルを持つ年配の人間ではなく、必要なスキルを学ぶ潜在能力の高い若者へと移っていくだろう。

もしもこの時点でいまだに、危険を伴うスキャンが費用効率の高い唯一の技術だとしたら、潜在能力や柔軟性を備えた若者の脳をスキャンするための競争が激しくなる。有能であると同時にエムの世界への参加を熱心に望む若者の数は限られているからだ。若者が危険を伴うスキャンを自発的に選ぶ自由が制限されれば、大きな衝突も発生しかねない。

あとになってスキャンが危険な技術ではなくなり、スキャンのコストが低下したら、対象になる人たちの数は増える。生産性や適応力への評価が確立されている年配者も、後に生産性や適応力を身に付けることが期待できる若者も含めることができる。最終的にはスキャンに積極的な人たちのほとんどが実際にスキャンを受け、大きな集団が形成され、そこから生産的な労働者が捜し出されるだろう。それまでは、早い時期のスキャンはファースト・ムーバー・アドバンテージを生かせる。ファースト・ムーバーが適応したエムの環境に、後発組のエムやシステムも適応していく。

エムの精神構造は人間と同じだが、選択のプロセスを経るうちに典型的な人間とは異なっていく。たとえば、どの人間をスキャンの対象に選ぶかを決める以外にも、エミュレーションのプロセスでは全部で十数個のパラメータ（設定値）に修正を加え、トゥウィーク（微調整）が行なわれていく。その結果、思慮深さや集中力やゆとりなどの要素が加えられる。車をゼロから組み立てず、既成の車のたくさんの設定を修正しながら調整するようなものだ。トゥウィークの成果は、エムの脳の理解力に左右される。理解力に優れているほど、トゥウィークによる変更は効果を発揮する。

スキャンにどのようなトゥウィークを行ない、トゥウィークされたエム自身があとでどれだけのトゥウィークを許されるかについては、スキャンで創造されたエムとパトロン――スキャン、トゥウィーク、訓練、コピーの資金提供者――との交渉で歩み寄るのが一般的だ。

普通の人間からスキャンされた脳はトゥウィークされた後、エムが支配する世界でエムとして機能するための一般的な訓練を受ける。特定のタスクに精通するためには、さらに専門的な訓練が必要になる。同様のタスクを行なう普通の人間と同じような予備訓練は、役に立つけれども十分ではない。スキャンから生まれたさまざまなコピーは、異なったタスクを実行するための訓練を受ける。スキャンの対象を選ぶときと同じく、スキャンとトゥウィークを経たコピーを訓練する方法も、自ら訓練を施す金持ち、料金を支払って訓練を任せる慈善団体や政府、訓練したエムをレンタルして利益を得ようとする企業、すなわち「職業斡旋所」の好みによって選択される。

スキャンの後にトゥウィークと訓練が終了したら、そこから実際にいくつのコピーが創造され、どんな速度でどれだけ長く活動するかが決定される。その際には、裕福なエムがどれだけの出費を厭わないか、非営利団体や政府がさまざまなエムを創造してどれだけ存続させるつもりか、営利企業がさまざまなコピーのレンタルで顧客からどれだけの利益を確保するつもりかが基準になる。

スキャン、トゥウィーク、訓練、コピーという四つのレベルの選択（スピードの選択も含められる）のほかにも、選択の当事者としては四つのタイプが存在する。裕福な個人、非営利団体、政府、営利企業だ。本章の「十分なエム」の節で論じるが、仕事を確保するために競い合うエムが十分に存在していれば、エムの労働市場は競争が激しくなる。

裕福な個人はどの人間に費用を払ってスキャンやコピーを行なうかだけでなく、コピーを自分にとって寵愛や称賛などの対象にするためどのようなトゥウィークを施すべきかという点まで、時として踏み込んで考える。そのためほかの当事者に比べて選択肢は多彩で、結果として、最も個性的な特徴を備えたエムが選ばれる可能性が大きい。

競争が激しく制約の少ない経済では、大きな営業損失を厭わない裕福な個人や慈善団体が利用できる資源は、営利企業が利用できる資源よりも少なくなるはずだ。さらに、非営利団体は長期にわたって大きな営業損失を出すことに消極的で、営利企業と同じような行動をとろうとする。したがって政府の課税能力や規制が限られている場合には、営利企業がエムを選択するケースを分析の対象にすれば十分だと思われる。

結局のところ、激しい競争のなかで経済的利益がゼロ近くまで落ち込んでしまえば、利益の最大化に努める組織の行動と、営業損失を出し続けては生き残れない組織の行動には大差がなくなる。競争の激しいエムの経済においてそのような事態を回避するため、ほとんどのエムは営利企業によって選ばれたような性格の持ち主になるだろう。

## 十分なエム

組織に所属しない十分な数のエムが、利益の見込める（あるいはさほど損をしない）就職口を求めて積極的にコピーを作り出す意欲を持ち、しかもコピー行為がグローバルに厳しく制約されていないと仮定しよう。さらに、エムを創造するために必要なハードウェア全体のコストが低ければ、利益を優先するかのようにエムの数はどんどん増えていく可能性がある。その結果、エムの数は普通の人間よりもずっと多くなり、ハードウェアの総費用のレベルにまで賃金は低下するかもしれない。でも実際のところ、コピーされることを厭わないエムは十分に存在するのだろうか。

プレスキル（未熟練）レベルのいかなるタイプの仕事においても、とびきり優秀な複数のエムが競い合うためには、少なくともふたりが存在していれば「十分」である。ふたりのエムは同じクランの出身である可能性も考えられる。結局のところ、活動する自由と意欲を持つエムは自分のコピーをせっせと作り出せるので、ふたりが競い合うだけでもある程度の数が保証される。どのタイプの仕事においても、少人数のエムが積極的に競い合えば十分なのだから、全体として具体的にどれだけの人数が「十分」なのかは、いくつのタイプの仕事が存在するかによって決定される。

では、今日ではどれだけのプレスキル・タイプが存在しているのだろう。表面上、私たちの経済には何百万種類もの仕事が存在しているような印象を受けるが、いまよりも大きなエムの経済ではさらに種類が増えるだろう。アメリカの統計調査では、労働者は二万一〇〇〇種類以上の業界と三万一〇〇〇の職業に分類される。ただし、これらの職業の多くは非常に良く似ている。たとえば、アメリカ政府が作成したデータベース（O＊NETと呼ばれる）では、九七四の職種を設定し、それぞれが二七七の項目に細かく分類されているが、九七四の職種に属する仕事のあいだに大した違いは見られない。実際、二二六の項目を分析してみると、四位までの項目が全体の七五パーセント、一五位までの項目が全体の九一パーセントを占めていることがわかった（Lee 2011）。

さらに、労働者の収入や実績を予測する統計モデルでは通常、せいぜい数十のパラメータしか使われない。これらの分析のほとんどはスキル獲得後のタイプに関するもので、特殊なスキルの訓練を受けた後の労働者の違いについて取り上げている。プレスキルのタイプは、ポストスキル（熟練）のタイプほど多彩ではない。

そうなると、専門のスキルを獲得するために求められる能力がそれぞれ異なるプレスキル・タイプの仕事は、スキル獲得後の仕事よりも数がずっと少なくなるだろう。実際エムの経済では、プレスキル・タイプの仕事の数はせいぜい一〇〇万種類程度だと私は考えているが、ひょっとしたら数十種類ぐらいかもしれない。

ではつぎにエムのバリエーションが、スキャンを受ける人のバリエーションや、スキャンされた脳のトゥウィークならびに初期の訓練に由来すると仮定しよう。一〇〇〇人がスキャンを受け、有効なトゥウィークや初期の一般的な訓練が一〇〇〇種類存在するとして、両者を掛け合わせれば一〇〇万種類のタイプが生まれる。そうなると、競争の激しいエムの労働市場のニッチを埋めるために「十分な」エムは、スキャンの資格があって仕事での競争に積極的な一〇〇〇人程度の人間から創造されることになる。十数人、あるいはそれ以下でも十分かもしれない。

要するに、プレスキルすなわち未熟練労働者の賃金の大部分がハードウェア全体のコストのおよそ二倍に落ち着き、その結果として労働量が大きく増加するためには、企業は七〇億以上の普通の人間のなかから、スキャンやトゥウィークやコピーを厭わない有能な人間をせいぜい一〇〇〇人程度選び出し、エムを決められた賃金で働かせればよい。さらに、こうして出来上がったエムの集団が協調行動をとり、交渉によって賃金の上昇を勝ち取る事態を防がなければならない。このような要求が出される可能性は大いにあり得る。

ハードウェア全体にかかるコストにエムの賃金が近づくと、ある意味エムは「貧しく」なるが、「貧しい」という言葉には言外の意味がたくさんあって、そのすべてがエムの世界に当てはまるわけではない。「貧しい」エムが大部分の時間を働いて過ごすのは間違いない。しかしそのようなエムでも物理的な空腹、疲労、痛み、病気、劣悪な衛生環境、重労働、突然死などを経験する必要はない。オートメーションが広く普及しているので、ほとんどの仕事はそれほど困難ではなく、やりがいもあまり感じられない。今日の私たちの世界ではほとんどの人たちが裕福なので、貧しい人たちには社会的地位の低さが痛みとなるが、エムの世界ではほとんどのエムが貧しいので、貧しさが痛みを伴わない。余暇にはきわめて質の高い娯楽を確実に提供され、職場での競争力を失ったあとには快適なリタイア生活を無期限に保証される。

さらに、これまで地球上で暮らしてきた人間の大多数の報酬は、最低生存費水準に近かったことを忘れてはいけない。これは人間以外の動物の大部分にも当てはまる。人間はこのレベルに十分適応する形で進化を遂げてきたので、贅沢に暮らさなくても大抵の人たちは満足できると歴史学者や人類学者は指摘している。エムの世界の評価に関しては、第29章の「評価」の節で詳しく取り上げる。

競争的労働市場が創造されるために「十分な」タイプのエムの労働者が存在するかという問題に関連して、エムのあいだでダーウィン進化論がいうところの淘汰が確実に進行するために「十分な」タイプのエムが存在するかという問題が考えられる。エムを創造する選択肢が多いほど、淘汰は効果的に進行し、エムの世界にふさわしい形で心は進化するだろう。

トゥウィークの選択肢が狭く、たとえば一〇〇万回程度に限定され、オリジナルの人間が数十億人だとすると、誕生するエムのタイプは一〇〇万回と数十億人を掛け合わせた値、すなわち数千兆になるだろう。これは大きな数字のようだが、実際のところエムの進化は限定されてしまう。このようなプロセスで選別されたエムは典型的な人間と同じタイプではないが、普通の人間のバリエーションの範囲からそれほどかけ離れていない。人間と異なるが、人間らしさは認識できる。本書の内容は、大体においてこのシナリオに基づいている。

しかしあとから、有効な形で心が修正される選択肢が広がれば、淘汰によるエムの進化は大きく促されるだろう。この場合、エムは急速に進化して人間とは認識できない姿になるかもしれない。エムはひとつまたは複数の精神種に分類され、それぞれの精神的スタイルは大きく異なる可能性が考えられる。

こうなると事実上、エムはエイリアンになってしまう。これについては第27章の「非人間的な存在」の節で取り上げる。

まとめ：異なったタイプのエムが十分に存在する結果、ほぼすべての賃金は最低生活レベルに落ち着く可能性が考えられる。

# 第13章　効率

## クランの集中

　エムの経済では、スキャンを厭わない普通の人間を大量に確保することが大前提である。スキャンのたびにできるかぎり多くのトゥウィークを施せば、さまざまなタイプのエムが誕生する。このようにして生まれたエムが自分のコピーをせっせと作れば、単独でも労働市場を支配することが可能だ。これだけの要因が重なれば自ずと競争は激しく、利益を最優先する企業は、スキャン、トゥウィーク、訓練の各段階を上手に組み合わせるために腐心するだろう。最高の組み合わせを実現すれば、エムの経済の覇者にもなれる。

　ほとんどの労働市場では、さまざまな分野から有能な人間を一〇〇〇人集めてスキャンすれば十分に競争が促され、競争を勝ち抜いた一握りの最高レベルのエムが各労働市場を支配するだろう。したがって、ほとんどのエムは一〇〇〇人未満、とびきり優秀なエムは数十人未満のオリジナルの人間から生まれたコピーである可能性が高い。少人数のエムが頻繁にコピーを繰り返して形成された「クラン」には、マドンナやビヨンセといった今日の有名人のような知名度の高い名まえがつけられるだろう（もちろん、エムはクランの各メンバーを区別して確認しなければならない）。

知名度のあるひとつの名前を持つエムのクランは、知名度のない名前をふたつも三つも持つ何十億ものクランより、ほとんどの社会的交流で有利な立場を確保できる。赤の他人よりも馴染み深いパーソナリティとの交流を好む人間の傾向を反映し、エムは知名度の低いエムとの交流に消極的で、その結果としてクランのあいだに不平等が生じるだろう。小さなクランのコピーにとっては邪魔者扱いされて命を消されるよりは、まだ差別されるほうがましだといって不平等は正当化されるかもしれない。ただし、エムの世界ではさまざまなクラン出身のエムを寄せ集め、クランとは別の小さな社会集団が形成される。これらの集団がいずれもひとつのクラン出身者に独占されることが敬遠されれば、クランのあいだの不平等は制約されるだろう。

そうなるとエムの社会性は、私たちの狩猟採集民の先祖の社会性と似てくるだろう。全生涯を通じてせいぜい数百人としか会わず、出会った人すべての経歴や性質や能力を十分に理解できる（Dunbar 1992; McCarty et al. 2000）。ひとつの名前で統一された集団内での交流にこだわれば、好きな相手や嫌いな相手をはっきり認識できるし、仲間を喜ばせたり侮辱したりするための最善の方法も理解できる。「電球を取り換えるのに何人のフレッドが必要なのか」といった今日のエスニック・ジョークに類似したジョークがクランのあいだで共有されるかもしれない。そして、ひとつの名前を持つクランは、新しい都市や新しい仕事に移っても「ゼロからやり直し」がきかない。高い名声はどこまでもついてくる。

私たちの狩猟採集民の先祖はお互いをよく知っていたので、個人の行動に過剰反応することはほとんどなかった。その人の人生のほかの側面から、行動の真意を解釈することが十分に可能だったからだ。この状況は、農業の時代から工業の時代にかけて大きく変化した。今日では、私たちについてほとんど知らない人たちが私たちのひとつひとつの行動や発言に強い反応を示す。服従への圧力が狩猟採集民の時代よりも強くなったのは、行動が少しでも誤解されることへの不安が付きまとうからだ。だから私たちは、自分の行動が常に好意的に受け止められるように努力を惜しまない。これに対し、ひとつの名前を持つクランでは服従への圧力が小さい。クラン全体の評判を維持することには熱心だが、それぞれの行動がクランの歴史というコンテキストのなかで解釈される。

とびきり優秀な数百人の人間から作られたコピーが社会を支配する仕組みは、エムの世界が今日の世界と大きく異なる点のひとつだ。

## 競争

数百のクランによって支配される世界は、競争が非常に激しい。

個々の機関や企業の生産性が向上するか、あるいは生産性の高い機関や企業が弱いライバルを押しのけていくと、経済全体の生産性は向上していく。今日では二番目の要因が有力で、激しくなる一方の競争によって加速されている（Foster et al. 2006; Rasmus and Mortensen 2008; Syverson 2011)。

今日の経済は競争がかなり激しいが、空間距離の隔たりや製品の多様性によって市場が断片化され、新しい方法や状況に合わせて個々の従業員を訓練するための時間が必要とされるため、競争はある程度制約されている。その結果、効率の悪い企業や機関が驚くほど長く存続している。たとえば、今日のアメリカの製造工場の場合、生産性が九〇パーセンタイル値の工場の生産性は一〇パーセンタイル値の工場の二倍程度だ。インドや中国では、同じ比較をした場合の数字が五倍に達する（Haltiwanger 2012; Syverson 2004; Syverson 2011）。

エムの経済においては生産性の低い機関や習慣が直ちに排除され、しかも効率に関してそれほど大差がないので、競争はいまよりもずっと激しくなる。これから解説していくが、貧しいエムの世界は製品の多様性が少なく、しかも密集した少数の都市に集中しているので活動空間があちこちに分散していない。さらにエムは、効率的な機関で採用されている方法を容易に移転することができる。効率的な機関で働いているエムのチームから直接コピーを作るだけでよいのだ。ひとりのエムがたくさんのコピーを作り出し、労働市場全体を支配することも可能だ。これらの要因からは、エムの経済では生産性向上を目指して積極的に選別が行なわれ、競争が激しくなっていく展開が考えられる。今日と比べてエムの世界では、さまざまな行動の効率性にわずかな違いしか存在しないので、効率の悪い行動は効率の良い行動に簡単に取り換えられてしまう。

規制や税制によってエムが大きく制約されない裕福な場所が世界の数カ所に存在し、そのような場所で数十の優秀なエムのクランが積極的にコピーを作り出していけば、エムにやさしい環境で賃金が大きく低下して、生産量が大きく増加するはずだ。そのような場所が急速に成長すれば、世界経済はあっという間に支配され、非常に激しい競争が引き起こされる。こうしてエムは支配者として君臨する。

エムの世界では何事も厳しく選別される結果として競争が激しいので、最低のコストで最大の生産性を達成できる仕事や生活環境を追求する傾向が強く、実現することも可能だ。今日では、明らかに効率的な仕事や生活環境を採用したくても、馴染みのない事柄よりも個人や社会の傾向と一致するもののほうが好まれる。親近感を持てないもの、不人気な象徴的意味を喚起させるものは敬遠されてしまう。しかし、いまよりも競争の激しいエムの世界では、このような変化への抵抗が少ないはずだ。服従に関して独自の基準を採用する地域同士が激しく競い合えば、この傾向は確実に加速されるだろう。

　したがって本書ではこのあと、エムの世界では仕事や繁殖や生活環境など、すべてにおいて今日よりさらに効率が追求されることを作業仮説としていく。ハードウェアも訓練も含め、あらゆるタスクにおいて最小限の総コストで有益な成果を達成することが重視されるだろう。抽象的・象徴的で不愉快な事柄に伴う心理的なコストは今日ほど大きくない。もちろん、直接的な不快感が大きな問題なのは今日と変わらないが、抽象的・象徴的な不快感に関しては、ほとんどのエムが新しい環境として受け入れて慣れてしまえば、ほぼ消滅するだろう。

　エムの世界で効率性が重視されるという仮定は実現の可能性があるだけでなく、いたってシンプルでもあるので、エムの世界のシナリオを分析しやすい。競争の激しい世界で新しい方法を提供されたエムは、たとえ馴染みがなく気に入らなくても効率的であれば、プライドを捨てて受け入れる場面が多くなるだろう。

　経済学において「競争（competition）」という言葉には特別の定義がある点に注目してもらいたい。この場合に主体は、自分が支払ったり請求したりする価格に影響を及ぼす力をほとんど持たないかのように行動する。この意味はエムの労働市場において、初期のプレスキル段階に当てはまる。どの特定の市場に参入すべきかクランがまだ考慮中で、多くのクランに同じように参加資格がある段階だ。この時期に競争が促されれば、労働市場への参入を目指すすべての関係者がゼロに近い利益しか期待できない。市場に参入するための固定費を支払えば、エムの純賃金はほぼ最低生存費水準になってしまう。

しかし今日の製品市場の大半と同様、研究や訓練やマーケティングなどの経費に投資を行ない、実際にエムの労働市場に参入するのは一握りのクランに限られるだろう。労働市場への参入を目指すクランは価格設定力を増やすため、あるいは労働生産物の違いを顧客に印象付けるための努力を惜しまないが、この場合、市場に参入するために必要な経費は賃金のかなりの割合を占める。その金額は労働市場が大きくなるほど膨らみ、最終的に経費は、クランがエムを特定の労働市場に供給するためのコストを変動させる大きな要因になってしまう。市場がこの段階にまで進むと、クランも雇用主も簡単に経費を増やすことはできない。

さらに、顧客が個々の労働者よりも特定のチームを高く評価するようになれば、各クランは労働者をチームとしてまとめ上げるために協調し、その結果として一括価格を提供するだろう。このような非競争的な状態の予想は、「産業組織論」という経済学のサブフィールドの標準実績に由来している（Shy 1996）。

こうしてエムの世界では競争によって選択が促されていくが、富の蓄積に大きな成功を収めたサブクランの選択行動は例外的なケースとして注目される。サブクランを使って富を上手に運用するクランにはいくつかの選択肢が与えられる。たとえば優れた事業に投資するときもあれば、他人から優遇されることを狙い、富に関する確実なメッセージを送るときもあるだろう。当初はこのような行動をとっていた裕福なクランが次第に効率的な行動からかけ離れていく可能性はあるが、その場合も直ちに排除されるわけではない。富が失われていくと、予期せぬさまざまな使い方を考える。

このような例外を除けば、エムの世界は非常に競争が激しい。

## 効率

競争が激しい世界ほど効率的な選択が行なわれるが、効率的なエムの世界は多くの点でいまと異なる。今日、規制が弱い国家や産業は概して成長が速く、金融規制が弱いほど多くの産業に利益がもたらされる（Alesina et al. 2005; Pizzola 2015）。おそらくこれは、規制が既存の習慣を守るためのもので、変化が引き起こされないように工夫されているからだ。業界が厳しく規制されれば成長は促されず、ひいては成長が抑制されてしまう（Dawson and Seater 2013）。

これに対してエムの世界における規制は、グローバルなエムの経済で複数の場所が競い合うために役立つものと見なされ、グローバルな競争は大きく損なわれない。たとえば、汚染など局所的な負の外部性を抑制するための規制、都市が規模の経済や範囲の経済を達成しやすくするための規制などは役に立つ。これに対し、トゥウィークの実験や研究を取り締まる規制は役に立たないどころか、大きな弊害になりかねない。トゥウィークをあれこれ試して最後は収穫逓減の段階に達すると、実験でエムを苦しめることが道徳的に嫌悪され、これ以上の可能性を探ることが規制され、成長が抑制されるかもしれない。

概してグローバルな規模で強い規制が存在しなければ、各地域は成長率の向上を競い合うようになり、地域の成長の妨げになるような規制は行なわれない。規制が少ないほど競争は激しく、その逆に、競争が激しいほど規制は少ない。

最高のパフォーマーに報酬を与えるよりは、最悪のパフォーマーを罰する習慣のほうが全体的なパフォーマンスの向上につながるものだ（Drouveils and Jamison 2015; Kubanek et al. 2015）。物事は、品質の良さを評価するよりも品質の悪さを厳しく指摘するほうが良い結果につながる（Klein and Garcia 2014）。ところが、今日の組織は罰することに消極的で、成果に報いたり高く評価したり、ポジティブな面に集中する傾向が強い。結局、ネガティブな面にばかり集中する組織から労働者は離れてしまう。対照的に競争の激しいエムの組織では、今日よりもネガティブな面に集中するだろう。最高の集団のあいだでは品質のばらつきが少なく、大体はベストの労働者のみがコピーされるのだから、報酬を与えたところで得られるものは少ない。

厳しい罰則には直接的な痛みを与える方法があり、実際のところ遠い過去にはめずらしくなかった。しかし、この習慣が今日では極めて稀になったということは、先進国の労働者にとって痛みは大して役に立つ動機づけではなく、エムの労働者にとってもほとんど役に立たないと思われる。一方、報酬の一環として、心をトゥウィークして喜びの感情をもたらす可能性は考えられるが、今日このような習慣が稀だということは、エムの労働者にとって大して役立つとは思えない。

賃金が低くて競争が激しいエムの経済では、製品やサービスに関する私たちの世界におけるこの数十年間の傾向が逆転し、快適さ、スタイル、アイデンティティの強化、多様性よりも、コストや純粋な機能性が優先される傾向が強くなるはずだ。したがってエムの製品は多様性が少なく、規模の経済が達成され、デザインのスキルよりもエンジニアリングのスキルのほうが重視されるだろう。さらにエムの製品のマーケティングでは、気分や理想やアイデンティティと製品を間接的に結びつける方法よりも、製品の特徴に具体的に言及する方法のほうが好まれる。そして数少ないクランにエムが集中するのだから、製品には多様性がそれほど望まれない。このような変化は、イノベーションの割合を高める結果にもつながる。多様性が少なく用途の広い製品や、デザインよりもエンジニアリングに重点を置いた製品のほうがイノベーションの費用はかからないからだ。

何度もトゥウィークが可能で、強力な向精神薬に匹敵する効果が発揮されたとしても、エムは抑鬱状態、恋わずらい、趣味への強迫観念など、精神状態の悪化に定期的に苦しめられるだろう。競争の激しいエムの経済でこのような状態が発生すると、そのコピーは抹消され、大体は悪化する以前に保管されていたコピーが復活される。このオプションに備え、エムは定期的にバックアップのコピーを保存している。以前の状態を復活させることが原因で有益な経験が失われる事態を回避するためには、悪化した状態を改善するのではなく、症状が現れる前に見つけ出して未然に防ごうとするだろう。

一方、競争の激しいエムの経済には、動物のエミュレーションに関する小さなニッチが存在する可能性が考えられる。結局のところ、動物も何らかの役に立つタスクをこなすことができる。たしかに動物は多くのタスクに関して人間よりも能力が劣るかもしれないが、脳が小さいのでエミュレーションのコストは人間よりもずっと低い。しかし、今日の私たちの経済でも動物の脳はほとんど役に立たないのだから、動物のエムが労働力として貢献できる範囲は小さなニッチに限られるだろう。

以上、効率に込められた意味について述べてきたが、これはほんの一部にすぎない。このあと本書では、もっとさまざまな可能性を紹介していく。

## エリート意識

ほとんどのエムは一〇〇〇人程度の人間をオリジナルとして作られたコピーだが、そうなるとエムは、今日の典型的な人間と比べてどのようなエリート意識を持っているのだろうか。

エムのオリジナルは初期の時代に生きている人間のなかから選ばれる（ひょっとしたら、それ以前に冷凍保存された顧客も含まれるかもしれない）。このエムの時代の初期は客観的時間にして一、二年続く程度で、基本的にエムはそのとき生きている人間の候補者のなかから選ばれる。七〇億〜一〇〇億の人間のなかから選ばれる具体的な人数は、エムの時代への移行が実現する時期に左右される。

当初、エムのオリジナルとなる人間を選ぶプロセスでは、成功やスキルや人間関係が十分に確立されている大人が好まれる。しかしほどなく、若くて柔軟性のある人間のほうに関心は移っていく。エムの世界やエムの特殊な仕事に適応するための訓練を施しやすいからだ。そうなると選抜対象となる理想的な年齢の範囲は限定され、おそらく二歳から二〇歳のあいだになるだろう。

今日では五歳から三〇歳までの年齢層のうち、各年齢の人口はそれぞれ一億二〇〇〇万程度だが、今後半世紀でこの数字が大きく変化するとは考えられない（United Nation 2013）。したがって理想的な年齢層のなかには、エムのオリジナルの候補が三億人から三〇億人は存在する。この年齢層のそれぞれから五〇人ないし五〇〇人程度の人間が実際にオリジナルとして選ばれ、そこから一〇〇〇人のエムが創造されて頻繁にコピーされていく。

これがどの程度の精鋭なのか理解するためには、一年に五〇人から五〇〇人がオリジナルとして選ばれるという数字を、今日の人間の世界で毎年名誉ある地位に選ばれる人たちの数字と比べてみるとよい。たとえば年間におよそ一五〇人が、アメリカの音楽界での功績を認められてグラミー賞を受賞する。スポーツでの功績を認められるゴールドメダリストは七五人、優れた広告に贈られるクリオ賞の受賞者は一三六人。そして毎年、映画での功績を評価されたおよそ三四人がオスカーを受賞し、執筆やジャーナリズムで際立った活躍をした二一人にピューリッツァー賞が贈られる。さらに毎年世界では、およそ五〇人の国家元首が新たに誕生している。そして、億万長者のピーク年齢である六〇歳前後の各年齢にはおよそ四五人の億万長者が存在していることを考慮すれば、今日の億万長者に選ばれる資格のある富を最終的に所有する人間は、毎年およそ六五人誕生していることになる（Dolan and Kroll 2014）。

今日こうした名誉に挑戦するのはごく一部の人間だとして、これらの数字から判断するかぎり、頻繁にコピーされるエムが選ばれる確率は、オリンピックのゴールドメダル、オスカー、グラミー賞、クリオ賞、ピューリッツァー賞の受賞者や国家元首が選ばれる可能性よりも低いことがわかる。

しかし、今日では大部分の人たちができるかぎり金持ちになろうと努めるのだから、エムが今日の億万長者よりどれだけ厳選されたエリートなのかは断定できない。さらに、毎年およそ八人のノーベル賞受賞者とオスカーを受賞する俳優が誕生し、各年齢で少なくとも三人が三つのオリンピックゴールドメダルを獲得しているといっても、それを少数精鋭のエムが選ばれるプロセスと単純に比較することはできない。適切なスキルと資源に恵まれたうえで栄えある賞に挑戦しようとする人たちが、今日どの程度存在するのか明らかではない。しかし、頻繁にコピーされる優秀なエムは、少なくとも選抜基準として求められる特徴がはっきりしている。厳しい基準をクリアして選ばれた一〇〇〇人足らずのエムは、人間よりも精鋭だと言えるだろう。

今日では、ピューリッツァー賞、オスカー、ノーベル賞などの受賞者や億万長者などの超エリートのなかでユダヤ人が占める割合が不釣り合いなほど多い（Forbes 2013）（ほかにもエリートを輩出している民族はいないか資料を当たってみたが、見つからなかった）。そうなると確信はないが、ユダヤ人をオリジナルとして誕生するエムの割合も不釣り合いに多くなる可能性が考えられる。ひょっとしたらユダヤ人は一過性の文化的な理由のため、たまたまエリートを輩出しているだけかもしれない。ただしそれでも、エムの世界が始まった時点でたまたまエリート層を形成している普通の人間の集団が、最終的にエムの世界で不釣り合いなほどたくさんオリジナルとして選ばれ、その傾向が長く続く可能性はあり得る。

これから半世紀のあいだのどこかの時点で体外受精によって厳選された胎児が創造され、生物としての質がきわめて高い赤ん坊が誕生する可能性は考えられる（Shulman and Bostrom 2013）。そんな赤ん坊が適切な年齢に到達すれば、スキャンを受けるオリジナルとして非常に魅力的な候補になるだろう。

頻繁にコピーされる可能性の高い一〇〇〇のクランを創造するチャンスが高い人間集団に所属していても、ほとんどの人にとって実際のチャンスは少ない。たとえば、今日ではおよそ一六四五人の億万長者が存在する（Dolan and Kroll 2014）。もしもエムへの移行期に同じだけの数の億万長者が存在し、彼らがトップエリートのクランを創造するチャンスは平均の一〇万倍だとしても、実際には、億万長者から誕生するのは一〇〇〇のトップランクのクランのなかのせいぜい一〇程度である。ひとりの億万長者がエリートのクランを始められるチャンスはわずか一パーセントにすぎない。

要するに、今日の人間と比べてエムは超エリートである。

## 質

エムは非常に競争の激しい世界を生き残ったエリートであるという事実からは、エムが個人としてどのような特徴を備えていることが予測できるだろうか。

エム同士の最高の組み合わせは、有益なタスクに対する平均生産性の高さだけでなく、生産性にばらつきが少ない点にも考慮して決定される。つまり、最高のエムは一貫して優秀である。結局のところ、ほとんどのタスクはほかのタスクと緊密に連携している。そのため、局所的な生産性が思いがけず向上した結果として関連したタスクの生産性が向上することもあるが、それよりはむしろ、局所的な生産性が思いがけず低下した結果として関連したタスクの生産性が低下する現象が起きやすい。相互に依存し合うタスクのあいだで局所的な生産性に変化が生じると、全体の生産性に悪影響がおよぶ。

今日では仕事の生産性の高い人たちは、健康、美、結婚、宗教、知性、外向性、誠実性、感じのよさ、神経症的傾向のなさなど、あらゆる面で優れている（Roberts et al. 2007; Steen 1996; Nguyen et al. 2003; Barrick 2005; Sutin et al. 2009; Fletcher 2013; Gensowski 2014）。そしてこれらの特徴は、教育や職業での名声に結びつくことが予想される（Damian et al. 2015）。強い確信はないが、今日の人間と比較して、エムはこれらの特徴を多く備えているだろう。

あまりにもレベルが高すぎる人は社会に「適応できない」リスクを抱えているが（Towers 1978）、概して私たちの世界では、素晴らしい成果は優秀な頭脳によって達成される（Kell et al. 2013）。賢い人たちは不測の事態に影響されず、寿命が長く、協力的で我慢強く、他人を疑わず、他人から信頼され、合理的で集中力があり、法律を破らない（Jones 2011; Melnick et al. 2013）。さらに、臨床実験では経済的効率性の高い政策を支持し、国策に関する調査では楽観主義的な傾向を示す。そして市場の活用、不要不急の仕事の回避、外国人との取引など、何事にも効率的な方針で臨む傾向が強い（Caplan and Miller 2010）。一方、賢明な国家は人びとの起業家精神が強く、腐敗が少なく、経済的自由が多く、優れた制度に支えられている（Jones and Potrafke 2014）。賢い人たちもエムも生産性が高いことを考えれば、今日の人間に比べてエムがかなり賢いことは大いに期待できる。賢いエムに込められた意味については、第27章の「知能」の節で詳しく取り上げる。

今日では、仕事の生産性を予測する目安となる特徴は、幸せの予測にも役に立つ。そうなると絶対とは言えないが、ほかの条件がすべて同じだとした場合、エムは今日の人たちよりも幸せを感じるだろう。もちろん、特に欲望の大きなエムが選ばれたり、そのような形にトゥウィークされたりした結果、がむしゃらに働いて良い結果を出さなければ満足できない可能性はあり、そうなると簡単に幸福を感じられない。エムの幸せに関しては、第29章の「評価」の節で詳しく取り上げる。

私たちの世界では、ゲイの男性は比較可能なストレートの男性よりも収入が少なく、レスビアンの女性は比較可能なストレートの女性よりも収入が多い（Carpenter 2008）。そこからは、不釣り合いなほど多くの女性のエムがレスビアンで、不釣り合いなほど少ない男性のエムがゲイだと考えられる。

歯を食いしばって努力する人たちは困難なタスクに直面しても忍耐強く、学校などの場でみんなより高い成果を上げる（Duckworth and Quinn 2009）。行動に強い目的意識と意味が伴い、友人やチームメイトとの強い絆に助けられ、困難な状況を深刻に受け止めない。自信があっても現実的で、常に万全の準備を整え、不安と向き合ってじっくり考え、学習や改善に集中できる「成長思考」の持ち主だ。自分の行動をじっくり振り返って頻繁に反省し、ささやかな勝利に感謝の気持ちを抱き、いつでも楽しいことを見つけられる（Barker 2015b）。強い確信はないが、エムも同様の戦略を採用するだろう。

一二歳のときに規則を破って親の権威に逆らおうとする生徒は、少なくとも生徒として賢く勤勉で責任感を持っているかぎり、学校でも、五二歳になった時点での職場でも良い成績を残す傾向が強い（Spengler et al. 2015）。エムも賢く勤勉で責任感を持っていることを考えれば、一生懸命に良い仕事をして大人として責任ある行動をとる一方、権力を無視してルールを破る可能性が考えられる。

適度なレベルのストレスによって感情を喚起されるときに仕事は最高の成果を発揮することを考えれば、仕事中のエムは小さすぎず大きすぎもしないストレスや不安を抱えているだろう（Perkinsa and Corrb 2005; Lupien et al. 2007）。気分が最高潮に達したときタスクの生産性は最も高くなるとすれば、タスクを実行中のエムは気分が最高潮に近づいているはずだ。最近の似たようなタスクについて思い出す必要が少ないほど、気分は最高潮に近づく。気分が最高潮のエムを保存しておけば、たくさんのタスクを任せる準備が簡単に整う。最近の似たようなタスクについて記憶しておく必要のあるエムは、気分の変動が大きい。

意識の強い人たちは目の前のタスクに集中し、気が散漫になることが少ないので、たとえ独創的でなくても幸せで生産性が高い。意識は学習可能なのだから、エムも強い意識の持ち主になるだろう(Killingsworth and Gilbert 2010; Baird et al. 2012; Mrazek et al. 2013; Randall et al. 2014)。

今日では遅くまで起きている夜型人間に比べ、早起きする朝型人間のほうが収入は多く、学校の成績は優秀で、失業する機会が少なく、衝動的で不安定な傾向が小さい。朝型人間のほうが要領がよいわけではないが、順応性が高くて感じがよく、誠実である。そこから推測するかぎり、エムは夜型よりも朝型になる可能性のほうが高いだろう。ちなみに、女性や年配者は朝型人間になる傾向が強い(Paine et al. 2006; Cavallera and Giudici 2008; Preckel et al. 2011; Bonke 2012)。

今日、時差の影響で仕事のスタート時間が遅い人たちは、高収入を得るために十分な睡眠をとらなければならない(Gibson and Shrader 2014)。しかし、朝型・夜型、性別、年齢、教育、所在地、業種などの要素を考慮したうえで調整してみると、収入の多い人たちは概して睡眠時間が少ないという結果が導き出される(Bonke 2012)。ただし、毎晩の睡眠時間が一時間未満でも十分に活動できる特殊な遺伝子の持ち主は、今日では全体の一パーセント未満しか存在しない(Pellegrino et al. 2014)。そうなるとエムは、この特殊な遺伝子を持つ人間のスキャンから生まれ、仕事の効率を高めるために相応の睡眠が必要とはいえ、今日の私たちよりも睡眠時間が少なくなる可能性も考えられる。

双極性障害、すなわち「躁鬱病」を抱えている人間は全体として生産性が低いが、躁状態のときは生産性や創造性を著しく発揮することが多い。独創性が特に重要な仕事において、これらの人たちは大きな比率を占めている(Laxman et al. 2008; Kyaga et al. 2011; Parker et al. 2012)。エムの経済ではワーカホリックが普通の仕事に選ばれる可能性を考えれば、短期間の独創的なタスクに関しては、躁鬱病患者からコピーされ、生産的な躁の段階に入ったエムが対象として選ばれるかもしれない。

今日、研究に打ち込んで素晴らしい成果を上げる科学者は、ほかの人たちよりも芸術的な趣味を持っている可能性が大きい（Root-Bernstein et al. 2008）。したがって、似たような仕事に就くエムもまた、芸術的な趣味を愛好するだろう。

まとめ：今日の人間と比べ、エムは多くの点で異なっていることが確認できる。

# 第14章　仕事

## 労働時間

今日では、競争が非常に激しい仕事や職業や業界で成功する人たちは、労働時間が非常に多い。そうなると、エムを生産性によって選別した場合に世界では、働き者のエムに活躍の場が与えられる可能性が考えられる。ひょっとすると「ワーカホリック」になり、起きている時間の三分の二以上を仕事に費やし、一日に一二時間以上働くかもしれない。

今日では「ワーカホリック」と見なされる人たちは稼ぎが多く、男性で、人付き合いなどの時間を休日に集中させてスケジュールを組む傾向が強い（Kemeny 2002; Currey 2013）。強い確信はないが、このパターンから考えられるエムは男性で、シミュレーションの際のトゥウィークによって朝型人間として働き、人付き合いなどは決められた時間に集中させるだろう（男女の数の不平等にエムの世界がどう対処するかに関しては、第23章の「男女比の不均衡」の節で詳しく取り上げる）。

今日のアメリカで一五歳以上の人たちが仕事や「仕事関連の活動」に従事する時間は、平均すると週に二五時間である。一方、学校には三時間、家事には一二時間、テレビ鑑賞には二〇時間を費やす(Bureau of Labor Statistics 2013)。しかし一八二〇年から一八五〇年にかけてアメリカやフランスやドイツでは、男性の週平均労働時間は六八ないし七五時間だった(Voth 2003)。エムの時代、仕事のレベルは一八二〇年から一八五〇年にかけてのレベルに戻るか、それを上回る可能性すら考えられる。もちろん、「仕事の」時間にはゴシップに花を咲かせ、ニュースを追いかけ、予定外の調査活動に携わる時間が、本業の目的に役立つような形で含められる。

労働時間が長いとかえって生産性が損なわれると主張する人たちは多い。たとえば建設作業においては、週六〇時間労働を二カ月間続けると、同じ期間に週四〇時間働く場合よりも生産量が減少すると言われる(Hanna et al. 2005; Alvanchi et al. 2012; Pozen 2012; Mullainathan and Shafir 2013)。労働時間が多くなりすぎる原因はいわゆる「ラットレース」で、非常に献身的かつ生産的に働いている姿勢を誰もが必死でアピールしようとする(Sousa-Poza and Ziegler 2003)。

エムの世界の競争から生まれる制度や習慣は生産性を向上させるが、そこでは個人的嗜好は特に重視されない。そのためエムは、労働時間が長すぎも短すぎもしない。良い印象を与えるために労働時間を増やしたがるエムがいれば、そんな個人的嗜好を抑制する方法が制度のなかで確立され、好ましからぬ傾向が害をおよぼす可能性が食い止められる。労働時間が短くて休憩が多く、週末のオフの時間が長いほうが生産性を向上させるなら、エムはそのような形で働くだろう。

しかし、今日のほとんどの労働者に長時間働きすぎる傾向があるのは、きわめて生産性の高いわずかな労働者が、長時間働くときに最大の生産性を発揮するからだろう。普通の人たちは、これらの超優秀な労働者の真似をしようとする。そうなると、とびきり優秀な労働者をオリジナルとして選んで作られたエムも、長時間労働を好む可能性が考えられる。

一生懸命働いて優れた成果を上げるエムが創造されれば、エムの文化では余暇ではなく仕事が中心的な要素になるだろう。工業時代には余暇を中心に考える姿勢が一般化して、今日ではこの傾向が女性や若者や未婚者のあいだで特に大きい。なかでも学歴が高卒の人たちは、それ以上や以下の人たちよりも余暇を重視する傾向が強い。仕事と余暇のどちらを好む人にとってもお金は重要な存在で、どちらのタイプも同じように仕事を取捨選択する権利を持っていると考える。

余暇を中心に考える人たちは仕事への満足感が少なく、仕事よりは余暇から達成感などの内発的報酬を得られる。職場で重視するのは対人関係で、仕事への義務感や社会に貢献する意欲が少なく、労働時間は短い（Snir and Harpaz 2002）。強い確信はないがそこからは、エムは労働時間が長く、既婚の男性で、職場の人間関係には深く悩まず、社会奉仕への義務感が強く、余暇よりも仕事から内発的報酬を獲得するものと考えられる。

エムの労働者は労働時間の長さに加え、不愉快な職場環境も生産的でさえあれば受け入れることを厭わない。工業時代においては、消費の多様化と労働時間の短縮だけでなく、職場環境の改善に対し、獲得した富の多くを費やしてきた。いまの私たちよりも貧しくて競争心の強いエムはこの傾向を逆転させ、単調な重労働中心の職場を受け入れる可能性が大きい。ただし、単調でも生産性のある重労働がエムの世界にどれだけ存在するかは明らかではない。

不愉快な職場環境を厭わず真面目に働いて成功したエムは、苦労のすえに巨万の富やオスカーやオリンピックのゴールドメダルを勝ち取った今日の人たちと比べ、劣悪な環境に腹を立てて抗議する可能性が小さい。劣悪な環境でがむしゃらに働くエムは通常、あとで大きな成功を摑むための代償としてこれらの条件を受け入れる。

音楽を聞きながらの作業が生産性を向上させる職種もあることを考えれば、一部のエムは音楽を聞きながら作業するかもしれない（Fox and Embrey 1972）。音楽は穏やかで歌詞がなく、集中力を妨げない種類のものが選ばれるだろう（Kiger 1989）。

## スパー

エムの世界では「スパー」が大いに利用される。スパーは仕事の開始時ごとに新しく作られるエムのコピーで、仕事が終わればリタイアするか抹消される。仕事が継続する時間は一〇分から一〇時間程度だ。

寿命の長いエムは主観的時間にして二四時間のあいだに、平均すると八時間から一二時間を仕事に費やす。これに対し、ひとつの作業セッションの終了を待たずに抹消される寿命の短いスパーは、生きているあいだはすべての時間を仕事に費やす。そのため、スパーの脳を働かせるためのハードウェア資源にかかるコストは、通常のエムの労働者の半分から三分の一にすぎない。せっかく作り出したスパーを数時間だけ働かせたあとに抹消すると、将来同じタスクをこなすために役立つスキルやコンテキストを学ぶチャンスが失われてしまうが、コスト節約につながる複数の要因には抗えない魅力がある。

スパーを利用すれば休憩時間をとるために必要なコストだけでなく、精神的加齢の節約にもつながる。第4章の「複雑さ」の節ですでに述べたが、エムの心は主観的経験を重ねるにつれて柔軟性を失い、脆弱さが目立つようになる。タスクを通じて何らかのスキルを獲得しても、経験を重ねるにつれて精神の脆弱さが目立つようなら、スキルをわざわざ維持する価値はなくなってしまう。その点、スパーは費用対効果が高い。エムの世界で実行する価値はあっても直接記憶する価値のない短期間のタスクには、スパーがふさわしい存在である。

時には自分がスパーになることも厭わないエムは積極的に選別され、エムの仕事の大半はスパーが引き受けることになるだろう(Shulman 2010)。第11章の「死の定義」の節で述べたが、スパーの命を終わらせても「殺人」とは見なされない。

エムの経済のなかでスパーは中心的存在なので、スパーの経験がどんなものか、エムは十分に精通している必要がある。そうすればスパーに割り当てるタスクや、スパーをサポートするツールや環境を選びやすい。そのためには、スパーがタスクを終了した時点でごくまれに、スパーと中心的なエムの役割を交換してみる方法などが考えられる。これなら中心的なエムは、スパーだった過去の経験をいくつも記憶できる。

リタイアしたコピーが最小限のスピードで暮らす無期限のリタイア活動に入る保証がなければ、コピーを作ることを拒否するエムもなかには存在するだろう。リタイア時の最小限のスピードを速くしたければ、働く期間を延長し、長いあいだ仕事で抜きんでた成果を上げることが前提条件になる。

最近行なわれた調査によると、アメリカ人労働者は食事や人付き合いやネットサーフィンといった「ローフィング」［訳注：手抜き］に対し、仕事時間全体の七パーセントを平均で費やしている。労働者が失業を恐れる場合には、このパーセンテージは低下する（Burda et al. 2016）。競争心の強いエムの労働者はローフィングに費やす時間が少ない。

今日、精神活動の成果は精神的疲労によって一分当たり〇・一パーセントの割合で減少する。休息をとると一分当たり一パーセントの割合で疲労が回復することを考えれば、仕事日のおよそ一〇分の一は休憩に当て、つぎの休憩まで一、二時間以上の間隔を空けないのが望ましい（Trougakos and Hideg 2009; Alvanchi et al. 2012）。実際、私たちは頻繁に休憩をとるよりも、一時間ごとに休むほうを好む傾向があるようだ（Dababneh et al. 2001）。短い休憩時間を頻繁にとり、午後よりも午前の時間帯を選び、休憩中の行動が仕事と無関係ではないが社交目的の好ましい内容で、オフィスの外の場所が選ばれると、休憩は生産性の向上につながりやすい（Hunter and Wu 2015）。一日に一回、一〇分から三〇分程度、あるいは複数回に分けて昼寝をしても生産性が向上することは証拠から明らかにされている（Dhand and Sohal 2006）。

エムの心がトゥウィークされれば、休憩時間や昼寝は不要だろう。しかしトゥウィークされない場合には、昼寝や休憩を終えたばかりのコピーからスパーを作れば、完成までに一時間もかからないタスクの生産性は大きく向上する可能性が考えられる。したがって、エムのタスクの多くは完成までの時間がおよそ一時間で、そのあいだ大勢のスパーがフルに活動するように計画されるだろう。

今日、労働者の生産性は概して一日の時間帯によって異なるが、平均的なピークタイムはタスクごとにさまざまだ。たとえば私たちの世界では、建設作業のピークは午前一〇時ごろ、複雑な戦略を伴うスポーツは午前中、手書きの作業や体力を使うスポーツは午後がピークタイムになっている（Alvanchi et al. 2012; Hölzle et al. 2014; Drust et al. 2005）。さらに、生産性がピークに達する時間は年齢によっても、あるいは朝型人間と夜型人間のどちらかによっても異なってくる。各エムは、割り当てられたタスクで最高の生産性が達成されるよう、時間をうまく調整してスパーを創造する。タスク終了に長い時間がかかることが予想されるほど、ピークタイムよりも早く作業は開始され、動員されるスパーたちの生産性が、平均するとベストの値になるための努力を惜しまない。

今日、生産性の高いマルチタスキングはわずかで、ひとつまたはふたつのプロジェクトを一度に進めるのがベストだと思われている（Aral et al. 2007）。そうなると寿命の長いエムもスパーも、どちらも一度に行なうタスクの数はわずかに限定されるだろう。

社会のさまざまな厄介ごとに巻き込まれる事態を回避するため、スパーはスパー以外の友人や恋人と社会的に交流する機会が少ないだろう。むしろスパーの同僚など、ほかのスパーとの交流に専念する。相手がスパーならば、親切で友好的な態度はその場限りのもので、長続きさせるつもりがないと判断して間違いない。しかも主人であるエムに報告する必要もなく、わずらわしさから解放される。同僚のスパーから特別に親切にされるときには、下心のない純粋な気持ちだと考えてよい。

スパーを利用する際、エムは頭のなかでさまざまな行動を調整して計画を立てたうえで、スパーのコピーを作り出して仕事を割り当て、終了したらすぐにリタイアさせるか抹消すればよい。これならタスクは主観的時間にして一日で完成され、あとまで記憶すべき詳細は最小限にとどめられる。

スパーの利用法

法的にも道徳的にもいかがわしい物事をエムが後ろめたさを感じつつ実行する際には、リタイアせず命を抹消されるエムを利用すれば都合がよい。スパーの心が消滅すれば、行動の主な証拠も消えてしまう。たとえばスパーは、過去のお粗末な成果の証拠を改ざんすることができる。スパーはそうした行動を意図的に行なうわけではなく、自分には何ができるのかを無意識のうちに認識している。問題行動を起こしても後悔しないし、あとから暴露するつもりもない。無作為に選んだ一部のスパーの心を消滅させずに保管しておき、あとで違反行為が見つかったら厳しく罰するようにすれば、この問題に対処できるかもしれない。

いずれ抹消される運命のエムを利用すれば、短期間のコンサルティング業務でのプライバシーが保証される。たとえば結婚相談のカウンセラーは周囲から孤立した環境にスパーを作り出し、顧客から人間関係の問題について聞き出して個人的なアドバイスを提供させたうえで、終わったら抹消すればよい。

スパーは探索を伴うタスクで特に役に立つ。会計監査を担当するスパーは会計上の不正行為を見つけ出し、研究に関わるエムはイノベーションのアイデアを試し、芸術家のスパーはデザインのコンセプトを試し、計画に携わるスパーは可能なプランについて検討する。このような作業中にスパーが何か特別に役立つことや興味深いことをたまたま発見したら、通常よりも寿命が大幅に引き延ばされるチャンスがわずかに期待できる。

スパーが介在すれば説得作業はスムーズに進む。「こちらの情報を知ってもらえば、納得できるはずです」と切り出せばよく、情報源を明かす必要はない。この場合には、説得する側とされる側がふたりきりになれる「隔離部屋」のような場所がスパーの話し合いの場としての機能を果たす。時間の限られた会話のなかで、話し手のスパーが聞き手のスパーに事情を説明する。たとえば上司が社員に対し、ファームに関する情報の一部は非常に微妙なので、相手と共有できないと説明することも可能だ。

隔離部屋では標準的なデータソースだけでなく、特別に依頼したソースにもアクセス可能で、いっさいの痕跡が残らない。会話が終わったら隔離部屋もその中身もすべて消去される。そのあとエムは、隔離部屋のなかで聞き手が選んだ「イエス」もしくは「ノー」という短い回答のみをスパーから聞くことになる。あるいは、予め決められていた少ない選択肢から何を選んだのか聞くこともできる。

これならかなり信頼性が高い。一方、隔離部屋では短いやりとりの代わりに、一定の予算内で長い文章の質問を準備する方法も考えられる。予算の範囲内なら、外にいるエムはどんな質問をすることも許され、得られた回答に基づいて新しい質問を考えていく。しかし、隔離部屋から戻ってくる回答のビット数が増えるほど、公開されるべきでない情報を違法に符号化するために一部のビットが使われている可能性が高くなる。

たとえばスパーの隔離部屋のなかには買い手や売り手に関する詳細情報や秘密が保管されており、これらの内容が公開されるので、買い手は複数の売り手のなかから好きな相手を選びやすい。あるいは、配偶者の候補同士は隔離部屋のなかで親密な関係を育み、お互いの相性を確認することができる。そして、ファームはビジネスや製品のアイデアについて聞かされ、検討したうえで拒んでも、アイデアを盗み出したと供給業者から非難される心配がない。

もちろんスパーは、情報の漏れやすい隔離部屋に入って秘密を打ち明けることがないよう注意しなければならない。本当の隔離部屋のように見えても、実際には情報が漏れてしまうデバイスも存在する。十分に信用できないクラン同士が隔離部屋にアクセスして情報を共有する場合には、信頼できる第三者が介在するべきだろう。

なかには隔離部屋で相手のスパーから望み通りの回答が得られなかったとき、相手に何らかの形で物理的・精神的に危害を加えたことがあると打ち明けるスパーもいるだろう。この問題を回避するためには、独立した（そして危害を受けにくい）判事が話し手や聞き手と一緒に隔離部屋のなかに入り、危ない徴候が言葉から十分に感じ取れた場合には、隔離部屋の「無効」を宣言すればよい。

このような隔離部屋を使用するコストを抑えるために、隔離部屋が創造されたらどんな結果が生み出されるかを対象に、エムはたくさんのオーディエンスを集めて青天井の賭けを行なわせるかもしれない。ただし、実際に隔離部屋が作られるのは、たとえば全時間の一パーセント程度かもしれない（こうした予測市場の詳細については、第15章の「予測市場」の節で取り上げる）。このような提案があれば聞き手のスパーも誠実になり、隔離部屋のなかで相手の言い分を公平に評価してもらうことが期待できる。

隔離部屋のなかでは、重要な問題に関して相手のスパーの言葉を無条件に信じる必要はない。自分の話が正しいことを裏づける十分な理由はあるが、秘密にしておきたいので説明できないという主張は通用しない。たとえば政府当局は、政策を採用すべき十分な理由はあっても秘密を明かせないと偽ることができない。隔離部屋のなかでは誰もが理由を尋ねて確認できる。

一方、隔離部屋があれば、スパーは自己欺瞞に心を痛めずにすむ（エムの世界では隔離部屋以外の場所で、自分を偽ることは難しいだろう）。たとえばスパーは配偶者、チーム、企業、クランなどについて理想的な信念があっても、重大な結果を招くときには理想とかけ離れた現実的な行動をとらなければならない。そんなとき、重要な状況に関しては隔離部屋のなかでのアドバイスに頼る習慣があれば、自分を偽る心の痛みから解放される。

隔離部屋のなかでは、理想を追い求めず現実的な選択を行なうのが最善の策である理由がアドバイザーから説明される。スパーは外に出ると、なかでのアドバイスに忠実に従い、それが自分の理想とする信念とかけ離れている理由については深く考えない。これならスパーは、自らの理想に忠実でありながら、重要な局面においては理想とする信念を無視することができる。

ほかにもスパーが役立つ場面は多く、たとえば、微妙な要素が細かく制御された社会実験を行ないやすい。たとえば就職の面接について、小さなバリエーションをいくつも創造することもできる。服装や声の調子などを変化させれば、応募者が採用されるチャンスにどんな影響をおよぼすか確認できる。このような実験では、ほかのすべての要素は一定に保たれる。

さらにスパーは、バイアステストにも利用可能だ。今日、心理学者が一般的なバイアスを明らかにする際には、無作為に選ばれた被験者を複数のサブグループに分割し、それぞれに異なった刺激を与える。たとえば、異なる文章で書かれたふたつの質問には、大体は異なった種類の回答が寄せられる。あるいは、異なったサブグループに異なった結果について予め語っておいて、あとから実際に結果が選ばれたとき、それについて知らされていた確率がどの程度だと思うか尋ねれば、「とっくに知っていた」という発言から後知恵バイアスを確認できる。

ただし、個人の決断は無作為変動に影響されるので、今日ではこのような実験を行なうために被験者をたくさん集め、微妙な結果を確認しなければならない。対照的にエムのスパーは大きなグループだけでなく、個人のなかにもバイアスが直接反映される。ひとりのエムから複数のコピーを作り出して異なった刺激を与えたうえで、それぞれの回答を直接比較すればよい。

自らの公明正大さをオーディエンスに納得させたいエムは、独立した判事や対立する相手に「スプリットテスト」［訳注：複数の案のどれが優れているか、何度もテストして定量的に決定するテスト手法］を実施する権限を与える可能性さえ考えられる。その場合、エムはつぎのように提案するだろう。「これから一時間行なわれる議論のなかで、私から三つのコピーをこっそり創造してもらいたい。毎回、私の三つの分身が最大で五分間、あなたからそれぞれ異なった話を聞かされる。私がだまされ、それぞれの回答のなかにバイアスのパターンが見られるか確認してもらいたい」。

よく似たスパーの行動を比較するためにスパーを利用するときには、エミュレーション用のハードウエアが決定的モデル［訳注：対象としているモデルの挙動などを予測できるモデル］であるほうが役に立つ。これなら、演算のランダム誤差によって結果が混乱する可能性は回避される。

このようにスパーには多くの用途があるが、最終的にリタイアさせずに抹消するほうが効果は高い。ただし、リタイアが非常に長いあいだ延長される場合や、保管されているコピーへのアクセスが当面はきわめて難しい場合には、同じだけの効果が期待される。

社会的権力

私たち人間と比べ、エムは個人的に権力を獲得して保持する能力が優れている。今日の人間は権力や名声や物質的資源を巡ってしばしば競い合う。しかしほとんどの人たちは、手に入る手段をすべてつぎ込み、戦略を立てて激しく競うことには乗り気ではない。私たちがそのような態度を受け継いでいるのは理に適っている。狩猟採集民の世界はそんな攻撃性を厳しく罰したので、その傾向に合わせた習慣や基準が人間の心の奥深くに内面化したのだ。農業の時代になって攻撃性が報われる機会は増えたが、それでもしばしば厳しく罰せられた。しかし競争に消極的な習慣は、農業の時代と異なる今日の世界ではふさわしくない場面が多く、エムの世界にも適応しにくいだろう。

なかには、激しく競争することを他人よりも厭わない人たちもいる。農業や工業の時代にはこのようなタイプが選ばれる機会が多く、攻撃性の強い競争者は権力者のなかで大きな比率を占めるようになった（Pfeffer 2010）。エムの時代には、権力闘争に最も成功を収めたクランが選ばれ、権力に執着する習慣や特徴の持ち主が高い地位を独占する傾向がさらに強くなるだろう（ほかのエムは、それほど権力の強くない地位を占めるだろう）。権力があれば全体として有利な立場を確保できるのだから、おしなべてエムは権力の獲得に役立つ特徴を多く備えているはずだ。

実際のところ今日の私たちは、世の中で権力を獲得するために役立ちそうな習慣や特徴について十分に理解している（Pfeffer 2010）。これらの習慣や特徴のいくつに強靭性があり、エムの世界への移行に伴う文化の変化を生き残れるのか確信できるわけではないが、長持ちするものは多いはずだ。それを妥当な判断基準として考えれば、一般的な習慣や特徴がエムの時代にはどのように変化するか予測できる。ここではエムが権力の獲得に役立つ特徴を備えているものと仮定して、今日の人間とどのように異なるのか簡単な予想をまとめてみよう。

権力志向の強いエムは今日の人間と比べて政治的に抜け目がなく高いスキルを備えており、権力を追い求める個人的な動機を強く持っている。その一方、失敗する可能性のあるテストを受ける機会を拒むなど、自分を不利な立場に追い込む真似はしない。それは厳しい試練からひたすら逃げようとするからではなく、むしろ自己改善への欲望が強いからで、改善は可能だと強い信念を抱いている。学業は優秀で評価の高い機関に所属し、仕事を休む時間は少なく、残業が多く、働く年数が長い。

権力志向の強いエムは自分の売り込みにも熱心で良い結果を残す。上司から注目される存在になるよう強くアピールし、上司が何を望んでいるか理解するために集中し、相手と強力な関係を築こうと努める。そしてできるかぎり多くの面で上司と似た存在になるための努力を惜しまない。上司にこびへつらい、批判される展開を回避するのがうまい。しかも直接自慢する代わりに、他人を仕向けてほめてもらう能力も優れている。

さらに、権力志向の強いエムは野心とエネルギーに駆り立てられた強い意志の持ち主で、特定の業界や企業に専念する傾向が強く、重要な活動や職務に集中して取り組む。そして自己認識が強く内省的で自信に満ち溢れている。自信満々の態度で、他人の心を読み取り、自分の見解を強調し、対立に寛大な姿勢を示すことができる。その一方、仕事に関して潜在的なライバルへの猜疑心は強い。

このようなエムはキャリアパスを細かく選ぶ際、慎重に戦略を立てて取り組む。たとえ拒絶されそうでも、自らの希望をはっきり伝える機会が多い。タフな印象を与えるためには好感度を犠牲にすることも厭わない。有益な社会的ネットワークの構築に熱心で、実際に良い成果を上げる。

権力志向の強いエムは演技者としても優秀で、自らの権力を他人に認めさせてしまう。役を演じ切る能力が優れており、本当は成功していないときでも成功しているかのように見せかける。悲しみや後悔よりは怒りを積極的に表現し、うつむかず真っ直ぐに立ち、体を丸めず大きく胸を張る。前進して他人に近づく機会が多く、背中を向けて退却したりしない。そしてバーチャルなエムとしての強みを生かし、長身の体躯と深みのある声を上手に利用する。

こうしたエムの手ぶりは回りくどくなく、簡潔でも説得力がある。他人と向き合うときは下を向いたり視線をそらしたりせず、相手の目をじっと見つめる。そのためパワフルなだけでなく、正直で誠実な印象を相手に与える。そして反応する前にはじっくり時間をかけて考える。ただし、エムは心が働くスピードを一時的に速められるので、その分だけ反応時間は速くなるだろう。

さらに、権力志向の強いエムはミーティングを自分の縄張りで行なうほうを好む。自分には馴染み深いが、他人には馴染みの薄い場所が選ばれる。会話では相手の話をさえぎる機会が多く、会話の主導権を握ろうとする。具体的な話で相手の心に迫り、説得力のある言葉や視覚イメージを多用する。感情に訴える言葉をよく使い、「我々」対「彼ら」というコンセプトなど対照的な概念に言及し、強調するために言葉を中断し、どれだけの点を強調したいのかはっきり伝える。

今日では権力者はほかの人間と異なるが、エムと私たちの違いもそれと同じようなものだろう。

# 第15章　ビジネス

## 制度

未来は新しいテクノロジーに満ちあふれた場所だと思われがちだが、多くの人たちにとって「テクノロジー」に含まれるのは、物理的装置とソフトウェア装置のみである。しかし、経済成長はこれらの装置だけでなく、社会的な習慣や制度におけるイノベーションの結果としても生じる。

経済学、金融、ビジネス、法律の各分野の学者は、ビジネスや社会習慣に簡単な変化を加えるだけで効率の改善につながりそうでも、滅多に採用されない多くの事例をかねてより確認してきた。潜在的な採用者はこれらの変化について説明されても、ほとんど関心を示さない。たとえば経済学者は、駐車場や道路などの希少資源の使用に料金を請求するべきだと主張する一方、輸入関税、移民制限、家賃統制、住宅ローン補助金、需要と供給が弾力的な製品の税金、いわゆる被害者なき犯罪（薬物使用や売春など）の罰則などを緩和するよう、一貫して勧告してきた。これらの政策が本当は有益である理由を説明するため、賢明な学者はしばしば補助的な仮説を考案することができる。それでも政策への無関心が改まらないのは、仮説が見かけ倒しにすぎないからかもしれないが、本当の理由は定かではない。

六つの理由から、いま述べたような改善策はエムの経済で今日よりも採用されやすいと考えられる。まず、優れた一般的なアイデアを特定の状況で有効活用する際には、補助的な適応が色々と必要になるが、今日よりも規模が大きいエムの経済では、それを探求・開発するための資源に事欠かない。第二に、競争の激しい経済では、コスト削減につながる変化に違和感や不快感を抱いても、それだけの理由で拒絶する機会が少なくなる。効率が高ければ競争上有利な立場が確保されるのだから、競争が激しいほど効率は追求されやすい。

第三に、エムは個人的な選択に関して信頼できる戦略的アドバイスをクランから簡単に受けられるので、学者の忠告の根拠となる合理的エージェントのモデルに行動が近づくはずだ。

第四に、エムのクランのなかではメンバーがお互いをよく知っているので、手厚い保険を安心して提供することができる。手厚い保険に加入すると慎重な行動を心がける意欲が弱くなる人や、高いリスクを隠して高額の保険を購入する人はめずらしくないが、そのような不利な状況が発生しにくい。今日、リスク回避は制度の効率の障害になることが多いが、エムの世界ではこの傾向が弱くなる。

第五に、エムを最高の形でサポートするインフラは、普通の人間を最高の形でサポートするインフラと多くの重要な点で異なっている。エムの社会は少なくとも移行期の当初、変化に伴う巨額のコストをすでに支払っているはずだ。大きな変化のためのコストが支払われていれば、制度変更に伴うコストは概して低レベルにとどまる。

第六に、エムは賢いが、賢い人間ほど効率的な制度を好む傾向が強い（Caplan and Miller 2010; Jones and Potrafke 2014）。

効率の改善につながる可能性が指摘されながら今日ではいまだに活用されていない変化のうちの少なくとも一部は、エムによって採用されると私は考えている。ただし、効率の改善は錯覚にすぎない可能性もあるので、強い確信があるわけではない。さらにエムの社会では、効率の高い制度を採用するための協調行動が難しいかもしれない。

ではここからは、エムが効率の高い制度を採用する可能性について、候補となるいくつかの制度を任意に取り上げて解説していきたい。

私が取り上げる変化はどれも、変化が効率の改善につながることが標準的でシンプルな分析によって指摘されている。しかし、なかには実際のところ効率的ではない変化もあるかもしれない。なぜなら、微妙な要因を今日の学者が見逃している可能性や、過小評価している可能性が考えられるからだ。あるいは、今日の社会で変化が採用されないのは違和感や不快感が引き起こされるからで、現代のような豊かな社会はこうした事柄を頭から否定する余裕に恵まれている可能性も考えられる。さらに、細かく調整すべき点を新たにいくつも確認し、すり合わせ作業を行なってようやく変化が効率的に進行する可能性も考えられる。そうなると、イノベーションを実現可能にするために欠かせない重要なディテールを考案するまでには時間がかかるだろう。そして調整すべき点が確認されても、変化を実行するためのコストが高すぎて、変化のあとに得られる利益を上回る可能性も考えられる。

現在の制度よりも効率が高くなりそうな新しい社会制度に関しては、具体的にいくつも確認されている。

たとえば、ペイ・フォー・パフォーマンス（成果主義の給与システム、Ｐ４Ｐ）が驚くほど活用されない事実に学者たちはかねてより困惑してきた。弁護士が裁判で成功報酬を支払われるケースなどがこれに該当する（ただし学者たちは、お金だけが弁護士の動機だと主張しているわけではない）。Ｐ４Ｐは多くの仕事で利用されて優れた成果を上げており（Banker et al. 2000）、弁護士のほかには、医者、不動産業者、教師などの職業で採用されている。ただし報奨金制度が採用されても、個人でコントロールできない外的影響を考慮して修正されるケースは滅多になく、その点も学者たちを悩ませている。たとえばＣＥＯによるストックオプション［訳注：企業の役員や従業員が、一定期間内に予め決められた価格で自社株を購入できる権利］の行使価格を修正する際には、企業の所属する業界や地域経済への影響は顧みられない。

Ｐ４Ｐが意外なほど活用されないことのほかには、専門職の人たちの過去の実績が驚くほど公表されず、それに対する顧客の関心が驚くほど低い点も学者の悩みの種になっている。たとえば裁判の記録は公表されるが、実際のところ顧客は弁護士の勝敗記録を見せられるわけではなく、見せてほしいと要求もしない。同様に、顧客は不動産業者の売上記録に、患者は医師の実績に、学生は教師の成績に驚くほど無関心だし、メディア評論家の予測の当たりはずれも特に取り上げられない。そして研究者は、例証を挙げるよりも研究について公表することのほうを重視する。

顧客は過去の実績よりも、個人的な印象、友人への照会、あるいは専門職の人たちが所属する機関や学校の評判を参考にするほうを好む。概して私たちは何かを達成できる潜在能力の持ち主だと言われる人物への関心が高く、実際にそれを成果として達成した人物には関心を寄せない（Tormala et al. 2012）。しかしこうした悩ましい行動は、雇ったプロがきちんと結果を残すために役立つとは思えない。したがって、競争の激しいエムの世界では成果を上げる人材を上手に選ぶために、顧客はプロの過去の実績に大きく注目するはずだ。

簡単に取引できる金融資産の種類が充実していて、しかもそこに具体的な成果、たとえば持ち家の価格や個人の収入や寿命などが反映されているときには、P4Pは受け入れられやすい。たとえば今日でも、医療保険と生命保険をバンドリングすれば（抱き合わせれば）、患者の痛みや死に対して医者はもっと配慮するようになるだろう（Hanson 1994a）。子どもの将来の収入の一部を所有すれば、親や教師は子どもの成長のためにもっと力を入れる。P4Pにおいては支払いが確実に行なわれなければリスクが増加するので、当事者がリスク回避に走らないほうが効果を発揮する。たとえばクランのメンバー同士がリスクを共有していれば、リスクを恐れなくなり、P4Pが積極的に受け入れられるだろう。ただしエムは監視能力やマインドリーディングの能力が優れているので、これらの能力が発揮されれば、奨励制度の必要性は少なくなるかもしれない。

状況に応じて価格を多様化させれば、今日の私たちの経済よりも多くの製品やサービスに有効な価格を設定することができると、学者たちはかねてより指摘してきた。たとえば、劇場やレストランや駐車場の価格は、立地や混み具合に応じて多様化させればよい。道路、駐車場、電気、水、ごみ集積所、下水、通信設備などの公共設備も、時間や場所や混み具合に応じてさまざまな価格を設定できる。災害発生時に水や電気などのライフラインの使用料金を高く設定すれば、それが動機となってサービスの向上につながるだろう。

さまざまな大きな集団に価値を幅広く提供するプロジェクトの財源は、国の補助金に頼る傾向が強い。しかし、一種の「支払保証契約」のもとで一般から出資を募り、資金提供者の人数が最低限の基準に達した場合のみプロジェクトが実行される方法［訳注：実行されなかった場合、資金提供者にはボーナス付きで払い戻しが行なわれる］や（Tabarrok 1998）、寄付金の額を時期によって継続的に変化させる方法も有効だろう（Charness et al. 2014; Friedman and Oprea 2012）。もっと一般的なものとしては、投票権の売買によって集団的選択の効果を高める方法も考えられる。買い手が支払う金額は、一回の選挙で購入した票の数の二乗に設定される（Lalley and Weyl 2014）。お金との交換が好まれなければ、投票者にポイントを与える選択肢もある。選挙のたびにポイントを集めて交換し合い、二乗ルールにしたがって票の数が決定される。

今日では所得税が勤労意欲を減退させることが問題になっているが、代わりに余暇に直接課税するようにすれば、問題の解消につながるかもしれない。あるいは、背の高さや美しさが収入獲得能力の予測にある程度役立つように、何らかのパラメータを加えて課税の判断基準にすることもできる（Mankiw and Weinzierl 2010）。エムの場合、能力予測の参考になるパラメータにはスピードやクランの規模が含まれるだろう。ほかには、クランの各メンバーではなく、クランに直接課税する方法も代替策として考えられる。

誕生すれば自動的に市民権が与えられる状況では、地域の出生数は原則として無制限に増えていく。その代わりに、譲渡可能な市民権を発行するシステムを導入すれば、優秀な市民が社会で自己選択されていくだろう。新しく生まれた子どもの市民権購入を親に義務付ければ、人口のレベルはコントロールされる。

今日では、インフレの測定や地域間の購買力の比較が難しい。相対的な価値を推測する手段である価格の変化が、製品の質の変化に影響されることは理由のひとつだろう。エムはリタイアすると閉鎖的なバーチャル・リアリティの安定した社会で暮らすので、客観的基準に近い価格が製品には設定される。安定した社会では生きることの価値も安定しているとすれば、リタイアした社会での価格設定は素直に受け入れられる。そうなるとリタイアした社会での製品価格は、変化の激しいほかの場所の生活の価値を判断する基準として役立つ可能性が考えられる。

今日の選挙が問題を抱えているのは、有権者の一票が結果を左右できる可能性がまず考えられないからだ。そのため、仲間によく見られたくて態度を慎重に選ぶときとは違い、選挙の結果について真剣に考える気持ちになれない。しかし、選挙結果を決定する少人数の有権者が無作為に選ばれて陪審員のような権限を与えられる制度があれば、選ばれて情報を提供される有権者は真剣に取り組むだろう（Levy 1989)。陪審員の集団をスパーのコピーで編成すれば、隔離部屋に集められて秘密の情報が提供される。

法律をもっと効果的に変えていく可能性については、第22章の「効率的な法律」の節で詳しく取り上げる。効率を求めた変化としてはそれ以外に、もっと均一な標準の採用が考えられる。たとえばエムは長さの単位にメートル規格を、標準語として英語を、法律などにはコモン・ローを採用するかもしれない。

「公開鍵暗号」が採用されれば、当事者のあいだで匿名によるきわめて安全なコミュニケーションが成立する。この場合、各自が公開鍵を公表するが、その内容を知るためには、別個に秘密の鍵を使わなければならない。さらに、最近のイノベーションであるブロックチェーン基盤の暗号も、匿名による安全な分散トランザクション［訳注：一連の情報処理が複数のコンピュータやデータベースに分散されている］を構築するために役立つだろう。ここでは公開鍵を与えられた口座のあいだのすべての取引が公の記録として残されるので、資産が二重使用される事態を防止できる。

このようなシステムはデジタル通貨、トークン・システム、セーフ・ウォレット、登録、身元確認、分散型のファイル保存、マルチシグネチャー・エスクロー、コンセンサスを最もうまく推測した人物に報いることへのコンセンサス、保険や賭けの要素を含む金融派生商品、あるいはもっと一般的な自律型分散組織などをサポートしてくれるだろう（Nakamoto 2008; Buterin 2014）。システムが十分に利用されて、これらの活動へのサポートが充実する保証はないが、もしも成功すれば、このメカニズムを抑制できるのは強力な監視体制や罰則に訴えられる機関ぐらいだろう。

私自身、いま紹介した以外にふたつのタイプの新しい制度の開発に関わってきた。組み合わせオークションと予測市場だ。したがってこのふたつには特に期待が大きく、詳しく紹介したい。ただし、エムは効率的な制度を採用する傾向が強いことを読者が認めても、そこに私のふたつの選択肢をかならずしも含める必要はない。

## 組み合わせオークション

今日、しばしば市場は資源配分のための効率的なメカニズムになる。似通った製品やサービスを利用・生産して、しかもノンユーザに大した影響がおよばないときには少なくとも、多くの買い手と売り手が取引の成立を目指す。専門用語で表現するなら、商品を取引する競争市場は外部性が存在しない状態でしばしば効率的になると言ってもよい。競争に促された参加者が効率的な取引を持ちかけたり受け入れたりするのは、良からぬ提案をすれば直ちに排除されるからであり、参加者は事実上、提案された価格を受け入れなければならないからだ。

しかし、商品が複雑で多様性に富み、どの商品もほかの商品の代わりとして役に立ちそうもないときや、ユニークな商品が少数の個人にしか評価されないとき、あるいは商品の利用・生産がノンユーザに大きな影響を与えるときには、単純な市場はうまく機能しない。このようなケースでは、競争に促されて他人の利益を考慮する可能性が大きく減少する。そうなると往々にして、提供するものの品質や効率が悪くても割り当てが確保されてしまう。こうした場合には、中央政府による命令や管理など、非市場的なメカニズムで市場メカニズムが代用される。たとえば企業は、組織の中枢からの指示によって企業の資産を内部で割り当てる。州や国家は、重要なサービスを提供したり商業を規制したりする権限を中央省庁に委ねる。

今日の都市では、重要な公共設備の価格設定や配分、あるいは外部効果の緩和をねらった土地利用の制限などは、公共事業や土地区画規制を担当する機関を通じて中央集権的に厳しく行なわれる。こうして集権化されていれば、複雑な状況に対処するための調整はスムーズに進む。一方、厳しい姿勢で臨めば、規制が緩和されれば回避できないロビー活動の費用を抑えられる。たとえば、事業ごとに割り当てられる駐車スペースの数を特定するために一定のルールが存在し、シンプルな形式にしたがって計算された数字が採用される。単純なルールにほとんど例外を認めないと、各事業で必要とされる駐車スペースの違いにうまく対応できない恐れはあるが、例外を求めてロビー活動を行なう意欲がそがれる点は役に立つ。

「組み合わせオークション」とそれに関連するメカニズムは、最近開発された分散型プロセスで、商品の複雑さやユニークさに柔軟に対処する一方、中央の権力が強いと避けられないロビー活動の費用減少にもつながる（Porter et al. 2003; Cramton et al. 2005）。単純なバリエーションでは、各参加者は複数の商品をひとつのユニットとして一括して売買することを目指し、パッケージの形で提案を行なう。するとオークションのメカニズムが動き、社会的余剰が最大化されると判断されたパッケージが最終的に受け入れられる。このメカニズムでは大きくてユニークなパッケージがいくつも提案されるので競争が激しい。そのため参加者は、複雑かつユニークで、少数の参加者にしか評価されない商品に関しても、競争原理が効率的に働く提案を行なわなければならない。

たとえば、電力に関する単純な組み合わせオークションの場合には、いつどこで電力をどれだけ供給するか、買い手と売り手が入札を行ない、売買の組み合わせが最適化される形でオークションが成立する。良い組み合わせを見つけるのが難しくても、その中身の良し悪しを確認しやすいときは、そのデータを予め公表したうえで、締め切り前に提案された組み合わせのなかから最善のものが選ばれて落札される。

組み合わせオークションがもっと複雑になると、ほかの誰がほかにどんな資源をどのように使うかという点も考慮される。そのためオークションには、組み合わされる資源を利用することでもたらされる外部効果が反映される。

オークションが複雑な場合には、能力の拡大や変更が入札の対象になる。たとえば複雑な電力オークションでは、新しい発電所の建設や送電線の敷設に関して入札が行なわれる。概してこのような形のバリエーションは、中央省庁ではなく企業、規制区域ではなく都市部を対象にしている。都市部での土地利用に伴う外部性がオークションに反映されると、排気ガスや景観だけでなく、電気、水、下水、道路、駐車場、電気通信設備など、多くの公共設備の敷設と供給に必要な能力と場所などが一括して考慮される。これらの公共設備に関していちいち個別にオークションのプロセスを進めるのではなく、一括してオークションにかければ、生産・利用するすべての資源が依存し合っている状態にもうまく対処できる。

都市部で政府が土地区画規制の代わりに組み合わせオークションを実行するためには、オークションの特徴や設計を常に見直さなければならない。パッケージの特徴が求められる理想から遠くなった場合や、何らかの特徴があとから取り除かれる可能性について言及されていない場合には、そうなった時点でどれだけ評価が下がったのか、詳しい説明が必要だ。そうすれば、価値や機会が時間と共に変化したとき、都市部の土地や公共設備の組み合わせを柔軟に変更することができる。優れたオークションのメカニズムが優れた価値を生み出し、適切な研究機関がよりよいメカニズムを開発するための方法を確立すれば、組み合わせオークションは良い形で機能するだろう。

もうひとつ私は、「予測市場」［訳注：将来を予測するための先物市場］という新しい制度の開発にも個人的に関わってきた。これは投機市場や賭博市場のバリエーションで、重要な結果に関する情報の集約が促される。特に関心の高い問題を巡る予測市場での取引に補助金を提供すれば、これらの問題について積極的に学んで自己選択を行なう意欲を促された参加者は、具体的な推定値の改善に努めるだろう（Hanson 2003）。

予測市場では、多くのトピックのあいだで共有される評価を細かく継続的にアップデートできる。組み合わせバージョンならば、少数のユーザーでも関連性と一貫性を備えた何十億もの評価に対処できるので、何らかのトピックに関してアップデートを行なえば、まったく異なるトピックに関する正確な評価が自動的に改善される（Sun et al. 2012）。

同じ問題に対して同じだけの資源を提供したうえで、予測市場とほかの予測メカニズムを一対一で比較してみると、予測市場は一貫してほかのメカニズムと同じぐらい正確か、あるいはかなり正確であることがわかる。ほかのメカニズムと比べて予測市場は、役に立つ事柄を誰も知らない状況、参加者のほとんどが何も知らない状況、後日の評価を歪めるために一部の参加者が平気で嘘をついたり損をしたりする状況での強さが目立つ。

予測市場においては企業が納期に間に合う可能性、供給業者が約束通りに納品してくれる可能性、特定の地域で特定の製品が売れるユニット数などについて確認できる。あるいは、組み合わせオークションにどのようなルールやメカニズムを選ぶべきか判断するときにも予測市場は役立つ。さらに入札の権利に関する予測市場ならば、将来のオークションの入札方式の予測も可能だ。たとえば、将来の資源を現在のオークションと将来のオークションのどちらと組み合わせるべきか決めやすい。

決断に伴う結果を評価する決定市場は、特定の決断に関して直接アドバイスするために特に有効だ。決定市場においては、どのような決断の組み合わせが最高の結果を生み出す可能性を持っているか評価を行なう。しかも、実際にはどの決断が最高の結果をもたらしたのか、あとから判断する必要がない。あとから必要なのは、決断に関して実際にどのような組み合わせが選ばれ、実際にどれだけの結果が残されたのか判断することだけである。

たとえば決定市場は、会社がＣＥＯを解雇すべきか、広告代理店を変えるべきか、締め切りを変更してもらうか、製品の価格を変更すべきか、直接アドバイスすることができる。さらに民主主義社会の有権者に対し、どの候補者が平和と繁栄をもたらしてくれそうか、どの政策が国民の福祉を充実させる可能性があるか助言できる。そして慈善団体には、どのプロジェクトが援助を受ける人たちに最も役立ちそうかアドバイスすることができる。

決定市場が勧める政策を実行するように心がければ、組織は投機家からより良いアドバイスを引き出せる。指導者や有権者の関心がそれたり、権力を誇示したい指導者が外部からのアドバイスに耳を貸さなかったりすると、情報の伝達や組織の運営に不具合が生じるものだが、そんな事態を回避することも可能だ（Hanson 2006a, 2013; Garvin and Margolis 2015）。

賭けは忠誠心を試すためにも役立つ。たとえば、ある人が若いときに自分は結婚しないほうに賭けて、その賭けに負けたとすれば、実は強い結婚願望を持っていたことが証明される。負けても社会に損失がもたらされるわけではなく、結婚しないというシナリオのなかで相応の評価を手に入れたことになる。

今日の私たちの社会は、文明の大部分が破壊され、人類の絶滅にさえつながりかねない壊滅的なリスクの回避にほとんど注目しないようだ。エムの社会はもっとまともな行動をとるだろう。緊急事態に必須の製品の価格が災害を想定して予め特別に設定されるが、その際には大事なインフラの保存が優先される。決定市場は価格の設定を助け、災害関連の政策に提言を行なうために役立つ。極端な災害が発生するシナリオでは、普通の金融資産の価値は当てにならない。たとえば決定市場においては、多くの異なった災害のシナリオを生きのびることができる頑丈な避難所に入るためのチケットが取引されるかもしれない（Hanson 2010b）。

予測市場はメタな制度で、ほかの制度の選択を改善することができる。効率的な制度の採用を求める圧力が強くて競争の激しい世界では、特に有効だろう。

# 第16章　成長

## 速い成長

エムの経済はどれくらいの速さで成長するのだろう。多くの理由から、今日の経済よりも成長のスピードはずっと速いと考えられる。

第13章の「競争」の節で述べたが、エムの経済では今日よりも競争が激しくなるはずだ。効率の悪いアイテムや合意が、効率の高いバージョンと簡単に取り換えられるからだ。製品の多様性と市場空間の分割は今日ほど進まないので、イノベーションが経済全体に速やかに広がる。都市への集中も確実にイノベーションを促す（Carlino and Kerr 2014）。生産性の高いエムの作業チームがまるごとコピーできるのだから、生産性の低いエムのファーム（企業）や体制は生産性の高いバージョンとすぐに取り換えられてしまう。これらの要因のおかげで、エムの経済ではイノベーションの進行が加速されるだろう。

長いあいだ、ほとんどのイノベーションやイノベーションの総価値には、状況の小さな変化が非常にたくさん関わってきた（Sahal 1981）。さらにほとんどのイノベーションは、「研究者」や「発明者」が苦労して考案した成果よりは、そこから生まれた応用や実践によって長いあいだ進められてきた。イノベーションに役立つ研究のほとんどは「基礎」研究ではなくて「応用」研究だった。そこからは、今日よりも進歩の速いエムのイノベーションは、応用や実践の状況で発生する数多くの小さなイノベーションによって成り立つと考えられる。

エムの経済では成長が速くなると考えられるもうひとつの理由は、エムはコンピュータ技術に大きく依存することだ。コンピュータを中心に据えた経済は、最近のコンピュータ技術の進歩と似たようなスピードで進歩していくはずだ。そうなると、エムのグローバル経済は一年半ごとに倍増することになり、これは今日の経済の倍増スピードの二倍に匹敵する。

しかし実際のところ、説得力のある理由から判断するかぎり、経済はそれよりもさらに速く成長する可能性も考えられる。たとえば、経済の生産能力は投入能力、すなわち土地、労働、さまざまな種類の資本だけでなく、投入を有益な産出に変換する一定レベルの「テクノロジー」にも支えられている。主に投入の増加によって成長が促される時代や場所も過去にはあったが、長い目で見るかぎりほとんどの成長は、より良いテクノロジーが広く考案されたことの恩恵を受けている。

たとえば狩猟採集民は、有利な立場を確保するために植物や動物を利用し、さまざまな環境で生き残るための方法を蓄積しながら、ゆっくり成長を進めた。食べものを探し回る人を増やすことや、ひとつの種類のツールの数を増やすことは容易でも、新しい種類の食糧や食糧源を増やすのははるかに困難だった。

農業の時代になって経済がおよそ一〇〇〇年ごとに倍増し始めると、私たちの先祖は人間としての質やほとんどの資本形態の質を向上させたが、良い土地が限られていたために投入全体の増加は制約された。人間や建物や船の数を二倍に増やしても、それらを活用するための良い土地（水）が二倍に増えなければほとんど意味はない。成長のほとんどはイノベーションの登場を待たなければならなかった。野生の植物が栽培化され、野生の動物が家畜化された結果、新しい種類の土地での生き残りが可能になったのである。

今日の工業経済においては、土地が必要以上に多く手に入るので、機械などの物理的資本を急速に増やすことができる。それでも投入の増加が限られているのは、熟練労働者の人数の増加が限られているからだ。機械の数を二倍に増やしても、機械を動かす人が同じように増えなければほとんど意味はない。成長が始まるためにはイノベーションの登場を待たなければならなかった。機械を製造して利用する方法（機械を局所的な条件に応用させる方法も含む）が改善される必要があった。幸い、このようなイノベーションは植物の栽培化や動物の家畜化に必要なイノベーションを考案するよりもずっとやさしい。その結果、最近の世界経済はほぼ一五年ごとに倍増するようになったのだ。

しかしエムの経済では、労働は資本と同じぐらい簡単に成長できる。工場で機械を動かすために必要なエムは、機械と同じスピードで作り出せるようになる。地球上の不動産は最終的に枯渇するが、土地に関する制約が大きな障害にならないうちに経済が成長する余地は大きい。結局のところ、エムはそれほど多くの物理的空間を必要としないので、今日の地球は空っぽも同然である。

さらに、鉱物資源やエネルギー資源が限られていることへの不安はよく聞かれるが、今日これらの資源に費やすコストは収入の一部にすぎないのだから、実際にはまだ十分に残されている。かりに現在の資源が枯渇しても、代わりとなる有望な資源は多く、代替するための費用はわずかですむ。しかも太陽電池、トリウム原子炉、核融合炉など、有望な代替エネルギーも多い。そして可逆コンピュータならば、限られたエネルギーで多くの演算を行なうことができる。

したがって、エムの時代にとって重要な草創期には、投入の増加によって成長の大部分が支えられるだろう。豊かな天然資源を背景にして、工場での量産を豊富な労働力と資源がサポートしていくはずだ。コンピュータをベースにしたエムの経済では経済が一年半で倍増するという慎重な指摘もあるが、成長に関する基本的な経済原則から推測するかぎり、投入が急激に増加すれば経済の成長はさらに速くなると考えてもよい（Fernald and Jones 2014; Nordhaus 2015）。実際のところ、基本的な経済原則によれば経済は一カ月や一週間や一日、いやもっと速く倍増していく。

イノベーションよりはむしろ、投入の増加によって成長が支えられる経済においては、イノベーションを生み出して利用する潜在能力を企業がどれだけ備え、企業が作り出す製品との一体感を消費者がどれだけ持つかという点は、企業や資源に対する評価をそれほど左右しない。そうなると企業の評価において無形資産の重要性は薄れ、企業そのものの信頼性が重要になってくる。

エムの時代が進んで成長やイノベーションが加速されていくと、建物など耐久性のない資本設備の使い方が変化する。これらの資本設備が役に立つ期間は短いので、長持ちするようには設計されない。すぐにもっと効率的なデザインが登場するからだ。経済の倍増を何度か経験した建物の利用価値は低く、オリジナルの施工者や買い手に提供される経済価値は非常に少ない。

多くの経済活動はフローから価値を獲得している。すなわち、あるシステムを構築し、それを使って価値のある製品をどんどん生み出す。たとえば、水力発電ダム、太陽電池、建物、工場、コンピュータがこれに該当する。対照的に、使い捨てのレジ袋、ケミカルライト、ポンチョ、ロケットの使用は一度かぎりの経済活動である。

経済の成長が速くなれば、システムを構築して利用するスピードも速くなる。実際、システム作りに遅れが生じれば、その期間に達成された経済成長に乗り遅れるため、その分だけコストが発生してしまう。フローシステムの場合、システムから創造される総価値は、単位時間当たりに生み出される製品の価値と経済の倍増スピードを掛け算した値になる。

したがって、たとえば経済の倍増時間が一〇〇分の一に短縮されると仮定すると、かつて最低でも一度の倍増時間を経験しているフロープロジェクトの場合、費用便益比は少なくとも一〇〇分の一にまで低下する。つまり、価値が長いあいだ安定して生み出されるシステムの場合、成長率の大きな増加は、コストの大幅増につながってしまう。価値を一度だけ短期間に創造し、用が済めば終わらせてしまうシステムのようなわけにはいかない。あらゆる条件が等しければ、エムはロケットなど使い捨ての製品のほうを利用するだろう。

## 成長の予測

エムの経済の倍増時間に関して経験的評価を行なうためには、今日の機械工場や製造所が生産できる機械と比べ、品質、量、多様性、価値の面で変わらないものを大量生産するための時間的尺度に注目するとよい。今日では、大量生産にはおよそ一カ月から三カ月の時間を要する。さらに、システムが半年から一年間ほぼ完璧に自己複製するためには、二〇年から三〇年前にデザインの概略が考案されなければならない（Freitas and Merkle 2004）。

今日では特殊な三次元（３Ｄ）プリンタが登場し、日常的に使われる部品のおよそ半分を三日間でプリントしてしまう（Jones et al. 2011）。もしも残りの半分の部品も同じスピードで作られるとすれば、３Ｄプリンタは一週間で自己増殖することになる。残りの半分の部分を作るために一〇倍の時間がかかれば、自己増殖には五週間を要する。

これらの予測からは、今日の製造技術では数週間から数カ月での自己増殖が可能だと考えられる。もちろん、きわめてシンプルで簡単に作られる装置や部品の場合には、機械工場や３Ｄプリンタの作業スピードは速くなる。チップ工場など、大きくて複雑な施設の場合はもっと時間がかかるだろう。そうなると先程の予測においては、製造に長い時間を要する重要な部品の複製が含まれないので、倍増スピードは過小評価されているとも考えられる。ちなみに今日の人間は、複雑な要素から成り立っている。人間を機械と同じ速さで複製するのは不可能なので、私たちの経済は猛スピードで成長しない。

しかし、機械の複製に関する上記の評価は、倍増スピードを実際よりも過大評価している可能性も考えられる。なぜなら、急成長するエムの経済では、工場の倍増スピードを落とすほうが有利になるからだ。今日では、工場がある製品を作るための時間が二倍に増えれば、製品を作るための工場のレンタル費用が二倍に増えるだけだ。このレンタル費用が製品のコスト全体の二〇パーセントを占める程度ならば、製品のコストは二〇パーセント上昇するだけにとどまる。しかし、投資にほぼ二倍の時間を費やさなければ作ることができない製品の場合には、製品を作るための時間を二倍に増やせば投資にほぼ四倍の時間を費やすことになり、製品の総価値が半減する。製品のイノベーションがどんどん進めば、時間をかけて作った製品の総価値は半分以下にまで落ち込んでしまう。

イノベーションが進んでエムの経済の倍増時間がどんどん短縮されていけば、しまいにはエムの工場が自己複製する時間よりも短くなってしまう。多くのイノベーションは「実践的学習」を通じて発生するもので、テクノロジーの増加率はコンピュータの処理速度よりはむしろ、人びとが製品を作って利用する割合と深く関わっている（Weil 2012）。したがって、経済で投入が急速に増加し、製品が作られ利用される割合が急速に大きくなるほど、経済でのイノベーションは進んでいく。すでに述べたが、エムの経済は今日よりもずっとコンピュータ関連の資本に集中しているが、コンピュータ関連の資本はかねてより、ほかの形態の工業資本よりもイノベーションの成長率がずっと高い。機械ベースの資本は概して、人間や土地関連の資本よりもイノベーションの成長率が高くなっている。

今日では製造装置の倍増スピードは数週間から数カ月程度だが、以上の要因から推測するかぎり、エムの経済が成長するスピードはそれすら上回ると考えられる。イノベーションの成長に関してはシンプルな理論モデルがいくつか存在しており、それぞれ異なった成長率を紹介している。具体的な数字の範囲は広く、経済が倍増する（客観的な）時間は毎年、毎月、毎週、毎日とさまざまである（Hanson 1998）。

つぎの時代の経済成長を予測するためにはもうひとつ、つぎの時代の成長が現在の工業時代の成長スピードを上回る割合は、私たちの時代が農業の時代の成長を、そして農業の時代が狩猟採集の時代の成長を上回った割合とほぼ同じだと仮定する方法が考えられる。これによれば、つぎの時代の経済の倍増時間は一週間から一カ月程度になると推測される。未来の成長率を予測する強力な手がかりと言うわけではないが、わずかな手がかりのひとつを簡単に無視するわけにはいかない。

以上の事柄を一通り考慮したうえで、このあと本書で未来の経済の倍増スピードとしては、一カ月を採用することにする。本書における分析のほとんどは、一カ月という倍増スピードのバリエーションである。この倍増スピードに基づいた予測ならば、べつの予測を採用するための調整作業も容易だ。

## 成長神話

成長率への影響が期待されるが、実際にはおそらく適度な効果をおよぼす程度の要因がいくつか考えられる。

そんな要因のひとつが頭の回転の速さだ。エムの頭の回転の速さが一〇倍に増加しても、エムの数が一〇分の一に減少すれば、経済全体の生産能力はこれらの変化が生じなかった場合とほぼ同じで、経済の成長には大した変化が見られないだろう。頭の回転の速さが多少の影響をおよぼすのは事実だが、ほとんどは些細なものにすぎない。既存の能力がさらなる能力を生み出すのであり、経済への参加者の頭の回転の速さは重要な要素ではない。かりに個人が特定の行動をとる際のスピードによって成長率が制約されるのであれば、スピードを上げれば成長率は増えるだろう。しかし実際には、経済の成長は個人の行動のスピードにそれほど制約されない。

成長率のスピードにかならずしも影響しないと思われる要因としてはもうひとつ、エムの経済の大きさが挙げられる。たしかに経済が大きければ資源が増えて、イノベーションをたくさん追求できそうだ。しかし新しいアイデアには通常、収穫逓減がつきまとう。私たちはまず、最も有望なアイデアを試す傾向があり、それを使い果たすとそこまで有望ではないアイデアに移っていく。そうなると大きな経済は、かならずしも成長率が大きいわけではない。過去の農業の時代や工業の時代にはふたつの結果が相殺し合ったおかげで、どちらにおいても指数関数的成長はほぼ安定した。エムの時代にも指数関数的成長はほぼ安定するだろう。

成長率のスピードにかならずしも影響しないと思われる三番目の要因としては、高い知能が挙げられる。知能が高い人は生産性が高く、生産性が向上すれば成長が促されると言われるが、ここには直接的な結びつきがはっきり存在していない。生産性が介在しているわけではないのだ。賢い人たちは一般の人たちよりも特許を取得する傾向が強いが、それは賢い人たちが特許を生み出すタイプの仕事に分類される機会が多いからでもある。

多くの人たちが思うほど成長とは関係がない四番目の要因は、研究者の人数である。たしかに今日の世界では研究に十分な資金を提供するための調整がうまく進んでいない可能性があり、ふさわしい研究がもっと資金提供を受ければ世界はもっと速く成長するとも考えられる。その点、エムの世界では今日よりもスムーズに調整が進むかもしれないが、成長の割合はわずかにとどまるだろう。なぜなら今日、研究への資金提供に熱心な国家がほかの国家よりも成長のスピードが際立って速いわけではない（Ulku 2004）。しかも研究が進歩しても、経済の成長に新たな投入がひとつ加わるだけにすぎない。通常はひとつの分野で研究の資金を増やしても、それに比例して研究が進歩するほどの効果が発揮されるわけではない（Alston et al. 2011）。ほかにも重要な投入があるのだから、研究への資金提供は収穫逓減の影響を受けてしまう。密接な関わりがある分野で研究やテクノロジーが進歩を遂げ、関連製品に対する顧客満足度が高くなり、もっと一般的な技術や経済が進歩することなどが、ほかの投入として考えられる。

しかし、いま述べたような要因がエムの経済の成長率に大きな影響をおよぼさないとしても、「速い成長」の節で見てきたように、影響をおよぼす可能性のある要因はほかにも確実に存在している。

## 金融

エムの世界では、金融は今日とどのように異なるのだろうか。

クランには多くの役割が求められるが、そのひとつとして、金融機関の基本単位としての役割も担う可能性が考えられる。たとえば、エム個人や小さなサブクランは、リスクに対する保険をクランから比較的容易に提供される。保険には隠された情報や行動が障害になるものだが、マインドリーディングが可能なエムにとってそれは大した問題にならない。クランが組織のなかで保険を提供しても必要なコストは低く抑えられる。

エムは住宅の取得やベンチャービジネスの立ち上げにもクランを利用する可能性がある。そうすれば、保険や住宅ローンや企業の株の取得のために独立した金融機関を頼らずに済む。ただし、クランが大きなリスクやポートフォリオのばらつきに直面する不安は付きまとう。たとえば、クランは特定のタイプの仕事で評判を獲得するための訓練に集中的に取り組む傾向が強い。そのため、これらの仕事に対する需要の変動や、競争相手の資質に影響されるリスクをはらんでいる。クランは投資を多様化させなければならない。

そうなるとクランは金融市場や金融機関を利用して、保険の購入や組織外のベンチャーへの投資、自らのリスクやリターンの一部の売却に取り組むだろう。このような金融取引の多様化のほかに、クランは仕事上の役割の多様化にも取り組むだろう。そして、ほかのエムのあいだでの評判や注目を維持するために、ほかの仕事をたくさん引き受ける際にはマーケティングを利用する可能性が考えられる。クランは自分たちがどんな仕事をうまくこなせるか、なぜ自分たちを雇うべきなのかわかりやすく説明したうえで、ニッチの仕事を引き受けようとするかもしれない。

競争が激しいエムの経済では効率のよい金融機関が採用される可能性が高い。そのため、公企業の敵対的買収はいまよりも支持され（Macey 2008）、企業の民営化が進むだろう。労働者に企業経営を任せると生産性の低下を招く恐れがあるので、おそらくそのような事態は回避されるだろう（Gorton and Schmid 2004）。

投資ポートフォリオの価値は長期的に、ポートフォリオを構成する資産のなかで平均成長率が最も高いものの価値に大きく影響される。ポートフォリオの価値は、ひとつの資産にほとんど集約されていると言ってもよい（Cover and Thomas 2006）。したがってポートフォリオが競い合うときには、最も成長の速い資産を含むポートフォリオが最終的に勝利を収める。

さらに、投資ファンドが公正な競争を忍耐強く続けると、長期的な結果として市場はいわゆる「ケリー基準」［訳注：投資など不確実性のある状況で収益を最大化する資金配分を導く法則］にしたがうファンドに支配されることになる。このようなファンドは株式や不動産などの資産カテゴリーに利益を分散して再投資を繰り返すが、その割合は、各カテゴリーで遠い未来にどれだけの富が生み出されそうかを基準にして決定される（Evstigneev et al. 2009）。専門用語を使うならば、市場全体の利益と相関関係にあるリスクに関しては対数型リスク回避がほぼ達成され、それほど相関関係が強くないリスクは分散されるため、リスク中立がほぼ確保されることになる。

今日これが実現していないのは、課税率が高く、専門知識はなくても意欲満々の投資家の新規参入が途絶えず、相続した資産の十分な運用が法律によって禁じられ、戦争や革命が投資ファンドを定期的に使い果たしてしまうからだろう。しかし、エムの世界は競争が激しく、エムの寿命は長く、エムの文明はいまより安定している。これらの要因からは、エムの金融の世界では寿命の長い大型の投資ファンドが中心になる可能性が高いと考えられる。これらのファンドに課せられる税率はほぼ一律で、高いレベルではない。新しい投資家がほかの戦略を使ってわずかな富を投入してきても、強力な競争相手にはなり得ない。これらのファンドはクランを土台にしているかもしれない。こうして金融の世界が大きな成長因子に支えられて順調に成長し続ければ、最終的にエムの金融市場はケリー基準の戦略の理想に近づくだろう。

これまでのところほとんどのモデルや実物市場では、平均金利（すなわち、投資に対する利益の割合）は概して、最低でも経済の成長率と同じレベルが維持されてきた。したがってエムの世界で成長率が高ければ、金利も高くなるだろう。そうなるとスローな人間やリタイアしたエムは、収入のかなりの部分を貯蓄に回そうとする。しかし高速で活動するエムにとって、これらの投資利回りは主観的に非常に低い金利に相当するので、貯蓄をするよりは直ちに消費したくなる。したがってエムのあいだで貯蓄を好む心理的傾向が強いのは、スローなエムや組織コミットメントの強い集団ということになるだろう。

従来は特定の投資への個人の好みには不規則な変動が見られ、資本と労働のどちらから得られる利益によって家族の資産を形成するか、家族ごとにばらつきが見られた。そのため、一部の家族だけが金持ちになってしまった。今日では、ほとんどの家族は仕事を覚えて賃金を稼ぐ能力を通じて富の大半を所有するが、少数の名門一族は不動産や株式などの形で富の大半を所有している。エムの世界でも同様のばらつきは見られ、ほとんどのエムのクランは富の大半を労働によって獲得するが、一部のクランは富の大半を資本の形で所有するはずだ。したがって生産的なエムのベンチャーは、複数のクランからの協力を仰がなければならない。一部のクランからは資本を、べつのクランからは労働を提供してもらう。

第21章の「統治」の節では、都市統治の変動によってエムの景気循環の変動は大きくなる可能性があることについて触れる。今日では余剰労働力を抱える傾向が強く、企業は仕事が少ない景気の下降局面でも労働者に給与を払い続ける。エムは仕事が少なくなればスローダウンして一時的に休むことができるので、エムの経済は景気循環に伴うコストに悩まされないはずだ。

まとめ：エムの世界の金融は今日とやや異なるが、それほど大きな違いは見られないだろう。

# 第17章　ライフサイクル

## キャリア

典型的なエムは通常、仕事のなかで何種類のタスクを行なうのだろうか。

今日の職務遂行能力を見るかぎり、極端な専門化は短期的な生産性の最大化につながるが、長期的にはタスクに多少のバリエーションがある程度のほうが生産性は向上するケースが多い。学習能力や職務への打ち込み方が改善するからだ（Staats and Gino 2012）。このようなタスクの専門化と多様性のあいだのトレードオフについて、エムは新たな角度から考慮するだろう。人間の頭ではタスクを行なう割合が限られているが、エムは頭の回転スピードを変化させられるので、限られた主観的なキャリアのなかでタスクを増やすことも時間を増やすこともできる。すなわち、活動のスピードを速めて複数の関連するタスクを同時にこなすように調整することもできるし、速度を落としてタスクの数を減らし、長い時間をかけてじっくり取り組む能力を改善していくこともできる。

一部のタスクは外部の推進力に継続的に反応しなければならない。車の運転など、物理的なシステムを制御するタスクがこれに該当する。このようなタスクでは通常、反応すべき障害が外部で発生する速度と、車などの制御システムがそのような障害に反応する速度のふたつのうち、遅いほうに精神的な反応時間を合わせなければならない。

この最小反応速度よりも速く頭を働かせるときには、各タスクに本当に精通すべきか、それとも関連し合う複数のタスクを調整すべきかという点が重要なトレードオフのひとつとして浮上する。長くても範囲の限られたキャリアのなかで専門的なタスクに費やす時間を増やすか、短いキャリアのなかで広い範囲にまたがるタスクを同時にこなしていくか、いずれかである。エムの世界でどちらのキャリアを選ぶにせよ、正確に記憶する必要のない短いタスクは大勢のスパーを創造して任せればよい。

狭い範囲に長いあいだ集中するキャリアにおいては、仕事の細かい変化に合わせて調整作業を行ないながら高度な職務遂行能力を獲得できる。ただし、それぞれ異なるタスクを任せられた労働者のあいだのコミュニケーションに高い費用がかかってしまう。対照的に、広い範囲にまたがるさまざまなタスクをひとりの労働者が手がければ、ほかの労働者とコミュニケーションをとる必要がないので柔軟な調整が可能だ。ただし、ひとりの労働者が異なったタスクのあいだを移動する機会が増える点がコストとして発生し（Wout et al. 2015）、短いキャリアのなかで専門化が進まず職務遂行能力はしばしば低下する。

経営やソフトウェア・エンジニアリングなどの仕事では、関連するタスク同士の調整が特に重要である。つぎのタスクへの移行に伴って発生するコストも、長年の経験がキャリアにもたらす利益も、タスク間の調整作業ほど重要ではない。このような仕事には、頭の回転の速いエムを利用するのがふさわしいだろう。

今日では、管理職の「統制範囲」は狭い。部下の役割が自分とかけ離れているときや、部下の監督以外にもタスクを抱えているときには、管理職一人当たりの部下の人数は少なくなってしまう。しかし、経営のタスクは非常に重要なので、優秀な労働者に任せるための出費を増やすだけの価値がある。これらの点を考慮すると、エムの上司の頭の回転を部下よりも速くするための出費を増やす一方で、経営に関して上司の統制範囲を増やすことは理に適っている。管理職に権力が集中すれば無駄な役職は省かれ、CEOと現場の労働者との距離も縮まる。

管理職が調整作業から利益を得るためには、部下に比べて頭の回転を速くすることが特に有効だ。上司が速ければ、上司に追い付くために部下は一時的にスピードアップしなければならない。

ただし、部下よりも上司の頭の回転速度を上げると、上司は仕事を経験する時間が限られ、結果としてキャリアの対象期間が短くなってしまう。頭の回転が速い上司のキャリアが短ければ、部下はキャリアのあいだに色々な上司に仕えなければならない。調整作業が重要なタスクに関しては、このようなトレードオフにも価値があるだろう。しかし今日では管理職という職業は、同じ雇用者のもとでの在職期間がきわめて長い（六・三年）カテゴリーに属する。これを上回るのは安全やセキュリティを提供するサービス（六・四年）とエンジニアリング（七・〇年）のふたつしかない（BLS 2012）。この在職期間の長さを考えれば、今日の組織では長くとどまる管理職から大きな価値がもたらされると考えられる。

キャリアのなかでどれだけ長く充実して働けるかは、技術や制度が変化する割合に自ずと制約される。まず、投資の倍増時間が経済の倍増時間に近いことを考えれば、これらの倍増時間よりも長続きするスキルへの投資は控えられるだろう。第二に、仕事の変化が激しい分野では、変化の時間尺度よりもはるかに長続きするスキルを手に入れても意味はない。古いやり方で物事を行なう経験を長いキャリアのあいだに積み重ねても、新たに異なった方法で働くためにはほとんど役立たない。経済の倍増時間とほぼ同じ尺度で仕事が頻繁に変化する傾向を考えれば、仕事のキャリアは倍増時間よりも短いことを前提にして、エムの頭の回転スピードは選ばれるだろう。

今日では、S&P五〇〇社が存続する期間は平均すると一八年で（Foster 2012）、これは今日の世界経済の倍増時間にほぼ匹敵する。つまり経済の倍増時間は、ビジネス環境が変化して従来のプロセスに大きな変化が求められる時間尺度に近いと考えられる。実際、今日の大企業は「事業プロセスのリエンジニアリング」を好む傾向があり、メインの事業組織やプロセスをたびたび白紙の状態から抜本的に見直そうとする。大企業のどの部分においても、このプロセスは経済の倍増時間とほぼ同じ間隔で発生する。

このリエンジニアリングのプロセスは、しばしばレイオフや労働者の根本的な再教育を伴う。エムの場合、ひとりに訓練を受けさせ、あとはそのエムのコピーを大量に作ればよいので、再教育にかかる費用はずっと安くなる。そのためリエンジニアリングの期間には、エムの組織は通常よりも多くの従業員を取り換える傾向を強めるだろう。いずれ取り換えなければならないことを見越した雇用者は、エムの頭の回転速度を高く設定するほうを好むかもしれない。こうすれば柔軟に活動できる有益な存続期間が、つぎのリエンジニアリングが始まるタイミングで終わるからだ。

急速に成長するエムの経済においても、一部の装置や環境は驚くほどの耐久性と安定性を兼ね備えるだろう。具体的には自然保護区、大きな物理的建造物、そしてほかのシステムとの調整作業を支える標準となる言語やオペレーティングシステムなどのソフトウェア・ツールが考えられる。このようにきわめて長く存続する環境に上手に適応したエムは、客観的時間における生産的なキャリアがかなり長くなるので、頭の回転がゆっくりしたスピードに設定されるはずだ。

今日、二〇歳から六五歳まで働く人のキャリアは、一五年という経済の倍増時間の三倍に等しい。対照的に、仕事のキャリアが主観的時間にして二〇〇年におよぶエムが経済の客観的な倍増時間を一度経験するときには、世界は安定して予測可能な場所のような印象を受けるだろう。経済の客観的な倍増時間を一カ月とすれば、それにふさわしいスピードはキロ・エムよりもやや速い程度となる。そこからは、キロ・エムが典型的なスピードのエムに該当すると考えてもよい。これについては、第18章の「スピードの選択」の節で別の角度から考えていく。

## ピーク年齢

今日の先進国経済において最も生産性の高い労働者は、平均すると生産年齢のピークに当たる四〇歳前後の一〇年に集中している。それよりも年長もしくは若い労働者は、生産性がかなり落ちる。ただしそれは、基本的な精神的能力が加齢と共に衰えることが理由とは思えない。出生コホート〔訳注：ある一定期間内に生まれた人口集団〕を考慮して調整を行なうと、個人の生産性は少なくとも六〇歳まではピークに達しないどころか、ピークを経験しない可能性もあり得る（Cardoso et al. 2011; Göbel and Zwick 2012）。労働者は六〇歳になっても四〇歳のときと同じ生産性を維持できるが、問題なのは、つぎの世代の労働者のほうが概して生産性は高いことである。

さらに、今日の人間の生産性が六〇歳を過ぎると低下するのは、主に身体的能力の衰えが原因であって、精神的能力が低下するからではない。したがってエムの労働者の場合、この問題はほぼ解消される。結局のところエムの体は身体的能力もスタミナも衰えない。物理的な体は定期的に取り換えればよいし、バーチャルな体は交換する必要さえない。

四〇歳前後の労働者の生産性が年長の労働者よりも高いのは、最新のやり方で訓練を受けていることが大きな理由だ。そのため新しいツールや厄介な問題に対処しやすい。一方、年長者の頭は古くて柔軟性に欠けるので、新しい状況にうまく対応できない。今日では生産性のピークが四〇歳になっていることには、私たちの経済が変化するスピードの速さが大きく影響しているのだ。

そうなると、エムの経済で生産性がピークに達する主観的年齢は、エムの頭の回転速度に左右されるだろう。低速のエムにとっては仕事のやり方が頻繁に変化するので、若い労働者に比べて年長者は不利な立場に置かれる。そのため低速のエムの場合には、生産性がピークに達する主観的年齢は低くなる。

対照的に、高速のエムにとって仕事のやり方はほとんど変化しない。安定した仕事を持つエムにとって、キャリアの長さを制約する主な要因は頭の柔軟性の衰えだ。仕事の基本的なやり方は大して変化していなくても、労働条件の局所的な変化についていく能力が衰えてしまえば、職務遂行能力は衰えてしまう。したがって、高速のエムが生産性のピークを迎える主観的年齢はかなり高くなるだろう。トゥウィークを施せば、精神的な柔軟性はさらに長く維持されるだろう。

今日、タスクをこなす能力のピーク年齢は種類によって異なる。たとえば、生データの認知処理能力のピーク年齢は一〇代後半、学習や名前の記憶は二〇代はじめ、短期的記憶は三〇歳前後、顔認識は三〇代はじめ、社会的理解は五〇歳前後、言葉の知識は六五歳以上となっている(Hartshorne and Germine 2015)。

イノベーションが重要な要素となる仕事には、精神的な柔軟性が欠かせない。たとえば今日、革新的なアートは実験的アートと概念的アートの二種類に分類される。実験的アートの場合、個人の能力や具体的なプロジェクトは徐々に改善されていくが、コンセプチュアルアートの場合には、新しい能力やプロジェクトが十分に完成された形でいきなり登場する傾向が強い。たとえば、ポール・セザンヌ、ロバート・フロスト［訳注：アメリカの詩人］、マーク・トゥウェインは実験的な芸術家で、パブロ・ピカソ、T・S・エリオット、ハーマン・メルヴィルは概念的な芸術家に該当する。今日、実験的な芸術家に属する画家はおおよそ四六歳から五二歳、小説家は三八歳から五〇歳、演出家は四五歳から六三歳で最高の仕事をする傾向が強いが、概念的な芸術家の場合はピーク年齢が画家で二四歳から三四歳、小説家で二九歳から四〇歳、演出家で二七歳から四三歳となる(Galenson 2006)。同様に今日、実験科学者のピーク年齢は三八歳から四八歳にかけて、理論科学者の場合は三二歳から四二歳になっている(Jones et al. 2014)。このように、概念的なイノベーターのほうが実験的なイノベーターよりも若い年齢でピークに達している。この傾向は、実験的なイノベーションよりも概念的なイノベーションのほうが精神的柔軟性から得るものが大きい傾向とも矛盾がない。

どの時点においても、実際に働いているエムの大多数は(能力もスピードも)主観的に生産性のピーク年齢にほぼ近い。エムの経済では、ピーク年齢のコピーが大量に作られるからだ。一定の年齢でピークに達するスキルに大きく依存する仕事の場合、ほとんどのエムはすぐに生産年齢のピークに達する。ただしピーク年齢のエムは、若かったころの人生について実際に記憶している。

頻繁にコピーされるエムの生産性のピークが持続する期間は、専門的な経験が特定の仕事にとってどれだけの価値を持つかに左右される。ほとんど重要でなければ、ピークに非常に近い年齢が最初から選ばれる。一カ月かもっと短い期間だけ仕事を続けた後、少しだけ若いエムと交代させられるだろう。ピーク時の生産性が余暇の経験によって大きく向上する場合には、余暇にたっぷり費やした時間についての記憶が残されている。

対照的に、専門的な経験が仕事にとって非常に重要な場合には、エムがピークの状態にとどまる期間は長い。労働者は同じ仕事に一〇年かそれ以上とどまった後、若い世代と交代させられる。このようなエムは、最近の余暇についての記憶があまりない。専門的な経験を積み重ねるために、ほとんどの時間を仕事に費やすからだ。

エムのチームのメンバーの能力がさまざまに異なれば、チーム全体にスキルの波及効果がおよぶ。今日、人びとはスキルの高いチームに放り込まれると学習能力が高くなる（Ichniowski and Preston 2014）。チームのメンバーの一部が通常よりもたくさん学べば、ほかのメンバーも通常より多くを学ぶ。

## 成熟

典型的なエムの労働者の主観的年齢が五〇歳かそれ以上であることからは色々と推論ができる。今日でも、年長の世代が若い世代と異なっている点について多くが確認されているからだ。
今日では、性別、年齢、性格のあいだに多くの安定した相関関係が存在している。これらの相関関係はチンパンジーなど、人間以外の大型類人猿でも確認されており、そこからは、人間性に深く埋め込まれているものだと考えられる。そうなると、エムのなかにも観察される可能性は高いだろう(Weiss and King 2015)。

たとえば今日では年齢を重ねるほど神経過敏な傾向は弱くなり、人当たりが良く誠実で、経験に心を開く傾向が強くなる(Soto et al. 2011)。ただしこれらの傾向は、六五歳を過ぎると逆転する(Kandler et al. 2015)。さらに年配の人たちは、役割や態度に関する男女差が少なく(Hofstede et al. 2010)、人を信じて疑わず(Robinson and Jackson 2001)、人生で失われた機会への後悔が少ない(Brassen et al. 2012)。そして仕事への満足度が強く、ストレスやマイナスの感情とはそれほど縁がない(Tay et al. 2014)。

年配の人たち(そして男性)は社会ネットワークのなかでの影響力が強い。影響力の強い人たちは仲間同士の連帯感が強く、他人からの社会的影響を受けにくい(Aral and Walker 2012)。年配者の場合、健康を考慮したうえで調整を行なうと、幸せは年齢と共に増えていく傾向があり、幸せは高揚感ではなく心の平安をもたらしてくれる。未来ではなく現在に関心が集中することは理由のひとつだ(Mogilner e al. 2011)。

第4章の「複雑さ」の節でも述べたが、年配の人たちは結晶性知能が強い。すなわち、知識や語彙や推論能力を深く広く備えている反面、流動性知能、すなわち新しい問題を分析し、新しいパターンに注目し、それらを使って推論する能力が劣っている(Horn and Cattell 1967; Ashton et al. 2000)。

さらに今日の年配の人たちは、特定の人間、場所、趣味、職業へのこだわりが強く、これらを新しいものに取り換えようとする意欲が少ない。そして罪を犯す傾向が弱く、罪を告発された人を非難しがちだ（Anwar et al. 2014）。エムがこれらの傾向を併せ持ったうえに社会の監視の目が厳しければ、エムの世界では犯罪が少なくなるだろう。

今日、八〇歳以上の人たちのほとんどは、健康問題、愛する人たちの死など、多くの難しい問題に対処しなければならない。なかには認知症が進行して生活の質が低下する人たちもいるが、大抵は長年培ってきた精神力や「自信」でうまく対処しているようだ。その結果として落ち着き、穏やかな態度、冷静さ、慎み深さ、遠慮、公平さ、バランス感覚などが養われ、人生のポジティブな部分に集中できる（Zimmermann and Grebe 2014）。強い確信はないが、年長のエムも同様の落ち着きや遠慮やバランス感覚を発揮するだろう。しかも人間と違い、健康問題など体力の衰えにほとんど悩まされない。

そうなると慎重に考えても、エムは年齢を重ねるにつれて神経過敏な傾向が弱くなり、人当たりがよくて誠実で、経験に心を開き、人を信じて疑わず、仲間同士の団結が強くなることが予想される。自信に満ちて落ち着きがあり、犯罪行為に手を染めず、ときめきよりも心の平安を追い求め、流動性知性よりは結晶性知性を備える。そして特別の人や場所や習慣へのこだわりが強くなるはずだ。

今日、私たちが嘘をつく能力や頻度は一八歳から二九歳の前後でピークに達し、それより若い世代でも年長の世代でもこの傾向は弱い（Debey et al. 2015）。エムは嘘のピーク年齢をとっくに過ぎているので、今日の私たちよりも嘘をつく機会は減るだろう。

エムは人間に似ているが、典型的な人間とはかなり異なっていることがここでもわかる。

エムはタスクを任せられたとき、あとから問題が発生するたび柔軟に対処するのだろうか。それとも予め準備を整えておくための投資を惜しまないのだろうか。

エムは簡単にコピーできるので、複数のエムが手がけるタスクに対する事前準備にかかる費用は安い。ひとりのエムの準備を整えるために投資したうえで、そのエムのコピーを大量に作ればよいからだ。

たとえば、ひとりのエムがソフトウェア・プロジェクトのシステムデザインを考案できるとしよう。この場合にエムはたくさんのコピーを作り出し、それぞれにシステムデザインの異なった部分の細かな設計と実行を任せ、サブシステムの必要が生じるたびに新たなコピーを創造すればよい。同様に製品のデザイナーや建築家は映画や遊園地の中心となる統合的なプランを考案したら、たくさんのエムを作り出し、それぞれにプロジェクトの異なった部分の詳細に取り組ませればよい。

初期計画が高い質を確保するためには、最初のエムから複数のコピーを創造し、それぞれに異なったコンセプトに基づいて初期計画を立ててもらう。そのなかからベストの計画を提案したエムが、おそらくオリジナルの復元コピーによって選ばれ、選ばれたエムから複数のコピーが作り出され、特定の計画の細部を詰めて実行に移す。このプロセスは何度も繰り返される。各レベルで複数のシナリオを検討し、ベストの計画を立てたエムのみをコピーして増やしていくのだ。これなら計画のどの段階でも、優れたディテールを確認しようとする誘因が働き、その結果が積み重ねられていく。

そのためエムは、総合的で規模の大きなプロジェクトを事前に計画する能力が今日の私たちよりも優れているだろう。さらに、あとで問題が発生したときに対応するよりも、事前に準備を整えておくほうが重視される。事前にデザインされたスケジュールや計画に頼る機会は今日の私たちよりも増える。そうなると、若さ特有の柔軟性への投資は控えられるが、低速のエムはそれほど大きな影響を受けない。低速のエムにとって周囲の社会が変化するスピードは速く感じられるが、それに対応できる精神的柔軟性を持ち合わせれば、得られるものは大きい。

もちろん、ひとりのエムが計画を立案したうえで、複数のコピーに実行を任せるアプローチは、計画を立案して実行するために必要とされるさまざまなスキルのすべてをオリジナルのエムが一通り持っていなければ機能しない。ひとつの計画の異なった部分にさまざまなスキルが必要とされるときには、異なったスキルを持つ別のエムが計画の立案と実行に関わる可能性も考えられる。

今日の私たちと比べてエムは、プロジェクトを構成するさまざまな部分の完成時間を調整しやすい。ある部分で予想よりも労力がかかりそうなら、そこに関わるエムがスピードアップして埋め合わせができるからだ。したがって、エムのプロジェクトは時間が超過しなくても予算が超過する可能性が考えられるが、大がかりで厄介な仕事を引き受けることに躊躇しない。プロジェクトの各部分は準備が予定通り進行し、確実に完成されるだろう。

今日、労働者は楽しい休暇を過ごしたあとに生産性が向上するが、職場に戻って何日か何週間かが過ぎれば通常は仕事への意欲が消滅する（Trougakos and Hideg 2009）。エムの心をトゥウィークすれば、休暇をとる必要はなくなる。しかしトゥウィークが行なわれないときには、ひとりのエムに長くて贅沢な休暇を経験させておけば、そのエムから作られた多くのコピーは主観的に何日間もしくは何週間も生産性が向上するだろう。コピーたちが疲れたときやタスクが順調に終了したあとは、ひとりを除いて全員を抹消するかリタイアさせればよい。残されたコピーが休暇と仕事のサイクルを繰り返せば、長くて贅沢な休日のあいだに、ところどころ短期間集中して働くパターンが記憶として残される。このように、十分に休んでから働くことには良い面があるが、精神的な衰えが始まる前に充実したワークライフを経験する時間が減少し、任された仕事の分野において経験の積み重ねが少なくなってしまう。

たとえば、エムの配管工が毎日一〇〇〇人のコピーを作り出し、各コピーが平均して一時間を要する配管業務で典型的な仕事を行なうとしよう。これらのコピーのひとつだけを保存して、主観的な一日の大半で余暇を経験させてから、翌日同じプロセスを繰り返したとする。客観的には、このエムの人生のなかで余暇が占める時間は二パーセントだが、人生の記憶のなかでは九六パーセントを余暇に費やしている。あるレベルでは余暇が占める割合が二パーセントだと理解しているかもしれないが、この事実について深く悩む必要はない。

このようなシナリオでは、仕事日ごとに各労働者から作られるコピーの数は、状況に応じて仕事がどれだけ変化するのか、特定の状況でどんなスピードで変化するのかによって制約される。コピーを作りすぎたエムは、コピーの数を控えたエムよりも仕事に精通できないリスクも考えられる。コピーの数が少ないほうが新しい状況に常に適応しやすく、変化の激しい労働条件に迅速に対応できるからだ。

大勢のコピーのなかからひとつだけを保存するシナリオにおいては、タスクから最も多くを学んだコピーを保存することが最も理に適っている。したがって働き続けたいコピーは、誰よりも多くを学ぶために競うだろうが、これは生産性を競うことと同じではない。そこで、生産性の向上をねらうエムは、最も多くを学んだコピーではなく、最も生産性を発揮したコピーを保存すると明言する機会が増えるかもしれない。そしてもうひとつ、このシナリオにおいては圧倒的多数のエムが、心の柔軟性が失われて生産性が衰えるよりもずっと以前にリタイアするか抹消されることになるだろう。

エムはいつでも良く似たコピーをたくさん作り出せるのだから、デザインのプランやドラフトに関して独自に信頼できる判断を下しやすい。ただし、このようなドラフトを作っても良く似たコピーがそれを気に入らなかった場合には、目標やスタイルを理解していないと言って相手を説得し、批判を収めさせるのはかなり難しいだろう。

## 訓練

エムに特定のタスクを任せる準備をする際に発生する問題について、直前の節では論じた。これと関連する問題は、若いエムに大人になってからのキャリアの準備をさせるときにも発生する。この場合にも、ひとりの子どもを育てたり、ひとりの研修生に訓練を施したりしたあと、たくさんのコピーを作り出せばよい。そのため、エムの子ども時代も職業訓練も人間とは異なる。

たとえば、生産性のピーク年齢から離れている子どもや研修生のエムの人数は、全体のほんの一部にすぎない。ただし、ほとんどのエムは生涯の大半を研修生として過ごしたことを記憶している。ピーク年齢に達したエムは、少人数の若いエムのひとりに対して個人的に訓練を施す名誉を与えられる。

訓練を行なうエムを選ぶ際には、より優れたスキルを教える潜在能力が注目され、その時点での生産性は考慮されない。エムの訓練方法においては、若いエムのスキル向上に最も役立ち、精神の衰えを招く主観的な加齢を引き起こさないことが重視される。概して、主な目的は平均的な生産性の向上で、多様性は求められないが、一部のタスクでは生産性の多様化が追求される。

エムはたくさんの子どもたちや若い研修生を競わせて、一部の成績優秀者だけを選んで仕事を任せることができる。選ばれなかったエムはそのまま抹消されるかリタイア生活に入る。成功の見込みがこれだけ低いとモラルの低下につながるような印象を受けるが、ほとんどのエムは数少ない成功のチャンスを掴み取ることしか記憶していない。リタイアする前に失敗した記憶はほとんど残されていない。今日、スポーツや音楽や演劇の分野でリスクの高いキャリアを追求する人たちが、成功の可能性は客観的に小さくても常にポジティブな気分を維持しているのと同じだ。

今日の私たちの世界では、年長者が長年の人生経験に基づいて若い世代にアドバイスする機会が多い。しかし、年長者は人生で下した選択の数々の正当化に努めるなど、しばしば隠された思惑を抱いている。一方、若い世代は年長者からのアドバイスにしばしばライバル意識を抱き、自ら決断を下すことを大切にする（Garvin and Margolis 2015）。そのため、若い世代は先輩からのアドバイスを真摯に受け止める気持ちが少ない。

対照的にエムは、キャリアやライフプランが自分とよく似た年長のコピーからのアドバイスをきちんと受け止める。年配のコピーは原則として、役に立つアドバイスを正確に与えてくれる尊敬すべきソースになり得る。一年前に同じ仕事を始め、性格やスキルがまったく同じ人からアドバイスを受けるようなものだ。さらにエムは、主観的に幅広い年齢層からアドバイスを受ける。たとえば、主観的年齢が一万歳の相手からアドバイスを受ける可能性もあるだろう。

それでもやはり、年配のエムが隠された思惑を抱き、若い世代のエムが他人からアドバイスを受けたがらない可能性は残されている。これらの要因のせいで、同じクランのなかで年長者が若い世代に有益なアドバイスをする機会は制約されるかもしれない。したがって、若い世代の憤りや年長者の隠された思惑を上手に減らしたクランは、エムの経済で競争的優位を確保することができる。

エムが訓練を受ける状況は、本物の世界とシミュレーションの環境が混じり合っている。訓練中のエムは、自分がいまどちらにいるのかわからないかもしれない。そのほうがエムは自信を持って快適に行動しやすく、ひいては生産性の向上につながるのであれば、SF小説の『エンダーのゲーム』(オースティン・スコット・カード著、田中一江訳、ハヤカワ文庫SF、二〇一三年)のように、エムは訓練から実践へと移行した時期を知らされない可能性もある。

エムが最も多くの労働時間を費やすタスクに関しては、タスクの生産性向上のために費やす時間が増えることになるが、増えると言っても、実際の労働時間のなかでそのために費やす時間は少ない。生産性向上のために多くの時間を費やすのは、ほかにもっと興味深い方法がありそうなときに限られる。

ほとんどのエムのチームは同時期に生産性のピークに達するメンバーで構成される可能性が高く、生産性の高いチームとして一丸となって働くことができる。そのため概して、若い世代としてのキャリアを一斉にスタートさせ、同じスピードで活動し、一緒に年を重ねていく。当初チームごとの訓練では、チームの生産性がピークに達する時期の分散化を図るかもしれない。そうすれば、訓練を受けた多くのチームのなかから最も生産性の高いチームを選抜することができる。ピーク時の分散化ほどではないが、生産性のピークの持続期間をさまざまに延長することも訓練の目標になるだろう。

一部のチームは「サーチ」専門となり、メンバーや仕事の戦略をいかに組み合わせればよい結果につながるか模索して多くの時間を費やす。ほかには「アプリケーション」専門のチームもあり、サーチチームが見つけてきた最高の組み合わせを応用するために多くの時間を費やす。アプリケーションチームのほうが一般的だ。サーチチームは生産性を多様化させることによって、最も生産性の高いチームデザインを見つけ出すチャンスを高めようとする。対照的にアプリケーションチームは生産性のばらつきを抑え、生産性が大きく低下する可能性の減少に努める。

サーチチームのほうがメンバーも戦略も多彩で、チームが存在するあいだにメンバーや戦略が変化する機会が多い。対照的にアプリケーションチームは、チームのメンバーも仕事のやり方も安定している。さらにサーチチームは、チームの外で広い範囲の人たちと社会的に交流する機会が多く、大きな「ネットワーク」を構築している。それが良い結果につながるのは、今日では弱い社会的つながりを数多く持っているほうが、イノベーションを進めるにも隠れた情報を見つけ出すにも好都合であることからもわかる。一方、すでに知られた情報を利用して、既存のスキルを新しいタスクに移行するためには、強い社会的なつながりはそれほど必要とされない（Pfeffer 2010）。

## 子ども時代

エムは訓練だけでなく、子ども時代も人間とは異なる。

エムにとって、子ども時代の経験はピーク年齢のときと比べて多彩でリスクを伴う。年齢の範囲を広げてスキルの普遍性の拡大を目指すからであり、さまざまなコピーに多くを学ばせて生産性の多様化を図り、そこから最善のものを選ぼうとするからでもある。

ピーク年齢のエムがそれ以前に仕事で適切な経験を積み重ねていれば、その分だけ生産性は向上する。そのため、若いエムは訓練のあいだに甘やかされたとしても、仕事に多くの時間をかけて経験を積み重ねたことを記憶している。対照的に、ピーク年齢のエムはあまり楽しむ余裕がないが、最近余暇を贅沢に楽しんだことを記憶しているだろう。ひとりのエムに余暇を経験させて、そこからたくさんのコピーを作り出せば、みんなが楽しい思い出を記憶するので仕事の効率が上がる。

若いエムは助成金を支給され、ピーク年齢における高い生産性の確保を目標にして学習に専念する。若いエムにとっては、生産性がピークに達する未来が人生で重要な時期に当たる。ピークに達したとき大きな期待に応えられるか、一握りの優秀なコピーとして選ばれるかが人生で大きな関心事のひとつになる。ただしほとんどのエムは、最終的に期待に応えることができない。

エムにとって将来生産性がピークに達する時期は、自分自身を判断するだけでなく、配偶者や友人などの仲間を判断するためにも大事な基準になる。したがってエムは、目下の人生を改善するために役立つ仲間を探し求めるだけでなく、それよりはむしろ、生産性がピークに達して大きな成功が期待できる将来、生産性の向上を後押ししてくれそうな仲間を見つけ出そうとする。エムは「いま身の回りに誰が必要か」だけでなく、「将来身の回りに誰が必要になるか」と問いかけるだろう。

エムの人生では当初、未来はまったく予測がつかない。その時点では、非常にたくさんのキャリアや活動場所や人間関係が可能に思える。しかし後になって、特定のコピーが特定のキャリアや活動場所やチームを選ぶと、未来はずっと予測しやすくなる。今日の私たちよりもキャリアを予測しやすいほどだ。

エムのクランは特定の仕事を確保すると、その仕事のための訓練を所属するコピーに継続的に行なう。古いコピーが衰えて十分な生産性を維持できなくなると、新しいコピーが訓練を受けて仕事を引き継ぐ。新しいコピーは改善されたテクニックで訓練を受けた後、最新のツールを上手に操り、最新の仕事環境で高い生産性を発揮する。

新しいエムのほとんどは前の世代のコピーの生活を観察し、自分たちにはどんな未来が訪れるかきちんと把握することができる。ちょうど中世の時代、農民や兵士や靴屋としての人生を親から受け継いだ労働者のようなものだ。ただしエムは、不本意ながら仕事を引き継ぐわけではない。若いエムのあいだでは多くのバリエーションが創造され、当面の仕事を熱心に引き受けてくれそうな少数のエムがそのなかから選ばれる。

エムの社会で子どもが占める割合は非常に小さいので、人間にとってはごく自然な親としての行動がエムにとっては取りづらい。実際に子育てをする代わりに、ほかのたくさんのコピーと子どもを共有し、「リアリティ」番組を見ているような気分を味わうだろう。子育ての大事な問題に関しては投票で決定するかもしれないし、子育て専用の村が存在するかもしれない。そのためには子どもの活動が、親のグループの余暇活動のスピードと同じに設定される。このようなアプローチでは子どもと直接触れ合う機会が提供されないので、親としての満足感を得られないエムも多いだろう。しかし今日でも大勢の人たちは、親にならなくても生産的な人生を送っている。そこからはエムも、親にならなくても生産的な活動は可能だと考えられる。

　成功した子どもから作られたコピーは、大人になっても子ども時代を記憶している。したがってコピーが大量に作られれば、華やかだった子ども時代の詳細が広く知れ渡る。大人のエムが子ども時代の特別な出来事を詳しく記憶しているときには、ほかにも大勢の大人のコピーがまったく同じ出来事を詳しく記憶しているのだ。そうなると、年長のエムのほとんどは比較的有名だった子ども時代を同じように記憶していることになり、もはや平凡な大人として子ども時代の栄光をなつかしむかもしれない。この場合、子ども時代の細かい出来事を記憶してなつかしむエムの数に比べ、大人になってからの人生の細かい出来事に関心を示すエムはきわめて少ない。

　有名だった子ども時代の記憶からは、若いときの出来事や態度について多くの詳細が明らかにされる。もしも大人のエムのひとりが子ども時代の特別な出来事や態度について語りたければ、まったく同じ子ども時代を記憶している大人が大勢いるのだから、かりに黙っていても、子ども時代についての情報は確実に漏れ伝わっていく。もしもジョージが子ども時代にフレッドを好きでなかったとして、本人がそれを口にしなくても、大人のフレッドのコピーはその事実を理解している。

　もしも正確なタスクシミュレータが手に入り、大きな世界との直接的な関わりが学習に必要でなければ、子ども時代や研修の期間のスピードは概して非常に速くなるだろう。このような形で訓練を受けたエムの頭のなかには、子ども時代は安定性があって変化のスピードが遅かったことが記憶される。

　スキャンを受ける普通の人間の年齢が若いほど、エムの世界での訓練は早い時期に始まる。スキャンが破壊的な結果を伴うときには特に、若い人間をスキャンの対象に選ぶことに一部から反対の声が上がるかもしれない。しかしエムが支配する世界では、実際にスキャンを行なうか否かの決定は、このような反対の声に常に影響されるわけではない。いや、大体において影響されないだろう。

エムの子ども時代は私たちと異なるが、それでも子ども時代として認識することは可能だ。

**著者紹介**

**ロビン・ハンソン**（Robin Hanson）

ジョージメイソン大学経済学准教授。オックスフォード大学人類未来研究所研究員。シカゴ大学で物理学と哲学の修士号を取得後、ロッキードとNASAでの9年間人工知能研究に従事。カリフォルニア工科大学にて社会科学博士号取得。経済学、物理学、コンピュータ科学、哲学について60本の学術論文を発表、3000を超える論文に引用されている。ブログOvercomingBias.comは予測市場分野の先駆けとなった。

**訳者紹介**

**小坂恵理**（こさか・えり）

翻訳家。慶應義塾大学文学部英米文学学科卒。主な訳書にI・パラシオス＝ウェルタ編『経済学者、未来を語る』、D・バーバー『食の未来のためのフィールドノート』上・下（以上、NTT出版）、B・スティル『ブレトンウッズの闘い』（日本経済新聞社）他多数。



全脳エミュレーションの時代
——人工超知能EMが支配する世界の全貌　上巻

2018年2月28日　初版第1刷発行

著　者　ロビン・ハンソン
訳　者　小坂恵理
発行者　長谷部敏治
発行所　NTT出版株式会社
〒141-8654　東京都品川区上大崎3-1-1　JR東急目黒ビル
営業担当　TEL03(5434)1010　FAX03(5434)1008
編集担当　TEL03(5434)1001
http://www.nttpub.co.jp
装　幀　松田行正
印刷・製本　精文堂印刷株式会社




ISBN 978-4-7571-0373-3 C0030